Oldenbourg

C++

von
Prof. Dr. Ernst-Wolfgang Dieterich
Fachhochschule Ulm

3., überarbeitete Auflage

Oldenbourg Verlag München Wien

Die Deutsche Bibliothek - CIP-Einheitsaufnahme

Dieterich, Ernst-Wolfgang:
C++ / von Ernst-Wolfgang Dieterich. – 3., überarb. Aufl.. – München ;
Wien : Oldenbourg, 2000
  2. Aufl. u.d.T.: Dieterich, Ernst-Wolfgang: Borland C++
  ISBN 3-486-25048-5

© 2000 Oldenbourg Wissenschaftsverlag GmbH
Rosenheimer Straße 145, D-81671 München
Telefon: (089) 45051-0
www.oldenbourg-verlag.de

Lektorat: Dr. Georg W. Botz
Herstellung: Rainer Hartl
Umschlagkonzeption: Kraxenberger Kommunikationshaus, München
Gedruckt auf säure- und chlorfreiem Papier
Gesamtherstellung: Hofmann-Druck Augsburg GmbH, Ausburg

Inhaltsverzeichnis

1 Einleitung

Objektorientierte Programmierung ist *die* Mode der Programmierer. Ist dies wirklich nur eine Mode oder steigert sie – wie viele Protagonisten der objektorientierten Programmierung behaupten – die Produktivität bei der Software-Erstellung? In dem vorliegenden Buch wird am Beispiel von C++ versucht, diese Frage positiv zu beantworten.

C++ ist eine Weiterentwicklung der Programmiersprache C, in der wohl die meisten Programmzeilen überhaupt geschrieben wurden. Seit dem Erscheinen der 1. Auflage des Buches von Kernighan und Ritchie "The C Programming Language" [KeRi78] im Jahre 1978 bzw. dessen deutscher Übersetzung "Programmieren in C" [KeRi83] im Jahre 1983 wurden viele Verbesserungsvorschläge für C diskutiert und in etlichen Compilern implementiert. Diese Vorschläge führten schließlich zu einer Normierung der Sprache C, die das American National Standards Institute (ANSI) zwischen 1983 und 1988 durchführte. Inzwischen liegt ein ANSI-Standard für C vor, der in der zweiten Auflage des Buches von Kernighan und Ritchie [KeRi90] berücksichtigt ist.

C++ wurde von Bjarne Stroustrup bei der amerikanischen Firma AT&T entwikkelt, in der auch C und das inzwischen weit verbreitete Betriebssystem UNIX entstanden sind. C++ ist eine echte Spracherweiterung von C. Bjarne Stroustrup hat dabei aus den folgenden Programmiersprachen Anleihen gemacht:

- Das Klassenkonzept, bei dem Datenstrukturen neben Daten-Komponenten auch die zugehörigen Funktionen beinhalten, stammt aus der Programmiersprache Simula67 [DMN70], in der es bereits Vererbung von Klassen-Eigenschaften und virtuelle Funktionen gab.
- Aus Algol68 [WoBo74] stammt die Möglichkeit, Operatoren und Funktionen zu überladen; d.h. ein Operator bzw. eine Funktion kann in einem Programm mehrfach definiert werden, allerdings jedesmal mit unterschiedlichen Argumenten. Ebenfalls aus Algol68 stammt die Möglichkeit, Variablen irgendwo im Programm-Text vereinbaren zu können.
- Aus BCPL [RiWh80] schließlich stammt die Form des Assembler-artigen Kommentars, der durch die Zeichen **//** eingeleitet wird und bis zum Zeilenende reicht.

In seinem Buch "The C++ Programming Language" [Str86] hat Bjarne Stroustrup 1986 erstmals den gesamten Sprachumfang von C++ veröffentlicht. Die deutsche Übersetzung erschien bereits 1987 [Str90].

In der zwieten Auflage [Str92], mehr als doppelt so dick wie die erste, berücksichtigt Bjarne Stroustrup die Normierungsbestrebungen für C++, die inzwischen abgeschlossen sind.

Sämtliche Beispiele dieses Buches liegen zum Herunterladen bereit. Auf der letzten Seite finden Sie die Adressen und Hinweise dazu. Die Beispiele wurden mit den Borland C++-Compilern 3.1 für DOS und 5.0 getestet.

Zielsetzung des Buches

Das Buch wendet sich an Leser, die schon etwas Programmier-Erfahrung haben und das Betriebssystem ihres PCs aus Benutzersicht kennen. Jede Sprach-Konstruktion von C++ wird genau beschrieben und durch kleine prägnante Beispiele erläutert. Die Beispiele sind bewußt knapp gehalten, um die Sicht auf die behandelte Sprach-Konstruktion nicht zu versperren.

Das Buch ist so aufgebaut, daß es sich zum Selbststudium ebenso eignet wie als Begleitlektüre zu einem Einführungskurs oder einer Vorlesung über objektorientiertes Programmieren in C++. Das ausführliche Sachwort-Verzeichnis sowie die Syntax-Diagramme und der zugehörige Index machen das Buch auch zu einem nützlichen Nachschlage-Werk.

Gliederung

Im nächsten Kapitel wird an einem einfachen Programm ein erster Einblick in die Sprache C++ gewährt. Dabei wird auch besprochen, wie man ein C++-Programm in ein ausführbares Programm übersetzen läßt.

In Kapitel 3 werden an einem kleinen Beispiel die Grundlagen der objektorientierten Programmierung und der prinzipielle formale Aufbau eines C++-Programms dargestellt.

Nachdem in Kapitel 4 die Konstanten und Variablen besprochen sind, behandelt Kapitel 5 die Ausdrücke, in denen Variable und Konstante verknüpft werden.

In Kapitel 6 geht es um die Kontrollstrukturen. C und C++ werden häufig in der System-Programmierung eingesetzt, bei der man auch mit den Adressen von Variablen manipulieren muß. Wie dies geschieht, wird in Kapitel 7 gezeigt. Das Thema von Kapitel 8 sind Funktionen und Makros, die eine Basis für die strukturierte Programmierung bilden. Das zweite Standbein der strukturierten Programmierung ist die Modularisierung, die in Kapitel 9 vorgestellt wird.

In Kapitel 10 wird besprochen, in welchem Zeitraum Variable Speicherplatz belegen und wann man darauf zugreifen kann. Die Strukturierung von Daten wird in Kapitel 11 behandelt.

Bis hierher haben wir die Sprach-Konstrukte kennengelernt, die sowohl in AN-SI-C als auch in C++ verfügbar sind. Die folgenden Kapitel behandeln die Sprachmittel, die in C++ neu hinzugekommen sind.

Kapitel 12 führt das grundlegende Konzept der objektorientierten Programmierung ein, die Klassen. Wie man Eigenschaften an andere Klassen weitervererbt, wird in Kapitel 13 besprochen.

Die Rekursion ist eine wichtige Programmier-Technik – u.a. bei so zentralen Programmier-Aufgaben wie Suchen und Sortieren [Knu75]. Sie ist Thema von Kapitel 14.

Die Behandlung der Ein/Ausgabe über die Standard-Geräte wie Tastatur und Bildschirm sowie über Dateien sind in jeder Programmiersprache ein Problem: In ANSI-C werden hierfür Standard-Funktionen angeboten, die in der wohl berühmtesten Definitionsdatei **stdio.h** vereinbart sind. C++ wählt hier einen eleganteren Weg: Die Ein/Ausgabe wird über spezielle Klassen abgewickelt – die Ströme. Diese werden in Kapitel 15 behandelt.

Trotz **inline**-Funktionen und **templates** kann man noch immer nicht ganz auf den Präprozessor verzichten. So steuert er z.B. die *bedingte Compilierung*. Der Vollständigkeit halber werden auch die übrigen – inzwischen ersetzbaren – Leistungen des Präprozessors in Kapitel 16 erläutert.

Wie man beim objektorientierten Programmieren elegant und sicher auf Fehler-situationen reagieren kann, wird in Kapitel 17 gezeigt.

Für sehr spezielle maschinen-abhängige Programmteile erlaubt C++, daß man Assembler-Befehle in das C++-Programm einfügt. Speziell auf die Bedürfnisse des PCs abgestimmt ist die Wahl eines sogenannten Speichermodells und der Zugriff auf Maschinen-Register über sogenannte Pseudo-Variablen. Dies wird im letzten Kapitel 18 behandelt.

Die im Buch verwendete Notation der Syntax-Diagramme wird in Anhang A genau erklärt. Dieser Abschnitt enthält auch eine Querverweisliste der im Text vorkommenden Syntax-Diagramme. Anhang B enthält eine ASCII-Tabelle, auf der der Datentyp **char** aufsetzt.

Eine Übersicht über die Namen und Inhalte der Definitionsdateien ist in Anhang C zusammengestellt.

Anhang D enthält das Literatur-Verzeichnis. Den Abschluß bildet Anhang E mit dem Sachwortverzeichnis.

Sprechweise

C++ ist bis auf ganz wenige Ausnahmen eine echte Obermenge von ANSI-C. Auf diese Ausnahmen wird im Text gesondert hingewiesen. Damit enthält das Buch auch eine Beschreibung von ANSI-C. Die Trennung zwischen ANSI-C und den zusätzlichen Sprach-Konstrukten von C++ ist im Text und in den Syntax-Diagrammen konsequent durchgehalten. Immer, wenn von C die Rede ist, ist der Standard von ANSI-C gemeint. Mit C++ ist der Standard von C++ gemeint.

2 Entwicklung eines C++-Programms

In Abschnitt 2.1 wird an einem sehr einfachen Beispiel der allgemeine Aufbau eines C++-Programms vorgestellt. In Abschnitt 2.2 werden wir besprechen, wie man vom C++-Text zum lauffähigen Programm kommt. Dazu benötigt man einen *Compiler*, der den C++-Text in den Maschinencode übersetzt.

2.1 Ein einfaches C++-Programm

Das folgende C++-Programm fordert den Benutzer auf, eine ganze Zahl über die Tastatur einzugeben. Diese Zahl wird dann auf dem Bildschirm in verschiedenen Darstellungen ausgegeben, nämlich

- nochmals als Dezimalzahl,
- als Oktalzahl,
- als Hexadezimalzahl
- und schließlich als Dualzahl.

❏ *Beispiel 2.1.1   erstes C++-Programm (Erstes.cpp)*

```
 1 : /////////////////////////////////
 2 : //  unser erstes C++-Programm   //
 3 : /////////////////////////////////
 4 : #include <iostream.h>
 5 :
 6 : void binaer(long int z);
 7 :
 8 : void main()                  /*  Hauptprogramm  */
 9 : {  long int zahl;
10 :    cout << "Bitte Dezimalzahl eingeben: ";
11 :    cin >> zahl;
12 :    cout << "dezimal     : " << zahl;
13 :    cout << "\noktal      : " << oct << zahl;
14 :    cout << "\nhexadezimal: " << hex << zahl;
15 :    cout << "\nbinaer     : ";
```

5

```
16 :       binaer(zahl);
17 :       cout << "\n";
18 : }
19 :
20 : const long eins=1L;
21 :
22 : void binaer(long int z)      /* binaere Ausgabe */
23 : {   int i;
24 :     for (i=31;i>=0;i--)
25 :     {  if (z & (eins<<i))     // Bitstelle berechnen
26 :           cout << '1';
27 :        else
28 :           cout << '0';
29 :        if (i%4 == 0)
30 :           cout << ' ';        // Zwischenraum
31 :     }
32 : }                                                     ■
```

Ein C++-Programm kann formatfrei geschrieben werden, d.h. es können fast nach Belieben Zwischenräume, Tabulator-Zeichen und Zeilenwechsel eingefügt werden. Von dieser Freiheit sollte man ausgiebig Gebrauch machen, um übersichtliche Programme zu erhalten. Die Zeilen im obigen Programm sind durchnumeriert, damit wir uns im Text besser auf einzelne Zeilen beziehen können; diese Zeilennummern gehören nicht zum C++-Programm.

Die ersten drei Zeilen des obigen Programms enthalten einen Kommentar. Kommentare sind Texte, die der Programmierer zur Beschreibung in sein Programm einfügen kann und die der Compiler bei der Übersetzung ignoriert. In den Zeilen 8, 22, 25 und 30 treten ebenfalls Kommentare auf. In C++ gibt es zwei Arten von Kommentaren:

Kommentar

- Eine von den Zeichen /* und */ geklammerte Zeichenreihe. In der Zeichenreihe darf die Zeichenfolge */ nicht vorkommen. Ein solcher Kommentar kann über mehrere Zeilen gehen und darf an all den Stellen vorkommen, an denen auch ein Zwischenraum stehen kann.

- Die Zeichen // leiten ebenfalls einen Kommentar ein; ein solcher Kommentar endet beim Zeilenende.

Die Zeile 4 sagt dem Compiler, daß er die Definitionsdatei **iostream.h** (engl. Header-Datei genannt) an dieser Stelle einfügen soll. Diese Datei enthält u.a. die Deklarationen für die Ein/Ausgabe-Funktionen **cout** und **cin**. Zeile 4 ist eine Anweisung an den sogenannten Präprozessor; das ist ein Programm, das im

C++-Compiler integriert ist und das vor dem eigentlichen Compilierlauf gestartet wird. Der Präprozessor behandelt alle Anweisungen, die mit dem Zeichen **#** beginnen. Das vom Präprozessor erweiterte C++-Programm wird dann compiliert.

Der Rest des Programms enthält die Definition zweier Funktionen: **main** und **binaer**. Jedes C++-Programm besteht aus einer Menge von Funktionen, wobei immer eine Funktion namens **main** vorkommen muß; der Programmstart erfolgt mit der Ausführung dieser Funktion.

Betrachten wir zunächst die Funktion **main** (Zeile 8 ff):

Nach der Deklaration einer Variablen **zahl**, die einen ganzzahligen Wert (angegeben durch den Datentyp **long int**) aufnehmen kann, wird der Text

Bitte Dezimalzahl eingeben:

auf dem Bildschirm angezeigt. Dies wird in C++ durch die Anweisung **cout** (console output) bewirkt. Die C++-Anweisung

cin >> zahl;

liest von der Tastatur eine Zahl in die Variable **zahl** ein. Die nächsten vier Zeilen geben wieder Text auf dem Bildschirm aus; dabei besagt die Angabe **zahl** in Zeile 11, daß der momentane Wert der Variablen **zahl** ausgegeben werden soll. Die Angaben **oct** und **hex** in Zeile 13 bzw. 14 veranlassen die Ausgabe des Wertes von **zahl** als oktale bzw. hexadezimale Zahl. Das Zeichen \n gibt an, daß auf dem Bildschirm in einer neuen Zeile weitergeschrieben werden soll. Schließlich wird in Zeile 16 die Funktion **binaer** mit dem Parameter **zahl** aufgerufen; dieser Aufruf soll den Inhalt von **zahl** als Dualzahl auf dem Bildschirm ausgeben. Da es hierfür in C++ keine so bequeme Schreibweise gibt wie für oktale und hexadezimale Ausgabe (nämlich **oct** bzw. **hex**), müssen wir die binäre Ausgabe selbst programmieren. Dies ist in der Funktion **binaer** geschehen. Der wesentliche Teil der Funktion besteht aus einer Schleife, die durch

for (i=31;i>=0;i--)

eingeleitet wird; dieser Teil besagt, daß der folgende in den geschweiften Klammern **{ }** eingeschlossene Schleifenrumpf 32-mal durchlaufen wird – nämlich für die absteigenden Werte 31 bis einschließlich 0. Bei jedem Schleifendurchlauf wird eine weitere Dualstelle (also eine Null oder Eins) auf dem Bildschirm ausgegeben. Die Zeilen 29 und 30 geben nach jeweils 4 Stellen zur besseren Lesbarkeit einen Zwischenraum aus.

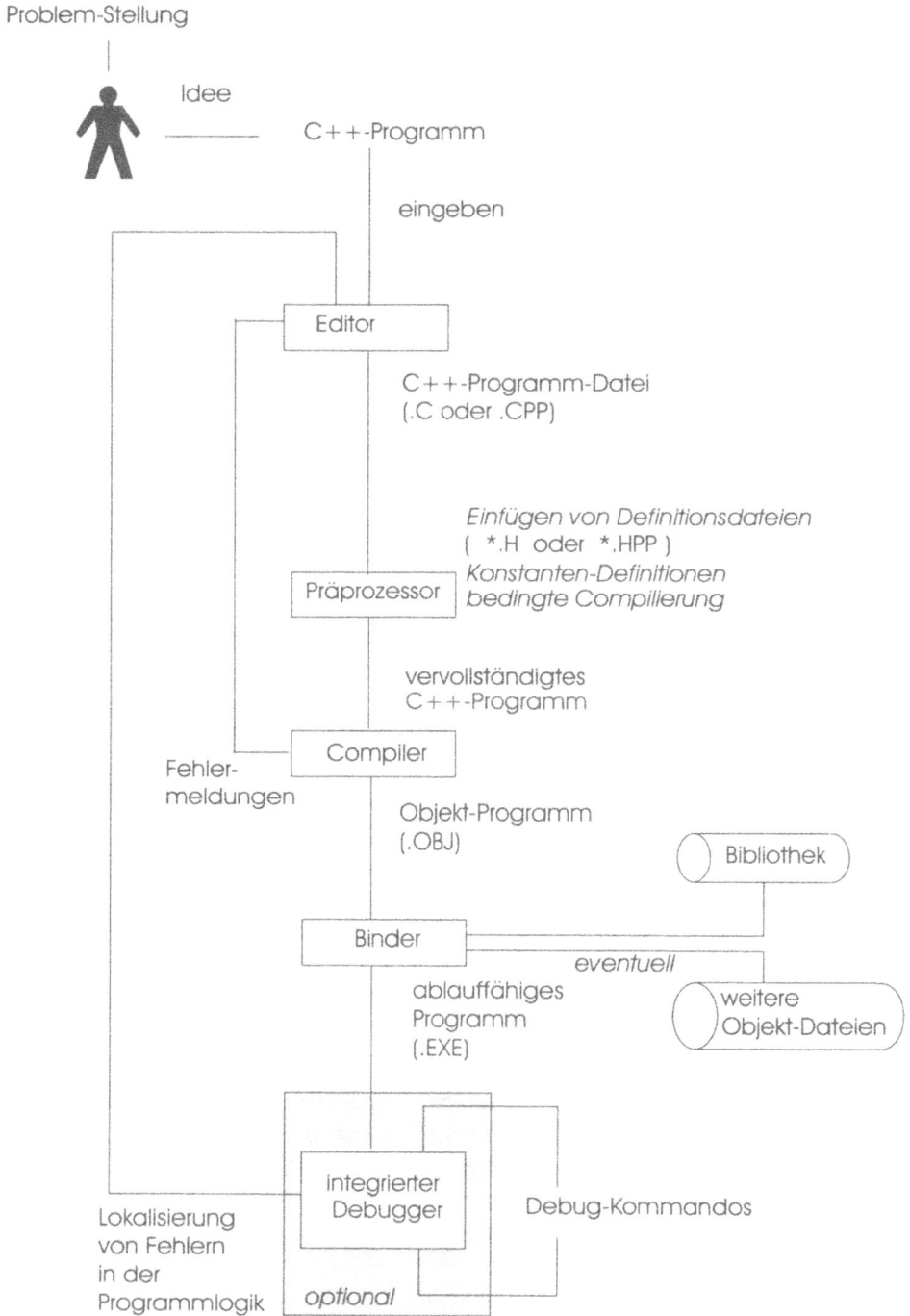

Problem-Stellung

Idee

C++-Programm

eingeben

Editor

C++-Programm-Datei
(.C oder .CPP)

Einfügen von Definitionsdateien
*(*.H oder *.HPP)*
Konstanten-Definitionen
Präprozessor *bedingte Compilierung*

vervollständigtes
C++-Programm

Compiler

Fehler-
meldungen

Objekt-Programm
(.OBJ)

Bibliothek

Binder

eventuell

ablauffähiges
Programm
(.EXE)

weitere
Objekt-Dateien

integrierter
Debugger

Debug-Kommandos

Lokalisierung
von Fehlern
in der
Programmlogik   *optional*

Gibt man nach der Eingabe-Aufforderung z.B. die Zahl **1234** ein, so liefert das Programm die folgende Ausgabe auf dem Bildschirm:

```
Bitte Dezimalzahl eingeben: 1234
dezimal    : 1234
oktal      : 2322
hexadezimal: 4d2
binaer     : 0000 0000 0000 0000 0000 0100 1101 0010
```

2.2   Übersetzung eines C++-Programms

Zur Entwicklung eines C++-Programms benötigt man
* einen Texteditor
* einen C++-Compiler
* einen Binder (engl. Linker)
* sowie zum bequemen Testen des Programms und Ausmerzen von logischen Programmierfehleren einen Debugger.

Am Software-Markt gibt es eine Fülle von integrierten Entwicklungsumgebungen, die all diese Komponenten in einem Programmpaket enthalten. Es genügt jedoch auch ein einfacher Texteditor, wie er in jedem Betriebssytem verfügbar ist, sowie der frei verfügbare GNU-C++-Compiler.

Die Entwicklung eines C++-Programms erfolgt in foplgenden Schritten (siehe Abbildung 2.2.1):
* Die Programmidee wird in ein C++-Programm überführt und mit einem Texteditor als C++-Programmtext eingegeben.
* Der *Präprozessor*, der integraler Bestandteil eines jeden C++-Compilers ist, fügt Definitionsdateien in den C++-Text ein, legt Konstanten fest und steuert die bedingte Compilierung (siehe Kapitel 16).
* Das so erweiterte C++-Programm wird vom eigentlichen *C++-Compiler* in eine Objekt-Datei übersetzt, die zwar schon Maschinen-Code enthält, aber noch nicht ablauffähig ist; sie enthält noch Bezüge auf Bibliotheksfunktionen oder Funktionen, die in anderen Programm-Moduln enthalten sind.
* Diese Bezüge werden vom *Binder* (engl. Linker) hergestellt, der das Hauptprogramm mit den benötigten Bibliotheksdateien (mit der Endung .LIB) und den Objekt-Dateien anderer Module zu einem ablauffähigen Programm zusammenbindet, das die Endung .EXE trägt. Wenn Sie keine Entwicklungsumgebung verwenden, finden Sie in Ihrem System einen Linker, der normalerweise **link.exe** heißt.

- Jetzt kann das ablauffähige Programm gestartet werden, das hoffentlich das gestellte Problem löst. Leider wird dieses Ziel in der Realität nur selten beim ersten Anlauf erreicht.
- Mit einem *Debugger* kann man das fertige Programm schrittweise durchlaufen und Variableninhalte untersuchen. Dies erleichtert das Auffinden von logischen Programmierfehlern. Meist muß man den Compiler mit speziellen Parametern starten, damit er ein Programm erzeugt, mit dem der Debugger arbeiten kann. Das Handbuch oder die online-Hilfe liefert hierfür weitere Informationen.
- Nach der Lokalisierung der logischen Fehler wird das C++-Programm im Editor verbessert und der beschriebene Zyklus erneut durchlaufen.

3 Ein erster Einblick in das objektorientierte Programmieren

Anhand eines einfachen C++-Programms werden die Prinzipien der objektorientierten Programmierung (OOP) vorgestellt.

In Abschnitt 3.1 wird das Beispiel-Programm diskutiert. Eine detaillierte Behandlung der neuen Begriffe erfolgt in den Kapiteln 12 und 13. Ziel des Programms ist es, zwei kleine Spiele in einer einfachen Form zu realisieren. Die beiden Spiele sind:

- *Münze werfen*: Der Benutzer wählt zwischen Kopf und Zahl, der Rechner "wirft" die Münze und gibt aus, was er geworfen hat und wer gewinnt.
- *Roulette spielen*: Der Benutzer setzt eine Zahl, der Rechner wirft die Kugel und gibt wieder das Ergebnis aus. Der Benutzer hat gewonnen, falls die Kugel auf die gesetzte Zahl fällt.

In Abschnitt 3.2 wird besprochen, wie ein C++-Programm aufgebaut wird.

3.1   Ein Spielprogramm

Zunächst wollen wir überlegen, was wir für die Realisierung des Spieles "*Münze werfen*" benötigen:

- Der Mensch legt einen Wert fest – Kopf oder Zahl. Der Rechner wirft die Münze, was ebenfalls einen Wert Kopf oder Zahl liefert. Diese beiden Werte müssen in einer geeigneten Datenstruktur abgespeichert werden.
- Das Spiel besteht aus mindestens drei Aktivitäten (Aktionen oder Methoden):
    - Mensch legt Wert fest,
    - Rechner wirft Münze,
    - Gewinner wird ermittelt.

Bei der OOP werden Datenstrukturen und Funktionen sprachlich zusammen-gefaßt. Diese Zusammenfassung heißt *Kapselung*. Man erhält durch die Kapse-lung von Datenstrukturen und Funktionen eine neue Struktur, die *Klasse*. Die Funktionen, die in einer Klasse definiert sind, heißen *Methoden*. Beispiel 3.1.1 beschreibt die Klasse **muenze**, die das Spiel "Münze werfen" realisiert.

❑ *Beispiel 3.1.1   Klasse* **Muenze** *(Muenze.cpp)*

```
///////////////////////////////////////////
//    C++-Beispiel :    Muenze           //
///////////////////////////////////////////

class Muenze
{ protected:
    int rechner; // vom Rechner geworfener Wert
    int mensch;   // vom Menschen gesetzter Wert
  public:
    virtual void werfen()    // Rechner wirft Muenze
    {   rechner=random(2);
        // liefert zufaelligen Wert 0 bzw. 1
    }

    int gewinnen()   // Ermittlung des Gewinners
    {   if (rechner==mensch) return 1;
        else                 return 0;
    }

    void spielen() // Mensch legt Wert fest
    { cin >> mensch;   }

    virtual void spielregel_anzeigen()
    { cout << "(Muenze: Kopf=0, Zahl=1) :   ";   }

    int rechner_wert_anzeigen()
    {   return rechner;   }
};
```

Die Klasse **Muenze** enthält zwei Methoden, die bisher noch nicht erwähnt wur-den: Die Methode **spielregel_anzeigen** zeigt die Spielregeln des Münz-spiels auf dem Bildschirm an, und **rechner_wert_anzeigen** liefert den vom Rechner geworfenen Wert. ∎

Betrachten wir als nächstes eine vereinfachte Form des Roulettespiels:

12

Wie beim Münzspiel setzt hier der Mensch auf einen Wert, diesmal allerdings nicht auf Kopf oder Zahl, sondern auf einen Zahlenwert zwischen 0 und 36. Dies soll als Spielregel auf dem Bildschirm angezeigt werden, wofür die Methode **spielregel_anzeigen** verantwortlich ist. Wenn der Rechner die Kugel wirft, erhält er einen Wert zwischen 0 und 36. Die Gewinn-Ermittlung erfolgt wie beim Münzspiel: Der Mensch gewinnt, wenn er die Zahl des Rechners gesetzt hat.

Im Prinzip ändert sich also nicht viel: Lediglich die Methoden **werfen** und **spielregel_anzeigen** sind modifiziert worden. Die restlichen Methoden **gewinnen**, **spielen** und **rechner_wert_anzeigen** können unverändert in die neue Klasse **Roulette** übernommen werden. Diese Methoden werden von der Klasse **Muenze** durch *Vererbung* an die Klasse **Roulette** weitergereicht. Die Methoden **werfen** und **spielregel_anzeigen** müssen für die neue Klasse neu programmiert werden, wobei man aber die alten Methoden-Namen verwenden darf. Diese Mehrfachverwendung eines Methoden-Namens nennt man *Polymorphie* (gr.: Vielgestaltigkeit).

❑ *Beispiel 3.1.2 Klasse* **Roulette** *(Roulette.cpp)*

```
///////////////////////////////////////
//    C++-Beispiel :  Roulette       //
///////////////////////////////////////

class Roulette: public Muenze
{  public:
     virtual void werfen()   // Rechner wirft Kugel
     {  rechner = random(37);  }

     virtual void spielregel_anzeigen()
     {  cout << "(Roulette: 0..36) : ";   }
};
```

Mit der Zeile

```
        class Roulette: public Muenze
```

wird die neue Klasse **Roulette** definiert, die zunächst alle Daten und Methoden der Klasse **Muenze** unverändert erbt. In den nachfolgenden Zeilen werden lediglich die beiden Methoden **werfen** und **spielregel_anzeigen** für die Klasse **Roulette** neu realisiert. ∎

Das folgende Beispiel enthält eine Funktion **spielen**, die die einzelnen Spiel-
schritte aufruft.

❑ *Beispiel 3.1.3   Spiele (Spiele.cpp)*

```
////////////////////////////////////////
//    C++-Beispiel :   Spiele         //
////////////////////////////////////////
/*  Präprozessor-Anweisungen  */
#include <conio.h>
#include <iostream.h>
#include <time.h>
#include <stdlib.h>

// hier gehoeren die Beispiele 3.1.1 und 3.1.2 hin

/*    Funktionsdefinitionen              */

void spielen(Muenze &m)
{ m.spielregel_anzeigen();    // Spiel meldet sich
  m.werfen();                 // Rechner wirft
  m.spielen();                // Eingabe von Mensch

  if (m.gewinnen())
     cout << "Du hast gewonnen. ";
  else
     cout << "\007Ich habe gewonnen. ";
  cout <<   "Ich habe " << m.rechner_wert_anzeigen()
        << " gespielt.\n";
}

void main()
{ time_t timer;
  Muenze    Muenzspiel;
  Roulette Roulettespiel;

  clrscr();
  randomize();
     // Initialisieren des Zufallszahlengenerators
  cout << "\n\nWir spielen jetzt zusammen:\n"
          "o    Muenze    (Kopf oder Zahl)\n"
          "o    Roulette (Zahlenwert auf Treffer)"
          "\n\n\n";
  spielen(Muenzspiel);
  spielen(Roulettespiel);
}
```

Die Methode **spielen** wird mit einem Parameter vom Typ **Muenze&** vereinbart; dies ist eine sogenannte Referenz auf **Muenze**. Da **Roulette** von **Muenze** abstammt, kann man in C++ die Methode **spielen** auch mit einem Parameter vom Typ **Roulette** aufrufen, was wir in der vorletzten Anweisung des Hauptprogramms auch getan haben. ■

Bei den Methoden in den Beispielen 3.1.1 und 3.1.2 spielt das Schlüsselwort **virtual** eine wichtige Rolle, die wir später genauer besprechen werden. Versuchen Sie einmal, im Beispiel alle Vorkommen von **virtual** zu löschen. Das Programm ist dann immer noch fehlerfrei übersetzbar, hat aber eine unerwartete Wirkung!

3.2 Aufbau eines C++-Programms

Bei der formalen Beschreibung einer Sprache unterscheidet man zwischen der Syntax und der Semantik der Sprache. Die Syntax wird durch eine Grammatik beschrieben, die festlegt, wie man Programme schreibt. Die Bedeutung von syntaktisch korrekten Programmen wird durch die Semantik definiert.
Für die Beschreibung der Syntax haben sich Syntax-Diagramme durchgesetzt [JeWi85], die auch im vorliegenden Buch benutzt werden. In Anhang A wird die in diesem Buch verwendete Notation für Syntax-Diagramme erklärt.
Für die Beschreibung der Semantik gibt es keine so knappe und präzise Formulierung. Wir werden die semantischen Regeln umgangssprachlich angeben.
Die Beispiele 2.1.1 und 3.1.3 zeigen vollständige C++-Programme. Beide Programme bestehen aus
- Präprozessor-Anweisungen,
- Deklarationen von Daten und Datenstrukturen (also: die Klassen **Muenze** und **Roulette**),
- Funktionsdefinitionen.

In C++-Programmen dürfen diese Komponenten beliebig oft und in beliebiger Reihenfolge auftreten. Wie wir noch sehen werden, kann man Präprozessor-Anweisungen – ähnlich wie Kommentare – an beliebigen Stellen im Programm einfügen. Während aber Kommentare ignoriert werden, werden Präprozessor-Anweisungen vom Präprozessor durch C++-Text ersetzt. Der so erhaltene Text muß ein syntaktisch richtiges C++-Programm sein.
Unsere Beschreibung der Syntax von C++ wird keine Präprozessor-Anweisungen enthalten. Sie werden in Kapitel 16 gesondert beschrieben.

Ein C++-Programm kann aus mehreren separat übersetzbaren C++-Texten, so-genannten Moduln, bestehen (siehe Kapitel 9). Damit läßt sich der Aufbau eines C++-Programms durch folgende Syntax-Diagramme beschreiben:

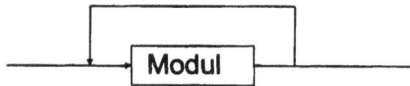

(3-1)

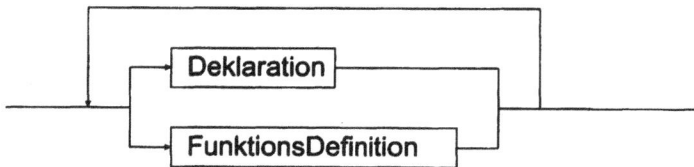

(3-2)

Das C++-Programm aus Beispiel 3.1.3 besteht im wesentlichen aus den zwei Funktionsdefinitionen **spiele** und **main**. Neben den Funktionsnamen treten noch weitere Namen im Programm auf, u.a. **muenze** und **roulette**. Diese beiden Namen *bezeichnen* Klassen.

Mit den Namen **Muenzspiel** und **Roulettespiel** werden die einzelnen Spiele bezeichnet. Wir werden an vielen Stellen in diesem Buch sogenannte *Bezeichner* antreffen, die gemäß folgender Syntax aufgebaut sind:

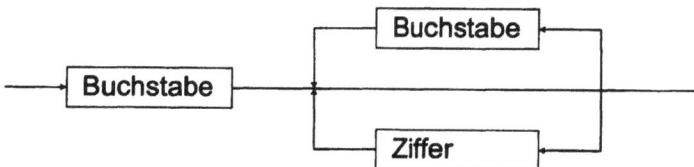

(3-3)

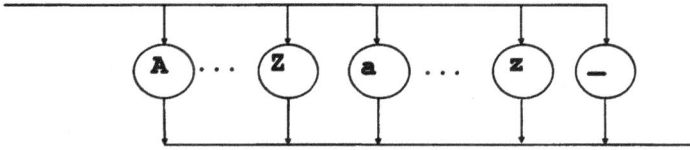

(3-4)

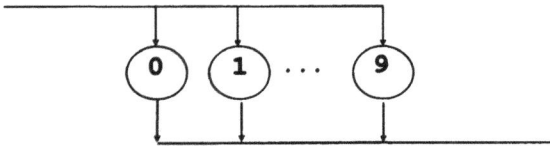

(3-5)

Ein Bezeichner besteht also aus einem Buchstaben gefolgt von keinem oder mehreren Buchstaben oder Ziffern. Der Unterstrich _ wird wie ein Buchstabe behandelt.. Man beachte, daß die Umlaute ä, ö, ü, Ä, Ö, Ü sowie ß in Bezeichnern nicht vorkommen dürfen.

Anders als in den meisten anderen Programmiersprachen wird in C zwischen Groß- und Kleinschreibung unterschieden. So sind **spiele** und **Spiele** zwei verschiedene Bezeichner. Bezeichner können beliebig lang sein. Der Compiler unterscheidet aber nur eine bestimmte Anzahl signifikanter Zeichen, die man bei den meisten Compilern durch eine Option einstellen kann. Der ANSI-Standard von C legt z.B. fest, daß der Compiler mindestens 31 Zeichen unterscheiden muß. Bezeichner können beliebig gewählt werden; am besten wählt man aussagekräftige Namen. C++ besitzt einige Schlüsselwörter, die wie Bezeichner aufgebaut, aber bereits mit einer festen Bedeutung belegt sind (siehe Abbildung 3.2.1). Sie dürfen nicht anderweitig benutzt werden.

In C ist die Menge der Schlüsselwörter genau festgelegt. Da C++ eine Obermenge von C ist, gibt es in C++ einige zusätzliche Schlüsselwörter, die man in C-Programmen als ganz normale Bezeichner verwenden kann. Darüber hinaus werden in C++-Compilern häufig weitere Schlüsselwörter eingeführt, die auf die Belange eines bestimmten Rechners eingehen. In Abbildung 3.2.1 sind als Beispiel die zusätzlichen Schlüsselwörter des Borland C++-Compilers aufgeführt. Wenn man portable Programme schreiben will – d.h. Programme, die auch von anderen C++-Compilern auf anderen Rechner übersetzbar sind –, sollte man diese Rechner-spezifischen Schlüsselwörter nicht benutzen.

In der folgenden Abbildung 3.2.1 sind die verschiedenen Gruppen von Schlüsselwörtern zusammengestellt.

Schlüsselwörter von ANSI-C				
asm	auto	break	case	char
const	continue	default	do	double
else	enum	extern	float	for
goto	if	int	long	register
return	short	signed	sizeof	static
struct	switch	typedef	union	unsigned
void	volatile	while		
zusätzliche Schlüsselwörter von C++				
catch	class	delete	friend	inline
new	operator	private	protected	public
template	this	throw	try	virtual
zusätzliche Schlüsselwörter von Borland C++				
cdecl	_cs	_ds	_es	far
_fastall	huge	interrupt	_loadds	near
pascal	_saveregs	_seg	_ss	

Abbildung 3.2.1

Bezeichner werden in C dazu verwendet, Variablen und Funktionen zu benennen. Darüber hinaus werden sie auch als Namen von Klassen, Datenstrukturen, Funktionsparametern, Komponenten von Strukturen, Makros und Konstanten verwendet. In C gilt die allgemeine Regel:

Ein Bezeichner darf erst verwendet werden, wenn er im Programmtext vorher bekanntgemacht wurde.

4 Konstanten und Variablen

Variablen sind Namen für Speicherzellen, deren Inhalte gelesen und verändert werden können. Wieviel Speicherplatz sich hinter einer Variablen verbirgt und wie der Speicherinhalt zu interpretieren ist, wird durch den Datentyp der Variablen festgelegt. Bevor wir in Abschnitt 4.4 auf die Deklaration von Variablen eingehen, werden zunächst die Standard-Datentypen von C mit den zugehörigen Konstanten besprochen.

4.1 Ganze Zahlen

Ganze Zahlen werden im Rechner intern als Dualzahlen (Bitmuster) dargestellt. Ferner muß angegeben werden, ob ein Bitmuster als Zahl mit oder ohne Vorzeichen betrachtet wird. Entsprechend gibt es mehrere Datentypen für ganze Zahlen. Die Zahlenbereiche sind maschinenabhängig. Die folgende Tabelle stellt die Werte zusammen, wie sie für einen C++-Compiler unter DOS gelten.

Datentyp	Bits	Zahlenbereich	
int	16	-32.768 ..	-2^{15} .. $2^{15}-1$
signed int		32.767	
short			
short int	16	-32.768 ..	-2^{15} .. $2^{15}-1$
signed short int		32.767	
unsigned int	16	0 .. 65.535	0 .. $2^{16}-1$
unsigned short int	16	0 .. 65.535	0 .. $2^{16}-1$
long int	32	-2.147.483.648..	-2^{31} .. $2^{31}-1$
signed long int		2.147.483.647	
unsigned long int	32	0 .. 4.294.967.295	0 .. $2^{32}-1$

Um zu erfahren, welche Zahlenbereiche Ihr Compiler unterstützt, können Sie das Handbuch zu Rate ziehen oder das folgende Programm laufen lassen.

❏ *Beispiel 4.1.1   Bereiche ganzer Zahlen (Zahl-Ber.cpp)*

```
#include <iostream.h>
#include <values.h>

void main()
{   cout << "größte short int Zahl : "
         << MAXSHORT << endl;
    cout << "größte int Zahl       : "
         << MAXINT   << endl;
    cout << "größte long int Zahl  : "
         << MAXLONG  << endl;
}
```
■

Wie man sich die einzelnen Bits einer ganzen Zahl anschauen kann, wurde bereits in Beispiel 2.1.1 gezeigt.

Ganzzahlige Konstante können dezimal, hexadezimal oder oktal geschrieben werden. Eine Zahl, die größer als 32767 ist, kann nur vom Typ **long int** sein. Eine kleinere Zahl kann man bereits in 16 Bit unterbringen. Soll diese Zahl aber trotzdem als 32 Bit-Zahl behandelt werden, hängt man ein **L** oder **l** an. Entsprechend gibt das Suffix **U** bzw. **u** an, daß die Zahl vorzeichenlos zu behandeln ist.

| ganzeZahl | :   (4-1)

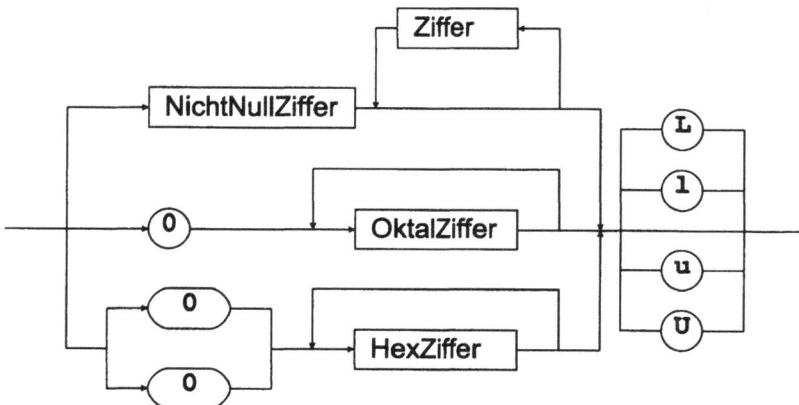

NichtNullZiffer : (4-2)

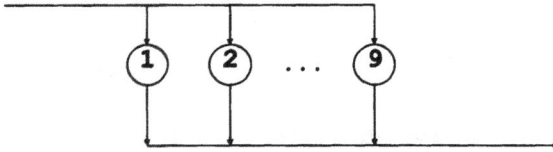

OktalZiffer : (4-3)

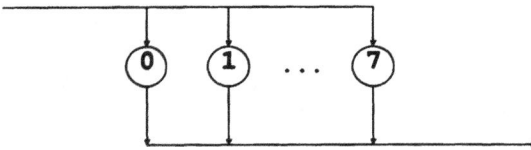

HexZiffer : (4-4)

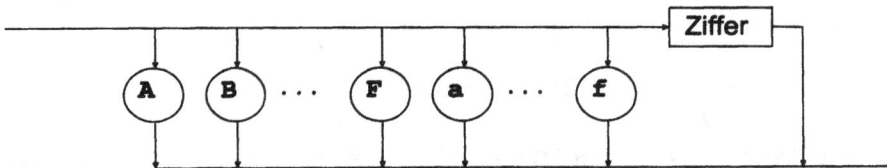

Es fällt vielleicht auf, daß ganze Zahlen kein Vorzeichen haben dürfen. In C wird eine vorzeichenbehaftete Zahl als arithmetischer Ausdruck mit dem unären Operator – bzw. + betrachtet (siehe Kapitel 5, Syntax-Diagramm (5-8)).

4.2 Zeichen und Zeichenreihen

Zeichen haben in C den Datentyp **char** und werden im erweiterten 8 Bit-ASCII-Code dargestellt (siehe Anhang B). Da man mit dem Datentyp **char** wie mit ganzen Zahlen rechnen kann, stellt sich die Frage nach dem Vorzeichen: Soll das Bit ganz links als Vorzeichen oder als Ziffernstelle betrachtet werden? Um dies zu unterscheiden, gibt es vorzeichenbehaftete und vorzeichenlose Zeichen.

Datentyp	Bits	Zahlenbereich	
char	8	-128 .. 127	-2^7 .. 2^7-1
signed char			
unsigned char	8	0 .. 255	0 .. 2^8-1

Konstante vom Typ **char** werden durch Apostrophs (`'`) geklammert. Um auch Steuerzeichen darstellen zu können, kennt C spezielle Ersatzdarstellungen, die alle mit dem Backslash \ beginnen und im folgenden zusammengestellt sind.

Zeichen		Erklärung	Zeichen		Erklärung
\n	LF	Zeilentrenner	\0	NUL	NUL, Endekennung
\t	HT	Tab (horizontal)			für Zeichenreihen
\v	VT	Tab (vertikal)	\\	\	Backslash
\b	BS	Backspace	\?	?	Fragezeichen
\r	CR	Wagenrücklauf,	\'	'	Apostroph
		carriage return	\"	"	Anführungszeichen
\f	FF	neue Seite, form feed	\ooo	ooo	Oktalzahl
\a	BEL	Klingelzeichen	\xhh	hh	hexadezimale Zahl

Mit den beiden letzten Angaben kann man direkt die ASCII-Nummer als Oktal- bzw. Hexadezimalzahl angeben. So gibt die Anweisung

```
cout << '\103' << '\x43';
```

zweimal das ASCII-Zeichen `'C'` aus, das die ASCII-Nummer 67 (dezimal), 43 (hexadezimal) bzw. 103 (oktal hat (siehe Anhang B).

In den Programmen der ersten Kapitel haben wir schon mehrfach konstante Texte auf dem Bildschirm ausgegeben. Solche Zeichenreihen sind dabei nichts anderes als Folgen von Zeichenkonstanten, die man mit Anführungszeichen (") klammert. Zeichenreihen dürfen auch Ersatzdarstellungen enthalten, die in der obigen Tabelle zusammengestellt sind. Für eine Zeichenreihe, die im Programmtext über mehrere Zeilen geht, gibt es zwei Schreibweisen:

- Am Zeilenende schließt man mit " ab und beginnt die nächste Zeile wieder mit ".
- Am Zeilenende schreibt man ein Backslash \. Die Zeichenreihe geht dann ganz vorn auf der nächsten Zeile weiter.

Man beachte aber, daß diese Zeilenaufteilung nichts damit zu tun hat, wie die Zeichenreihe auf dem Bildschirm ausgegeben wird. Will man einen Zeilenwechsel ausgaben, muß in der Zeichenreihe das Zeichen '\n' verwendet werden.

❑ *Beispiel 4.2.1   Zeichen und Sonderzeichen (SoZei.cpp)*

Die beiden Anweisungen

```
cout << "Hallo Leute,\nwie "
        "geht es Euch?\n";

cout << "Hallo Leute,\nwie \
geht es Euch?\n";
```

liefern jeweils folgende Ausgabe auf dem Bildschirm:

```
Hallo Leute,
wie geht es Euch?
```

Würde man in der zweiten **cout**-Anweisung nach dem Zeilenwechsel ebenso weit einrücken wie in der ersten, würden zwischen **wie** und **geht** entsprechend viele Leerzeichen ausgegeben. ∎

Intern wird eine Zeichenreihe als Folge der angegebenen ASCII-Zeichen abgespeichert; die Zeichenreihe wird durch das NUL-Byte abgeschlossen.

4.3   Reelle Zahlen

Reelle Zahlen werden intern in halblogarithmischer Form mit Mantisse und Exponent dargestellt, die beide vorzeichenbehaftet sind (siehe auch 11.4 und 11.5). In der folgenden Tabelle sind die Datentypen für reelle Zahlen und ihre Formate zusammengestellt. Dabei belegt das Vorzeichen der reellen Zahl ein Bit; der Rest teilt sich wie angegeben in den Exponenten und die Mantisse.

Datentyp	Bits (Exp./Mantisse)	Zahlenbereich	Dez. stellen
float	32 (8/23)	$3.4*10^{-38}$ ... $3.4*10^{38}$	7
double	64 (11/52)	$1.7*10^{-308}$...$1.7*10^{308}$	15
long double	80 (15/64)	$3.4*10^{-4932}$ ... $1.1*10^{4932}$	19

"Zahlenbereich" ist hier so zu verstehen, daß z.B. beim Datentyp **float** die Zahl $3.4*10^{-38}$ die betragskleinste von Null verschiedene Zahl ist, d.h. jede Zahl, deren Betrag kleiner ist, wird als Null dargestellt. Entsprechend ist $3.4*10^{38}$ die betragsgrößte Zahl; jede größere Zahl bewirkt einen Bereichsüberlauf.

Reelle Konstanten werden wie folgt geschrieben:

reelleZahl :   (4-5)

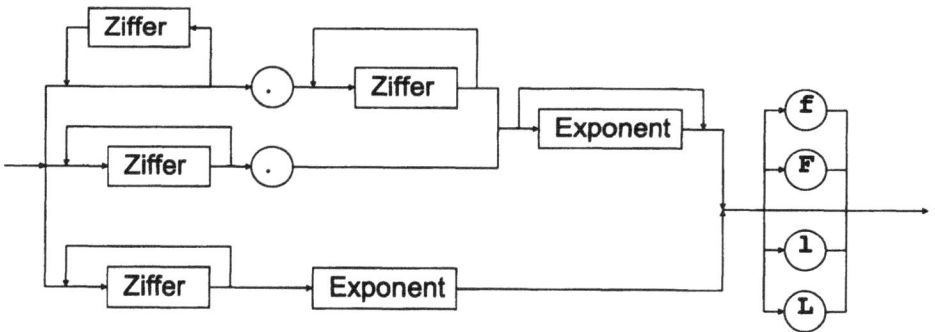

Exponent :   (4-6)

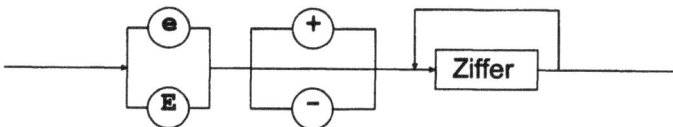

Reelle Konstanten sind standardmäßig vom Datentyp **double**. Dies kann durch Suffixe geändert werden: **f** bzw. **F** für **float** und **l** bzw. **L** für **long double**.

Das ziemlich kompliziert aussehende Syntax-Diagramm besagt lediglich, daß ein Exponent allein bzw. ein Punkt allein keine reelle Zahl ist. Ebenso ist – anders als in der Mathematik – eine ganze Zahl keine (spezielle) reelle Zahl.

4.4   Variablenvereinbarungen

In jeder höheren Programmiersprache gibt es den Begriff der Variablen, mit der ein bestimmter Speicherbereich benannt werden kann. Eine Variable besteht aus den folgenden drei Angaben:

Name	`radius`
Datentyp	`float`
Wert	`17.5E3`

- Der *Name* ist ein Bezeichner (siehe Syntax-Diagramm (3-3)); er identifiziert die Speicher-Adresse. Für verschiedene Variablen müssen verschiedene Namen gewählt werden. In Kapitel 10 werden wir diese Regel etwas aufweichen.
- Der *Datentyp* legt fest, in welchem Wertebereich der Wert der Variablen liegen muß. Intern wird durch den Datentyp auch noch festgelegt, wieviel Speicherplatz die Variable beansprucht und wie die interne Darstellung des Wertes aussieht. Im obigen Beispiel ist die Variable namens `radius` vom Typ `float`, d.h. sie belegt einen Speicherplatz von 32 Bit = 4 Byte.
- Der *Wert* der Variablen ist der momentane Inhalt des entsprechenden Speicherbereichs

Variablen müssen vor ihrer Verwendung deklariert werden. Die Vereinbarungen von Konstanten, Funktionen, Datentypen und Klassen sind formal ebenso aufgebaut wie Variablen-Deklarationen. Wenn man das Syntax-Diagramm (3-2) betrachtet, sieht man, daß jedes C++-Programm nur aus Deklarationen und Funktionsdefinitionen besteht. Entsprechend komplex ist der syntaktische Aufbau der Deklaration, die im folgenden Syntax-Diagramm bereits in ihrer allgemeinen Form angegeben wird. Einige Alternativen werden erst später besprochen werden. Wo dies geschieht, ist im Syntax-Diagramm vermerkt.

Deklaration : (4-7)

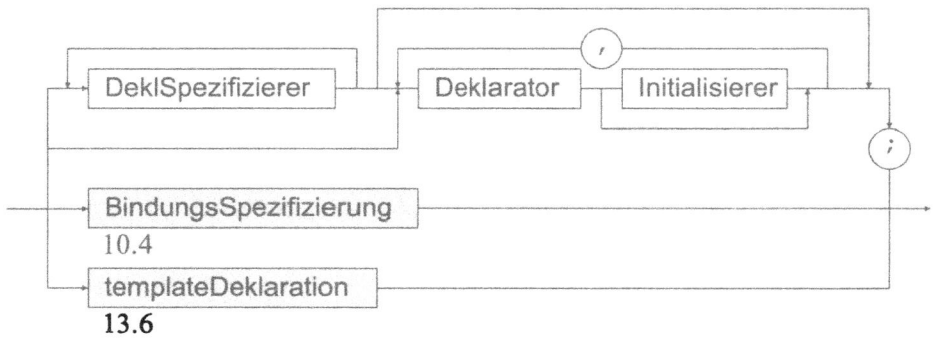

Initialisierer : (4-8)

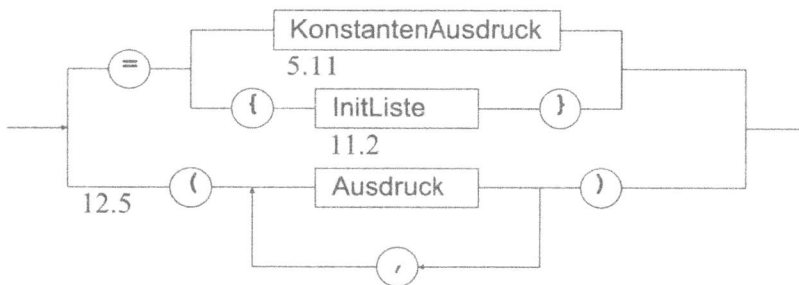

DeklSpezifizierer : (4-9)

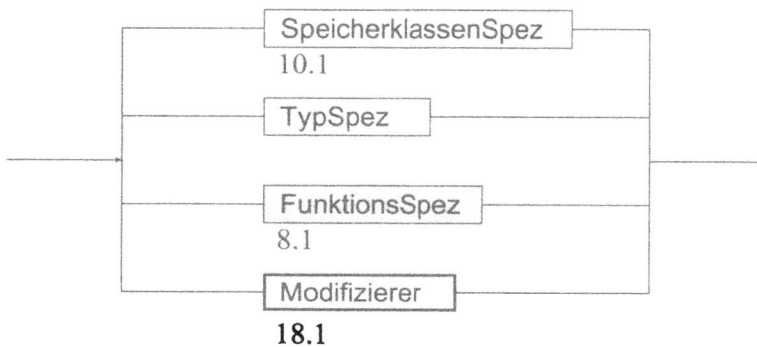

Deklarator : (4-10)

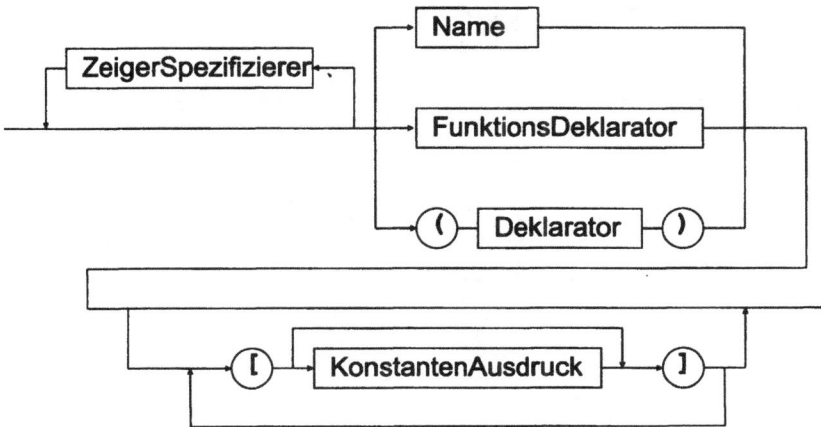

TypSpez : (4-11)

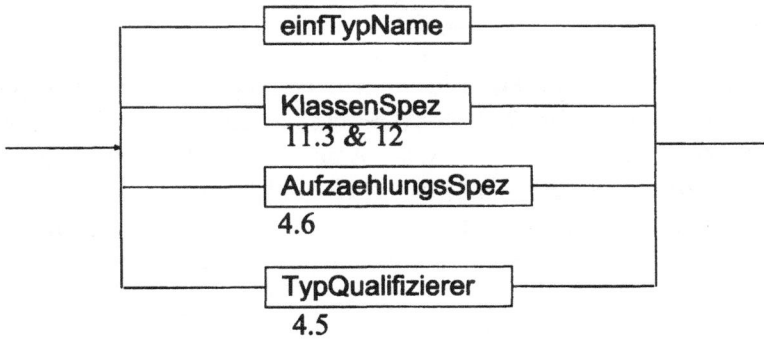

einfTypName   :   (4-12)

```
                    ┌──────────────────┐
          ┌─────────┤   typedefName    ├─────────┐
          │         │      10.6        │         │
          │         └──────────────────┘         │
          │            ( char )                   │
          │            ( short )                  │
          │            ( int )                    │
          │            ( long )                   │───────▶
          │            ( signed )                 │
          │            ( unsigned )               │
          │            ( float )                  │
          │            ( double )                 │
          └────────────( void )──────────────────┘
```

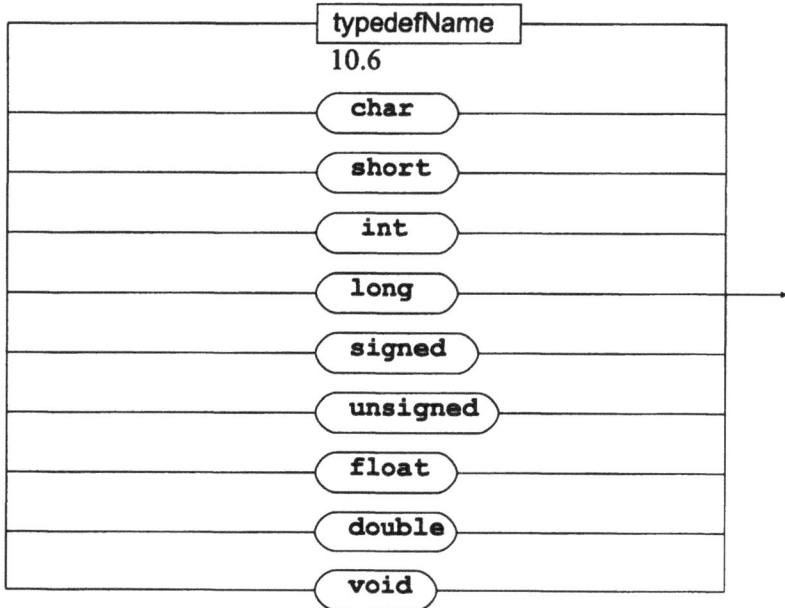

Bis auf **void** kennen wir bereits alle anderen Typnamen aus den vorigen Abschnitten dieses Kapitels. Der Typ **void** beschreibt einen leeren Wertebereich, d.h. einen Wertebereich, der keinen Wert besitzt. Dieser Datentyp wird hauptsächlich bei Funktionen verwendet, die in Kapitel 8 besprochen werden. Ein Ausdruck in der Definition von Initialisierer ist für uns zunächst eine Konstante. Der einfachste Fall für einen Deklarator ist ein Bezeichner.

❑ *Beispiel 4.4.1   Deklaration*

```
float radius = 17.5E3,
      seitenlaenge;
```

Mit dieser Deklaration werden die beiden Variablen **radius** und **seitenlaenge** mit dem Datentyp **float** vereinbart; die erste Variable wird mit dem Anfangswert **17.5E3** initialisiert, die zweite bekommt keinen speziellen Wert. Trotzdem hat diese Variable einen Wert, und zwar den, der zufällig im entsprechenden Speicher steht.

```
char auswahlzeichen = 'Q',
    dateiname[9] = "beispiel";
unsigned long int einwohnerzahl;
```

Bei der Deklaration der Variablen **dateiname** handelt es sich um eine Variable, die eine Zeichenreihe aufnehmen kann. Solche Variablen werden in Abschnitt 11.2.2 besprochen. ∎

Bei der letzten Variablen-Deklaration von Beispiel 4.4.1 wurde ausgenutzt, daß man vor einen Deklarator mehrere DeklSpezifizierer schreiben kann. Nicht alle Kombinationen sind dabei erlaubt. Die folgende Tabelle stellt alle legalen Kombinationen für die einfachen Typnamen zusammen.

Legale Kombinationen für Typnamen	
`long int = long`	`short int = short`
`long double`	
`signed int = int`	`unsigned int = unsigned`
`signed long int`	`signed short int`
`unsigned long int`	`unsigned short int`
`signed char = char`	`unsigned char`

4.5 Die Typqualifizierer const und volatile

Typqualifizierer sind durch folgendes Syntax-Diagramm definiert:

TypQualifizierer :   (4-13)

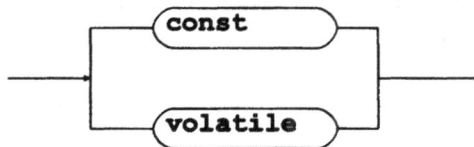

Mit der ersten Alternative **const** kann man für Konstanten-Werte Namen vereinbaren:

```
const float PI = 3.141592654;
```

Der Bezeichner **PI** hat dann den angegebenen Wert, der fest mit dem Namen **PI** verbunden ist, d.h. der Wert von **PI** kann im Programm nicht verändert werden.

Die Konstanten-Vereinbarung

```
const MAXSHORT = 255;
```

führt für den größten 8 Bit-Wert 255 den Konstanten-Namen **MAXSHORT** ein.
Bei dieser Konstanten-Vereinbarung fehlt die Angabe des Datentyps; dann wird
int verwendet. Unter erfahrenen C-Programmierern ist es üblich, daß Bezeichner für Konstante aus lauter Großbuchstaben besteht.
Eine andere antiquierte Möglichkeit für Konstanten-Vereinbarungen werden wir
in Abschnitt 8.6.2 kennenlernen.
Manchmal können Variablenwerte auch von außerhalb des Programms verändert werden. Solche Variablen müssen mit dem Typqualifizierer **volatile**
vereinbart werden:

```
volatile int uhrtick;
```

Die Wertänderung von **uhrtick** erfolgt also nicht nur durch Wertzuweisungen; sie kann auch über die Hardware von außen erfolgen. Vom Compiler dürfen
volatile-Variable bei der Optimierung nicht berücksichtigt werden.

4.6   Aufzählung

Bisher haben wir immer mit Buchstaben, ganzen und reellen Zahlen gerechnet.
Manchmal ist es auch sinnvoll, daß man andere Dinge betrachtet, z.B. verschiedene Farben, Monate oder Vornamen. Diese Dinge sollten dann im Programm
auch mit ihrem Namen benannt werden. In C gibt es dazu den Datentyp Aufzählung (engl. enumeration). Angenommen, wir wollen ein Programm mit den drei
Ampelfarben rot, gelb, gruen schreiben, dann kann man den zugehörigen Datentyp **ampelfarbe** wie folgt definieren:

```
enum ampelfarbe { rot, gelb, gruen };
```

Da unser Computer nur mit Zahlen umgehen kann, ordnet der Compiler den einzelnen Farben der **ampelfarbe** ganze Zahlen zu. Die Einführung des Datentyps **ampelfarbe** legt also einen ganzzahligen Wertebereich fest, der aus den
drei angegebenen Farben besteht. In einem Programm für die Ampelsteuerung
an einer Kreuzung wird man für jede einmündende Straße eine Variable
brauchen, die die momentane Ampelfarbe enthält. Der Wertebereich dieser
Variablen ist also **ampelfarbe**. In C kann man tatsächlich Variablen mit diesem Wertebereich definieren:

```
enum ampelfarbe str1, str2;
```

Aufzählungskonstanten und Aufzählungsvariablen werden wie folgt vereinbart:

AufzaehlungsSpez :   (4-14)

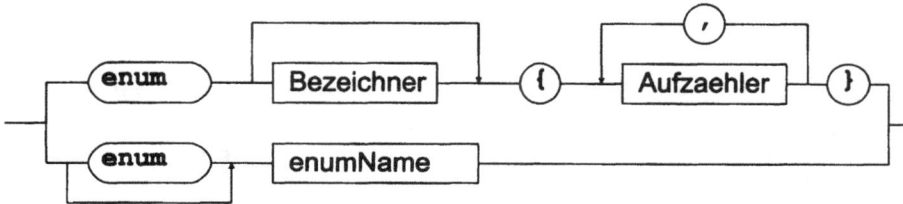

Aufzaehler :   (4-15)

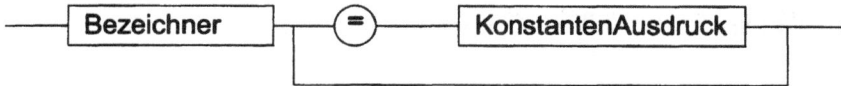

❑ *Beispiel 4.6.1   Aufzählungstypen (Ampel.cpp)*

Es soll ein stark vereinfachtes Überwachungsprogramm für eine Ampelanlage geschrieben werden. Zwei Variablen **str1** und **str2** vom Typ **ampelfarbe** erhalten die aktuelle Einstellung der Ampeln an zwei sich kreuzenden Straßen.

```
#include <iostream.h>

enum ampelfarbe { rot, gelb, gruen };

void main()
{  volatile enum ampelfarbe str1; // Strasse 1
   volatile ampelfarbe str2;
                 // Strasse 2, enum kann fehlen
   str1=rot;
   str2=gruen;
   // diese Werte werden von der Ampel abgelesen
   if ((str1==rot)&&(str2==rot))
      cout << "Verkehr ruht, Ampel defekt\n";
   else
   if ((str1==gruen)&(str2==gruen))
```

31

```
        cout << "ALARM: Kollisionsgefahr\n";
    else
        cout << "Ampel funktioniert\n";
}                                                          ∎
```

Mit der Aufzählung

```
        enum { peter, fritz, dieter, otto };
```

werden vier Aufzählungskonstante deklariert. Der erste Konstantenname **peter** erhält den Wert 0, der nächste den Wert 1 usw.
Die Wertzuordnung an die Aufzähler kann auch explizit erfolgen:

```
        enum { peter=10, fritz, dieter=peter-5,otto=5 };
```

Wird einem Aufzähler ein Wert zugeordnet, so erhält der folgende Aufzähler die nächsthöhere ganze Zahl als Wert, sofern dieser keine eigene Zuordnung hat. Somit entspricht der obigen Aufzählung

```
        const peter = 10,
              fritz = 11,
              dieter= peter-5;   /* also 5  */
              otto  = 5;
```

Wie man sieht, muß die Zuordnung nicht eindeutig sein (**dieter** und **otto** haben den gleichen Wert 5); bei den meisten Anwendungen ist die Zuordnung aber eindeutig.
Will man eine Aufzählung als Wertebereich für eine Variable verwenden, kann man schreiben:

```
enum {peter=10, fritz, dieter=peter-5,otto=5 } freunde;
```

Diese Deklaration soll besagen, daß die Variable **freunde** als Wert einen der vier angegebenen Freunde, genauer gesagt den zugeordneten Zahlenwert, annehmen kann.
Die Behandlung von Aufzählungen unterscheidet sich in C und C++ ein wenig: Da Aufzählungsvariable vom Compiler als **int**-Variable behandelt werden, könnte man ihnen jeden beliebigen ganzzahligen Wert zwischen -32768 und 32767 zuweisen. ANSI-C schreibt genau diese Behandlung von Aufzählungsvariablen vor. Die Sprachdefinition von C++ verfolgt eine strengere Auslegung bei den Werten von Aufzählungsvariablen:

Einer Aufzählungsvariablen darf nur einer der aufgezählten Bezeichner zugewiesen werden.

Wegen der Aufwärtskompatibilität von ANSI-C nach C++ gibt der C++-Com-
piler nur eine Warnung aus, wenn gegen diese Regel verstoßen wird. Die Anweisung

```
freunde = 1+dieter+otto; /* liefert 11, also fritz */
```

liefert die Warnung

```
Assigning int to enum in function ...
```

(In der Funktion ... wird einer Aufzählungsvariablen ein int-Wert zugewiesen.)

5 Ausdrücke

Ein Ausdruck besteht aus Operanden, Operatoren und Klammern, die zusammen eine Berechnungsvorschrift beschreiben. Operanden können die im vorigen Kapitel beschriebenen Variablen und Konstanten sowie Funktionsaufrufe (siehe Kapitel 8) sein. Bei den Operatoren gibt es verschiedene Stelligkeiten:
- Unäre Operatoren wirken auf *einen* Operanden (meist den rechts stehenden).
- Binäre Operatoren stehen zwischen ihren beiden Operanden.

5.1   Die Priorität von Operatoren

Kommen in einem Ausdruck mehrere Operatoren vor, muß festgelegt sein, in welcher Reihenfolge sie ausgeführt werden. Dies wird durch die Priorität oder Bindungstärke festgelegt, die jedem Operator zugeordnet ist. Das Standard-Beispiel für eine solche Festlegung ist die Regel "Punkt vor Strich", die wir in der Schule gelernt haben und die besagt, daß die Punkt-Operationen Multiplikation und Division vor den Strich-Operationen Addition und Subtraktion ausgeführt werden müssen. Operatoren gleicher Priorität können entweder von rechts nach links oder umgekehrt ausgeführt werden.
In der folgenden Tabelle werden alle in C++ verfügbaren Operatoren mit Priorität und Auswertungsrichtung zusammengestellt. Dabei bedeutet die Auswertungsrichtung (Rtg.) ⇐ *von rechts nach links* und ⇒ *von links nach rechts*.

Pri	Operator	Zeichen	Rtg.	siehe
16	Klammern bei Ausdrücken	()		5.1
	Funktionsaufrufe	()		8.1
	Vektorelemente	[ ]		11.2
	Klassen-Komponenten	.	⇒	11.3
		->		11.3
	Klassen-Methoden	: :		12.1

Pri	Operator	Zeichen	Rtg.	siehe
15	logische Negation	!		5.5
	Bitkomplement	~		5.3
	positives Vorzeichen	+		5.2
	negatives Vorzeichen	-		5.2
	Inkrement	++		5.8
	Dekrement	--		5.8
	Adreß-Operator	&	$\Leftarrow$	7
	Dereferenzierung	*		7
	cast-Operator	(Typ)		5.7
	Speicherbedarf	sizeof		5.9
	Speicherreservierung	new		10.5
	Speicherfreigabe	delete		10.5
14	Methoden (C++)	.*	$\Rightarrow$	12.
		->*		12.
13	Multiplikation	*		5.2
	Division	/	$\Rightarrow$	5.2
	Rest	%		5.2
12	Addition	+	$\Rightarrow$	5.2
	Subtraktion	-		5.2
11	Linksschieben	<<	$\Rightarrow$	5.3
	Rechtsschieben	>>		5.3
10	Vergleiche	<,>,	$\Rightarrow$	5.4
		<=,>=		5.4
9	Gleichheit	==	$\Rightarrow$	5.4
	Ungleichheit	!=		5.4
8	bitweise UND	&	$\Rightarrow$	5.3
7	bitweise exklusiv ODER	^	$\Rightarrow$	5.3
6	bitweise ODER	|	$\Rightarrow$	5.3
5	logisch UND	&&	$\Rightarrow$	5.5
4	logisch ODER	||	$\Rightarrow$	5.5
3	bedingter Ausdruck	? :	$\Leftarrow$	5.6
2	Zuweisungen	=	$\Leftarrow$	5.8
	op $\in$ {*,%,/,+,-,	op=		5.8
	&,^,|,<<,>>}			

Pri	Operator	Zeichen	Rtg.	siehe
1	Anweisungsfolge	,	$\Rightarrow$	5.10

Mit den Klammern **( )**, die die höchste Priorität haben, kann man die Standard-
prioritäten der Operatoren durchbrechen. Es gilt hier: Zuerst wird immer der
Ausdruck innerhalb eines Klammerpaares berechnet – beginnend mit dem inner-
sten.

Im Prinzip verlangen die meisten binären Operatoren als linken und rechten
Operanden Werte desselben Typs. In einigen Fällen leuchtet diese Einschrän-
kung ein: So macht es wohl wenig Sinn, die Zeichenreihe "Hallo Leute" um 1 zu
erhöhen. Anders sieht es bei der reellen Zahl 12.34 aus, die man sicherlich ohne
große Schwierigkeiten um den ganzzahligen Wert 1 erhöhen könnte. In C ist
dies auch möglich, wobei der Compiler intern allerdings zuerst eine Typ-Konvertierung von der ganzen Zahl 1 in die reelle Zahl 1.0 ausführt und dann die beiden reellen Zahlen 12.34 und 1.0 addiert. Wenn man weiß, daß reelle Zahlen von
einem anderen Prozessor bearbeitet werden als ganzzahlige Werte, ist diese etwas sture Forderung nach Operanden gleichen Typs durchaus verständlich. Der
C++-Compiler führt bei Operanden unterschiedlicher Datentypen intern eine
Typkonvertierung durch, bei der die Operanden auf den Datentyp des kompli-
ziertesten Operanden konvertiert werden. Eine solche Konvertierung "nach
oben" ist immer ohne Informationsverlust möglich. Die Operanden vom Datentyp **char** und seine Varianten mit **signed** und **unsigned** werden immer in
einen 16 Bit-Wert mit dem Zahlenwert gemäß der ASCII-Tabelle konvertiert.

In den folgenden Abschnitten werden wir für die einzelnen Operatoren angeben,
von welchem Datentyp die Operanden sein dürfen und welchen Datentyp dann
das Ergebnis hat. Es wird dabei folgende Sprechweise benutzt:

- Mit *ganz* bezeichnen wir den Datentyp **int** und eine seiner Varianten mit
  short, long, signed, unsigned.
- Mit *reell* bezeichnen wir die Datentypen **float, double** und **long
  double**.
- Den Datentyp *Zeiger* werden wir in Kapitel 7 besprechen.

Es gibt eine Vielzahl von Möglichkeiten, die einzelnen Ausdrücke ineinander zu
verschachteln – man denke nur an geklammerte Ausdrücke. Da sich diese Ver-
schachtelung auch durch sämtliche Syntax-Diagramme zieht, werden diese erst
am Schluß dieses Kapitels in Abschnitt 5.12 zusammengefaßt.

5.2 Arithmetische Ausdrücke

Zu den vier Grundrechenarten +, -, * und / kommt in C noch die Operation %
(modulo, Rest) hinzu, die nur für ganzzahlige Operanden definiert ist und den
Rest bei der ganzzahligen Division liefert. Ferner kommen die Operatoren + und
– auch als Vorzeichen vor.

Pri	Operator	Operanden	Ergebnis	Bemerkung
15	`Vorz. +`	ganz reell	ganz reell	positives Vorzeichen
12	+	ganz,ganz reell,reell Zeiger,ganz ganz,Zeiger	ganz reell Zeiger Zeiger	Summe Summe (siehe 7 und 11.2)
15	`Vorz. -`	ganz reell	ganz reell	negatives Vorzeichen
12	–	ganz,ganz reell,reell Zeiger,Zeiger Zeiger,ganz	ganz reell ganz Zeiger	Differenz Differenz (siehe 7 und 11.2)
13	*	ganz,ganz reell,reell	ganz reell	Produkt Produkt
13	/	ganz,ganz reell,reell	ganz reell	siehe Text Quotient
13	%	ganz,ganz	ganz	ganzzahliger Rest

Bei ganzzahligen Operanden liefert der Operator / den ganzzahligen Quotien-
ten; das Ergebnis gibt also an, wie oft der Nenner in den Zähler paßt. Bei der
ganzzahligen Division bleibt i.a. ein Rest, den man mit dem Modulo-Operator %
berechnen kann.

Bei der Division / und der Modulo-Operation % darf der zweite Operand nicht
Null sein. Falls dies der Fall ist, wird der Programmlauf mit einer entsprechenden Fehlermeldung abgebrochen.

Kommen ganze und reelle Operanden gemischt vor, wird zunächst der ganze
Operand nach reell gewandelt und dann der Operator für zwei reelle Operanden
angewendet.

❑ *Beispiel 5.2.1   arithmetische Operationen (arithaus.cpp)*

Im folgenden Programm werden unterschiedliche Operationen ausgeführt, obwohl jeweils das gleiche Operator-Zeichen verwendet wird.

```cpp
#include <iostream.h>

void main()
{  float quotient;
   int zaehler=13;

   cout << zaehler << "/4 = " << zaehler/4
        << "  Rest " << zaehler%4;
   quotient = zaehler/4;
   cout << "\nReeller Quotient = "
        << quotient  << ", ist ganzzahlig!\n";
   quotient = zaehler/4.0;
   cout << "Jetzt ist das Ergebnis wirklich reell : "
        << quotient << '\n';
}
```

Das Programm liefert die folgende Ausgabe:

```
13/4 = 3  Rest 1
Reeller Quotient = 3, ist ganzzahlig!
Jetzt ist das Ergebnis wirklich reell : 3.25
```

5.3   Bit-Operatoren

Für die maschinennahe Programmierung verfügt C über einige Operatoren zur bitweisen Verarbeitung von ganzzahligen Werten.

5.3.1 Die Schiebe-Operatoren
Mit den Operatoren << bzw. >> kann das Bitmuster eines ganzzahligen Wertes nach links bzw. rechts geschoben werden. In den bisherigen Beispielen sind wir diesen beiden Operatoren bereits im Zusammenhang mit **cin** und **cout** begegnet. Hierbei haben die Operatoren eine andere Bedeutung als unten angegeben. Dies wird in Abschnitt 5.3.2 behandelt.

Pri.	Operator	Operanden	Ergebnis	Bemerkung
11	<<	ganz,positiv	ganz	Linksschieben
11	>>	ganz,positiv	ganz	Rechtsschieben

- Das Bitmuster des ersten Operanden wird um so viele Stellen nach links bzw. rechts verschoben, wie im zweiten positiven Operanden angegeben ist. Ist er negativ, so ist das Ergebnis 0.
- Beim Linksschieben werden von rechts Nullen nachgezogen.
- Beim Rechtsschieben werden von links
  - Nullen nachgezogen, falls der erste Operand positiv oder vom Typ unsigned ist.
  - Einsen nachgezogen, falls der erste Operand negativ ist.

❑ *Beispiel 5.3.1   Schiebe-Operationen (shf-mul.cpp)*

Die Schiebe-Operationen kann man zum schnellen Multiplizieren und Dividieren mit Zweierpotenzen verwenden.

```
#include <iostream.h>

void main()
{   int a,b;
    unsigned x,y;
    // Rechts-Schieben um n Stellen
    // entspricht Division durch 2 hoch n

    a=-12;
    b=a>>2;
    // also: -12/(2 hoch 2) = -12/4 = -3
    cout << a << " >> 2 = " << b << '\n';

    x=12;
    y=x>>2;
    cout << x << " >> 2 = " << y << '\n';

    x=65524U;
    y=x>>2; // 65524/4=16381
    cout << x << " >> 2 = " << y << '\n';

    // Links-Schieben um n Stellen
    // entspricht Multiplikation mit 2 hoch n
    x=13;
    y = x << 2;   // 13*4=52
    cout << x << " << 2 = " << y << '\n';
// es kann dabei Probleme geben:
    x=65000U;
    y=x<<2;// 65000*4=260000, aber Zahlenueberlauf
// daher gleich 63392
```

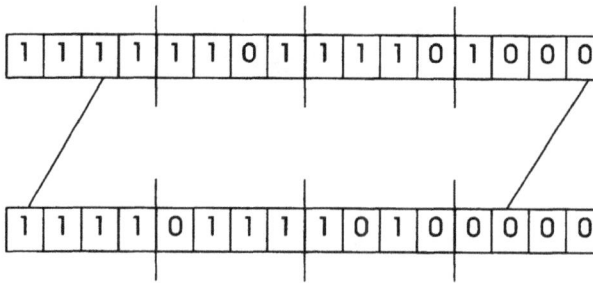

Abbildung 5.3.1

```
cout << x << "  << 2 = " << y << '\n';
}
```

Bei der letzten Schiebeoperation wird der Zahlenwert **65000** um **2** nach links geschoben. Dabei werden relevante Stellen bei 16 Bit-Compilern aus dem 16 Bit-Bereich herausgeschoben (siehe Abbildung 5.3.1). Die 16 rechten Bitstellen des Ergebnisses liefern den Dezimalwert **63392**. Denselben Wert erhält man auch dann, wenn man das Produkt **65000 * 4** berechnet. Bei 32 Bit-Compilern tritt derselbe Effekt entsprechend später auf, wenn man relevante Stellen aus dem 32 Bit-Bereich herausschiebt. ∎

5.3.2 Ausdrücke für die Ein- und Ausgabe
Bei unseren Beispielen haben wir Texte und Variablenwerte über

```
cout << . . .
```

ausgegeben und Variablenwerte über

```
cin >> . . .
```

eingelesen. Andererseits haben wir im vorigen Abschnitt die Operatoren **<<** und **>>** als Schiebeoperatoren erklärt. Dies ist kein Widerspruch; es zeigt vielmehr ein Beispiel für ein sehr mächtiges Werkzeug von C++: das Überladen von Operatoren. Damit ist gemeint, daß der C++-Programmierer die Wirkung von Operatoren für neue Datentypen umdefinieren kann. Genau dies ist hier geschehen: In C++ wurden neue "Datentypen" für Eingabe- und Ausgabegeräte, sogenannte *Ströme* (engl. streams), eingeführt. Dabei ist **cin** eine vordefinierte Variable für das Standard-Eingabegerät – also die Tastatur – und **cout** eine vordefinierte Variable für das Standard-Ausgabegerät – also den Bildschirm. Die Operatoren **<<** und **>>** wurden wie folgt auf Ströme erweitert:

Pri.	Operator	Operanden	Ergebnis	Bemerkung
11	<<	cout, Ausdruck	`cout`	Ausgabe
11	>>	cin, Variable	`cin`	Eingabe

- Bei `cout` wird der angegebene Ausdruck auf dem Standard-Ausgabegerät ausgegeben.
- Bei `cin` wird von der Standard-Eingabe (normalerweise Tastatur) ein Wert in die angegebene Variable eingelesen.

In fast allen Programmen dieses Buches kommen diese Ein/Ausgabe-Operationen vor, so daß hier auf ein Beispiel verzichtet wird.

5.3.3 Die logischen Bit-Operatoren

Für einzelne Bits sind die logischen Operatoren wie folgt definiert:

A	B	NOT A	A AND B	A OR B	A XOR B
0	0	1	0	0	0
0	1	1	0	1	1
1	0	0	0	1	1
1	1	0	1	1	0

Erweitert man diese logischen Operatoren auf Folgen von Bits, so erhält man die in der folgenden Tabelle zusammengefaßten logischen Bit-Operatoren.

Pri.	Operator	Operanden	Ergebnis	Bemerkung
8	&	ganz,ganz	ganz	bitweises logisches AND
7	^	ganz,ganz	ganz	bitweises logisches XOR
6	|	ganz,ganz	ganz	bitweises logisches OR
15	~	ganz	ganz	bitweises logisches NOT

❑ *Beispiel 5.3.2   logische Bit-Operationen (logbitop.cpp)*

Im folgenden Beispiel wird die Funktion **binaer** aus unserem allerersten Beispiel wiederverwendet, um die Operanden und die Ergebnisse der Ausdrücke mit logischen Bit-Operationen binär darzustellen.

```
#include <iostream.h>

const int EINS = 1;
```

```
void binaer(int z)
{   for (int i=15;i>=0;i--)
    {   if (z & (EINS<<i))
            cout << '1';
        else
            cout << '0';
        if (i%4 == 0)
            cout << ' ';
    }
}


void main()
{ int zahl=0x59B7,maske=0X03F8;
  cout << "Teil von \"zahl\" wird auf 1 gesetzt\n";
  binaer(zahl); cout << "\tzahl\n";
  binaer(maske);cout << "\tmaske\n";
  binaer(zahl | maske);
  cout << "\t<<-- zahl | maske\n";
  cout << ".... ..-- ---- -...\n";

  cout << "Teil von \"zahl\" wird auf 0 gesetzt\n";
  binaer(zahl); cout << "\tzahl\n";
  binaer(maske);cout << "\tmaske\n";
  binaer(zahl & ~maske);
  cout << "\t<<-- zahl & ~maske\n";
  cout << ".... ..-- ---- -...\n";

  cout << "Teil von \"zahl\" wird herausgeschnitten\n";
  binaer(zahl); cout << "\tzahl\n";
  binaer(maske);cout << "\tmaske\n";
  binaer(zahl & maske);
  cout << "\t<<-- zahl & maske\n";
  cout << ".... ..-- ---- -...\n";
  binaer((zahl&maske) >> 3);
  cout << "\t<<-- zahl um 3 Stellen "
       << "\n\t\t\tnach rechts verschoben\n";

  cout << "Teil von \"zahl\" wird herausgeschnitten\n"
       << "und davon das Komplement gebildet\n";
  binaer(zahl); cout << "\tzahl\n";
  binaer(maske);cout << "\tmaske\n";
  binaer(zahl ^ maske);
  cout << "\t<<-- zahl ^ maske\n";
  cout << ".... ..-- ---- -...\n";
}
```

Das Programm liefert folgende Ausgabe:

```
Teil von "zahl" wird auf 1 gesetzt
0101 1001 1011 0111     zahl
0000 0011 1111 1000     maske
0101 1011 1111 1111     <<-- zahl | maske
.... ..-- ---- -...
Teil von "zahl" wird auf 0 gesetzt
0101 1001 1011 0111     zahl
0000 0011 1111 1000     maske
0101 1000 0000 0111     <<-- zahl & ~maske
.... ..-- ---- -...
Teil von "zahl" wird herausgeschnitten
0101 1001 1011 0111     zahl
0000 0011 1111 1000     maske
0000 0001 1011 0000     <<-- zahl & maske
.... ..-- ---- -...
0000 0000 0011 0110     <<-- zahl um 3 Stellen
                             nach rechts verschoben
Teil von "zahl" wird herausgeschnitten
und davon das Komplement gebildet
0101 1001 1011 0111     zahl
0000 0011 1111 1000     maske
0101 1010 0100 1111     <<-- zahl ^ maske
.... ..-- ---- -...
```

5.4 Vergleiche

In diesem Abschnitt wollen wir numerische Werte vergleichen und feststellen, ob der Vergleich zutrifft oder nicht. Spätestens an dieser Stelle wird man bemerken, daß es in C keinen eigenen Datentyp für Wahrheitswerte – wie etwa in Pascal den Datentyp **boolean** – gibt. In C wird einfach festgelegt:

- Der Zahlenwert 0 wird als Wahrheitswert **falsch** (**false**) definiert.
- Jeder von 0 verschiedene Zahlenwert wird als Wahrheitswert **wahr** (**true**) behandelt.

Bei der Auswertung eines Vergleiches, der ja einen Wahrheitswert liefert, wird der Wert **wahr** mit dem Zahlenwert 1 dargestellt.

Pri.	Operator	Operanden	Ergebnis	Bemerkung
10	<	ganz,ganz reell,reell Zeiger,Zeiger	{0,1}	kleiner als
10	<=	ganz,ganz reell,reell Zeiger,Zeiger	{0,1}	kleiner oder gleich
10	>	ganz,ganz reell,reell Zeiger,Zeiger	{0,1}	größer als
10	>=	ganz,ganz reell,reell Zeiger,Zeiger	{0,1}	größer oder gleich
9	==	ganz,ganz reell,reell Zeiger,Zeiger	{0,1}	gleich
9	!=	ganz,ganz reell,reell Zeiger,Zeiger	{0,1}	ungleich

Wie bei den arithmetischen Operatoren wird bei gemischten Operanden (einer reell, der andere ganz) der ganze zuerst nach reell gewandelt.

Man beachte, daß der Vergleich auf Gleichheit mit *zwei* Gleichheitszeichen geschrieben wird. In Abschnitt 5.8 werden wir den Operator = (*ein* Gleichheitszeichen) genauer betrachten. Die Verwechslung dieser beiden Operatoren ist ein typischer Programmierfehler in C, über den wohl schon jeder Programmierer gestolpert ist.

Obwohl die Sprachdefinition den Vergleich zweier reeller Zahlen auf Gleichheit und Ungleichheit zuläßt, sollte man das tunlichst vermeiden. Da bei reellen Zahlen immer mit begrenzter Stellenzahl gerechnet wird, kann es – insbesondere bei längeren Rechnungen – zu Rundungsfehlern kommen. Statt auf exakte Gleichheit sollte man bei reellen Werten überprüfen, ob die beiden Werte bis auf einen relativen Fehler gleich sind. Im folgenden Beispiel wird dies demonstriert.

❑ *Beispiel 5.4.1   Vergleich reeller Werte (vergleic.cpp)*

In diesem und den folgenden Beispielen werden bereits einige Kontrollstrukturen verwendet, die erst im nächsten Kapitel besprochen werden. Die **if**-Anweisung wird in Abschnitt 6.3, die **for**-Anweisung in Abschnitt 6.4.2 behandelt.

45

```
#include <iostream.h>

void main()
{   long double a,b,c,diff,epsilon;
    cout << "Gib reelle Zahl ein : ";
    cin  >> b;

    c=b/1.0e60;
    a=c*1.0e6;       // a=b/1.0e60*1.0e6=b/1.0e54
    a=a*1.0e54;      // a=b/1.0e54*1.0e54=b

    diff=(a-b)/a;
    // relativer Fehler:
    // aus dem negativen Exponenten kann man
    // die gültigen Stellen ablesen
    cout << "Relativer Fehler : " << diff << '\n';
    if (a != b)
        cout << "un";
    cout << "gleich, aber ";

    if (diff < 0)   // siehe auch Abschnitt 5.6
        diff=-diff;
    cout << "auf wieviel Stellen genau ? ";
    int stellen;
    cin >> stellen;
    epsilon=1;
    for (int i=1;i<=stellen;i++)
      epsilon/=10;
    if (diff < epsilon)  // Stellenzahl
        cout << "so etwa gleich\n";
    else
        cout << "echt verschieden\n";
}
```

Genau genommen sind die Werte von **a** und **b** gleich. Durch Rundungsfehler bei
Multiplikation und Division sind diese Werte jedoch nur auf etwa 15 Stellen genau. Gibt man auf die Anfrage **auf wieviel Stellen genau ?** einen
größeren Wert als 15 ein, erscheint meist die Meldung **echt verschieden**,
sonst die andere **so etwa gleich**. ∎

5.5   Logische Operatoren

Vergleiche kann man mit den logischen Operatoren **&&** (logisch AND) und **||** (logisch OR) verknüpfen. Im Gegensatz zu den logischen Bit-Operatoren aus 5.3.3 werden hier die logischen Werte Null für **falsch** und ungleich Null für **wahr** verknüpft. Entsprechend liefert die logische Negation **!** den Wert Null (= **falsch**), wenn sie auf einen **wahren** Operanden (ungleich Null) angewendet wird; andernfalls erhält man den Wert 1 (= **wahr**). Man beachte auch hier den Unterschied zur bitweisen Negation **~**, bei der *jede* Bitstelle von **0** nach **1** bzw. von **1** nach **0** geändert wird. Ebenfalls fällt auf, daß es bei den logischen Operatoren kein exklusives OR gibt.

Pri.	Operator	Operanden	Ergebnis	Bemerkung
5	&&	ganz,ganz reell,reell Zeiger,Zeiger	{0,1}	logisches AND 1 falls beide Opd. ≠ 0 0 sonst
4	||	ganz,ganz reell,reell Zeiger,Zeiger	{0,1}	logisches OR 0 falls beide Opd. = 0 1 sonst
15	!	ganz reell Zeiger	{0,1}	logisches NOT 0 falls Opd. ≠ 0 1 sonst

Die Auswertung von logischen Ausdrücken erfolgt von links nach rechts. Dabei werden die Operanden nur so lange berechnet, bis das Endergebnis feststeht. Wenn also bei einer **&&**-Verknüpfung der erste Operand den Wert **0** (falsch) ergibt, ist der gesamte Ausdruck – unabhängig vom Wert des zweiten Operanden – sicher auch falsch; der zweite Operand wird nicht mehr ausgewertet. Ganz entsprechend steht in einer **||**-Verknüpfung das Ergebnis bereits fest, wenn der erste Operand eine Wert ungleich **0** (wahr) ergibt; auch hier wird dann der zweite Operand nicht mehr ausgewertet. Dies Technik nennt man *short-circuit*. Im folgenden Beispiel nutzen wir dieses Vorgehen aus.

❏ *Beispiel 5.5.1   Short-circuit (log-oper.cpp)*

```
#include <iostream.h>

void main()
{   float zaehler,nenner;
    cout << "Gib Zaehler ein : ";
```

```
cin  >> zaehler;
cout << "und jetzt den Nenner : ";
cin  >> nenner;
if ((nenner !=0) && (zaehler/nenner>=1))
    cout << "Zaehler groesser gleich Nenner\n";
else
    cout << "Nenner = 0 oder Zaehler kleiner Nenner\n";
}
```

Ist der Wert von **nenner** gleich **0**, darf nicht dividert werden. In der obigen **if**-Anweisung wird die Division tatsächlich nur dann ausgeführt, wenn **nenner** von **0** verschieden ist. ■

5.6   Der bedingte Ausdruck

In Beispiel 5.4.1 wurde der Absolutwert der Variablen **diff** berechnet. Für solche Berechnungen, die von Bedingungen abhängen, gibt es den bedingten Ausdruck, der mit den zwei Operatoren **?** und **:** gebildet wird:

Ausdruck1 ? Ausdruck2 : Ausdruck3

Diese Konstruktion ist folgendermaßen zu lesen:
Falls **Ausdruck1** wahr ist (also einen von Null verschiedenen Wert liefert), ergibt sich der Wert von **Ausdruck2**, sonst der von **Ausdruck3**. Damit kann man die Berechnung des Absolutwertes in Beispiel 5.4.1 ersetzen durch

diff = diff<0 ? -diff : diff;

5.7   Explizite Typ-Konvertierung

Neben den impliziten Typ-Konvertierungen, die zu Anfang dieses Kapitels besprochen wurden, kann man den Wert eines Ausdrucks auch explizit in einen anderen Datentyp umwandeln. Dazu schreibt man vor den Ausdruck lediglich den gewünschten Datentyp in Klammern hin. Diese Typ-Konvertierung wird in C *cast* genannt. Solange die Typ-Konvertierung bei numerischen Werten in einen allgemeineren Datentyp erfolgt, gibt es keinen Informationsverlust. Es gelten dann die in 5.1 angegebenen Regeln. Die Wandlung in einen "kleineren" Datentyp ist in C wie folgt festgelegt:

- Ein reeller Datentyp höherer Genauigkeit kann in einen reellen Datentyp niedrigerer Genauigkeit konvertiert werden, wenn der Wert im Zahlenbereich der niedrigeren Genauigkeit liegt. Dann wird der Wert auf die entsprechende Stellenzahl gerundet. Liegt der Wert außerhalb des zulässigen Zahlenbereichs, erfolgt eine Fehlermeldung.
- Bei der Konvertierung eines reellen Wertes in einen ganzzahligen wird der Wert zunächst nach **long int** konvertiert und der Dezimalbruch abgeschnitten. Liegt der Zahlenwert dann nicht in dem ganzzahligen Zahlenbereich, in den gewandelt werden soll, erfolgt eine Fehlermeldung.
- Wird eine ganze Zahl mit Vorzeichen in eine vorzeichenlose ganze Zahl konvertiert, wird das Bitmuster als vorzeichenlose Zahl behandelt.
- Wird eine ganze Zahl höherer Genauigkeit in eine mit niedrigerer Genauigkeit konvertiert, werden einfach die rechten Bits, die in die niedrigere Genauigkeit passen, übernommen. Fallen dabei relevante Stellen weg, erfolgt *keine* Fehlermeldung.

❑ *Beispiel 5.7.1   Casting (cast.cpp)*

```cpp
#include <iostream.h>

void main()
{ long double langeZahl=1.234556789e9L;
  for (int i=0;i<2;i++)
  // 2-mal mit versch. Werten von langeZahl
  { cout<<"long double : " <<langeZahl << '\n';
    cout<<"double      : " <<(double)langeZahl << '\n';
    cout<<"float       : " <<(float) langeZahl << '\n';
    cout<<"long int    : " <<(long int)langeZahl<<'\n';
    cout<<"int         : " <<(int) langeZahl << '\n';
    cout<<"short int   : " <<(short int) langeZahl<<'\n';
    cout<<"char        : " <<(char) langeZahl << "\n\n";
    langeZahl=8.5e1;
  }
}
```

Das Programm demonstriert die Konvertierung eines **long double** auf kleinere Datentypen. Im ersten Schleifendurchgang wird der Zahlenwert **1.234556789e9L** verwendet, im zweite der Wert **8.5e1**. Das Programm liefert folgende Ausgabe:

```
long double : 1.234557e+09
double      : 1.234557e+09
float       : 1.234557e+09
```

```
long int     : 1234556789
int          : -10379
short int    : -10379
char         : u

long double  : 85
double       : 85
float        : 85
long int     : 85
int          : 85
short int    : 85
char         : U
```

Die negativen Zahlen erhält man dadurch, daß man von der **long int**-Zahl nur die rechten 16 bzw. 8 Bit betrachtet, bei denen das Vorzeichenbit zufällig gesetzt ist. ∎

❏ *Beispiel 5.7.2   Casting bei Division (cast-div.cpp)*

In Beispiel 5.2.1 haben wir gesehen, wie man mit zwei konstanten ganzzahligen Operanden eine reelle Division erzwingen kann: man schreibt mindestens einen Operanden als reelle Zahl. Bei Variablen braucht man die explizite Typ-Konvertierung.

```cpp
#include <iostream.h>

void main()
{   float quotient;
    int zaehler=13,nenner=4;
    // zaehler und nenner könnten auch
    // eingelesen werden
    quotient = zaehler / nenner;
    cout << "ganzzahliges Ergebnis : " << quotient<<'\n';
    quotient = (float)zaehler / nenner;
    cout << "reelles Ergebnis      : " << quotient<<'\n';
}
```
∎

5.8   Die Zuweisung

In allen bisherigen Programmen haben wir mit Variablen gearbeitet, denen wir Werte zugewiesen haben. In diesem Abschnitt wollen wir die Zuweisung = und ihre Varianten besprechen.

Links vom Zuweisungszeichen = steht meist eine Variable, die eine Speicher-Adresse bezeichnet. In Kapitel 7 werden wir allgemeinere Ausdrücke kennenlernen, mit denen man Speicher-Adressen berechnen kann. Variablen-Bezeichner sind Spezialfälle solcher Ausdrücke. In C nennt man einen Ausdruck, der eine Speicher-Adresse beschreibt, einen *L-Wert*. L-Wert steht für Links-Wert (engl. left value) mit der Bedeutung "*darf links vom Zuweisungsoperator stehen*". Eine Konstante oder ein Ausdruck darf *nicht* links von = stehen! Dies ist ebenso unsinnig, wie wenn man **2*x** links von = hinschreiben würde.

Pri.	Operator	Operanden	Ergebnis	Bemerkung
2	=	L-Wert,beliebig	Typ von L-Wert	Zuweisung

Wirkung von $E_1 = E_2$:

- Der rechte Operand E_2, der i.a. ein Ausdruck ist, wird ausgewertet und das Ergebnis in den Datentyp des linken Operanden **E1** gewandelt. Dabei werden die im vorigen Abschnitt angegebenen expliziten Typ-Konvertierungen angewendet.

- Der frühere Wert von E_1 wird durch den Wert von E_2 ersetzt.

- Die Zuweisung liefert als Wert den neuen Wert von E_1.

Man beachte, daß die Zuweisung einen Wert liefert. Diesen kann man z.B. in einem weiteren Ausdruck verwenden oder direkt auf den Bildschirm ausgeben.

❑ *Beispiel 5.8.1   Zuweisung (Zuweisng.cpp)*

```cpp
#include <iostream.h>

void main()
{   int x,y=5,z=7,u=-15;
    cout << "x= " << (x=y+z);
       // Wert von x nach Zuweisung ausgeben
    cout << ", nochmal x= " << x;
       // und nochmal ausgeben
    y=(u=x+y)+z;
       // u wird Summe zugewiesen
       // y wird u+z zugewiesen
    cout << "\nu= " << u << ", y= "<< y;
    x=y=z=15;
       // Mehrfachzuweisung:x,y,z erhalten Wert 15
}
```

Das Programm liefert die Bildschirm-Ausgabe

51

```
x= 12, nochmal x= 12
u= 17, y= 24                                                    ■
```

Ein typischer und tückischer Programmierfehler in C wird in folgendem Programm gezeigt, in dem die Operatoren = (Zuweisung) und == (Vergleich auf Gleichheit) verwechselt wurden.

❑ *Beispiel 5.8.2   Zuweisung statt Vergleich (if-zuw.cpp)*

```
#include <iostream.h>

void main()
{  int zahl;
   cout << "Errate eine Zahl : ";
   cin  >> zahl;
   if (zahl=13)
      cout << "Zahl erraten\n";
   else  // hier kommt man nie hin !!
      cout << "Zahl nicht erraten\n";
}
```

Die Idee des Programms ist wohl klar: Das Programm läßt eine Zahl raten und soll nur in dem Fall, daß **13** eingegeben wurde, den Text

```
   Zahl erraten
```

ausgeben. In Wirklichkeit wird dieser Text bei *jeder beliebigen* Eingabe gezeigt. Der Grund hierfür ist vielleicht erst auf den zweiten Blick ersichtlich: In der **if**-Zeile steht die Zuweisung **zahl=13**, die als Ergebnis immer den Wert **13** liefert, also einen von **0** verschiedenen Wert, der hier als **wahr** interpretiert wird. Eigentlich müßte die Zeile wie folgt aussehen:

```
   if (zahl==13)
```

Da dieser Fehler leicht passieren kann, geben die meisten Compiler hier eine Warnung aus.   ■

Neben obigem Zuweisungsoperator gibt es 10 weitere sogenannte kombinierte Zuweisungsoperatoren.

Pri.	Operator	Operanden	Ausdruck	entspricht
2	*=	opd, wert	opd *= wert	opd=opd * wert
	/=	opd, wert	opd /= wert	opd=opd / wert
	%=	opd, wert	opd %= wert	opd=opd % wert
	+=	opd, wert	opd += wert	opd=opd + wert
	-=	opd, wert	opd -= wert	opd=opd - wert
	&=	opd, wert	opd &= wert	opd=opd & wert
	^=	opd, wert	opd ^= wert	opd=opd ^ wert
	|=	opd, wert	opd |= wert	opd=opd | wert
	<<=	opd, wert	opd <<= wert	opd=opd<<wert
	>>=	opd, wert	opd >>= wert	opd=opd>>wert

Die Schreibweise mit einem kombinierten Zuweisungsoperator ist nicht nur bequemer als die normale Wertzuweisung, sie ermöglicht vielmehr dem Compiler, besseren Code zu generieren, da der linke Operand – anders als bei der normalen Wertzuweisung – nur einmal ausgewertet wird. Dieser Unterschied wird erst im Zusammenhang mit Vektoren (Kapitel 11) und Klassen (Kapitel 12) wichtig.

Häufig muß man den Wert einer Variablen um 1 erhöhen (inkrementieren) oder erniedrigen (dekrementieren). In C gibt es hierfür den Inkrement-Operator **++** bzw. den Dekrement-Operator **--**. Beide Operatoren sind unär und können entweder *vor* dem Operanden (Präfix-Form) oder *hinter* dem Operanden (Postfix-Form) stehen. (Der Name C++ enthält den Inkrement-Operator wohl mit der Bedeutung, daß C++ der Nachfolger bzw. eine um 1 verbesserte Version von C ist.)

Pri.	Operator	Operand	Ergebnis	Bemerkung
15	++	L-Wert	Typ von L-Wert	Inkrement
15	--	L-Wert	Typ von L-Wert	Dekrement

- Der Wert des Operanden wird bei ++ um **1** erhöht, bei -- um 1 erniedrigt.
- Der Wert des Ausdrucks ist wie folgt bestimmt:
  - in der *Postfix-Form* der ursprüngliche Wert des Operanden,
  - in der *Präfix-Form* der um 1 erhöhte bzw. erniedrigte Wert des Operanden.

❑ *Beispiel 5.8.3   Präfix- und Postfix-Operatoren (praepost.cpp)*

```
#include <iostream.h>

void main()
{  int a=12;
   cout << a++ << ", ";
```

```
    cout << ++a << '\n';
    cout << --a << ", ";
    cout << a-- << ", ";
    cout << --a << '\n';
}
```

Das Programm liefert folgende Ausgabe (die Erklärungen wurden hinzugefügt)

12	alter Wert von **a**, wird danach erhöht
14	Wert 13 wird erst erhöht, dann ausgegeben
13	Wert 14 wird erst erniedrigt, dann ausgegeben
13	alter Wert von **a**, wird danach erniedrigt
11	Wert 12 wird erst erniedrigt, dann ausgegeben

5.9 Der Operator `sizeof`

Der unäre Operator **sizeof** liefert die vom Operanden benötigte Speichergröße in Bytes.

Pri.	Operator	Operanden	Ergebnis	Bemerkung
15	`sizeof`	Ausdruck	ganz	vom Ausdruck benötigte Bytezahl
15	`sizeof`	(Typname)	ganz	vom benannten Typ benötigte Bytezahl

- Im ersten Fall wird der Typ des Ausdrucks ohne dessen Auswertung bestimmt und die benötigten Bytezahl berechnet.
- Im zweiten Fall wird die vom Typnamen benötigte Bytezahl berechnet.

❏ *Beispiel 5.9.1   Speicherbedarf (sizeof.cpp)*

Im folgenden Programm wird für einige Datentypen der Speicherbedarf in Bits ausgegeben. Man beachte, daß die Ausdrücke, die als Argument von **sizeof** vorkommen, *nicht* ausgewertet werden. So behalten **i** und **si** im gesamten Programm ihre Anfangswerte, wovon man sich auch durch die Ausgabe dieser Werte überzeugen kann.

```
#include <iostream.h>

void main()
{   int i=321;
```

```
  short int si=123;
  long int li=12345;
  float fl=1.1;
  double db=1.2;
  long double ld =1.3;
  cout << "int          : "<<sizeof(i++)*8 << " Bit\n";
  cout << '\t' << i << '\n';
  cout << "short int    : " <sizeof(si=2*si)*8<<" Bit\n";
  cout << '\t' << si << '\n';
  cout << "long int     : "<<sizeof(li)*8 << " Bit\n";
  cout << "float        : "<<sizeof(fl)*8 << " Bit\n";
  cout << "double       : "<<sizeof(db)*8 << " Bit\n";
  cout << "long double  : "<<sizeof(ld)*8 << " Bit\n";
  cout << "li+ld        : "<<sizeof(li+ld)*8 << " Bit\n";
  cout << "i+li         : "<<sizeof(i+li)*8 << " Bit\n";
}
```

Das Programm liefert die folgende Ausgabe:

```
int           : 16 Bit
         321
short int     : 16 Bit
         123
long int      : 32 Bit
float         : 32 Bit
double        : 64 Bit
long double   : 80 Bit
li+ld         : 80 Bit
i+li          : 32 Bit
```

Die letzten beiden Ausgaben zeigen, daß das Ergebnis stets den Datentyp des komplizierteren Operanden annimmt. ∎

5.10 Der Komma-Operator

Man kann Ausdrücke durch Kommata getrennt auflisten.

Pri.	Operator	Operanden
1	**Ausdruck, Ausdruck**	Wert des rechten Ausdrucks
•	Die beiden Ausdrücke werden von links nach rechts ausgewertet. Das Ergebnis des linken Ausdrucks wird nicht weiterverwendet.	
•	Typ und Wert des Ergebnisses sind Typ und Wert des rechten Ausdrucks.	

❑ *Beispiel 5.10.1 Komma-Operator (komma.cpp)*

```
#include <iostream.h>

void main()
{  int a;
   cout << "a = " << (a=12,a=a+a) << '\n';
}
```

Das Programm gibt den Zahlenwert **24** aus: **a** erhält in der ersten Anweisung den Wert **12**, in der zweiten das Doppelte davon. Dieser letzte Wert wird ausgegeben. ∎

5.11 Konstanten-Ausdrücke

C erwartet an manchen Stellen sogenannte *Konstanten-Ausdrücke*. Das sind Ausdrücke, deren Operanden konstante Werte sind. Den Wert eines solchen Konstanten-Ausdrucks könnte schon der Programmierer ausrechnen. Konstanten-Ausdrücke werden bereits beim Compilieren berechnet.

❑ *Beispiel 5.11.1 Konstantenausdrücke (konstant.cpp)*

```
#include <iostream.h>

void main()
{  const int A=12,B=-14;
   const C=3; // "const" kurz fuer "const int"
   const float PI=3.1415926;
   int i=3*(A*C+B);
   cout << i << endl << PI;
}
```

Der Compiler erzeugt folgende Deklaration:

```
   int i=66;
```

∎

5.12 Zusammenfassung

Im folgenden werden die Syntax-Diagramme angegeben, die einen Ausdruck
definieren. Die binären Operatoren sind der Einfachheit halber in den Diagram-
men zusammengefaßt worden; man beachte hierbei jedoch die Prioritäten der
Operatoren (siehe Tabelle in Abschnitt 5.1).

Ausdruck :   (5-1)

Zuweisungsausdruck :   (5-2)

bedingterAusdruck :   (5-3)

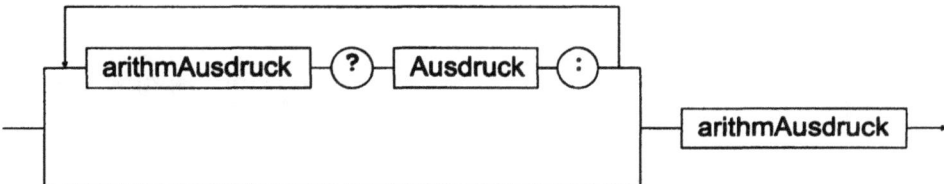

ZuweisungsOperator : (5-4)

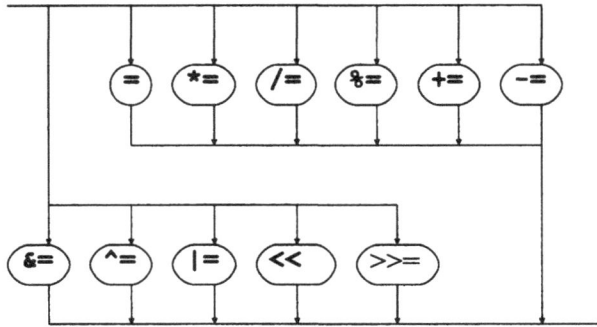

arithmAusdruck : (5-5)

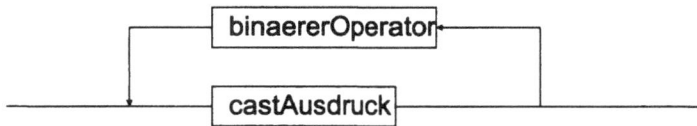

castAusdruck : (5-6)

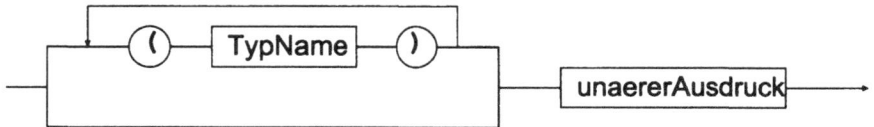

binaererOperator : (5-7)

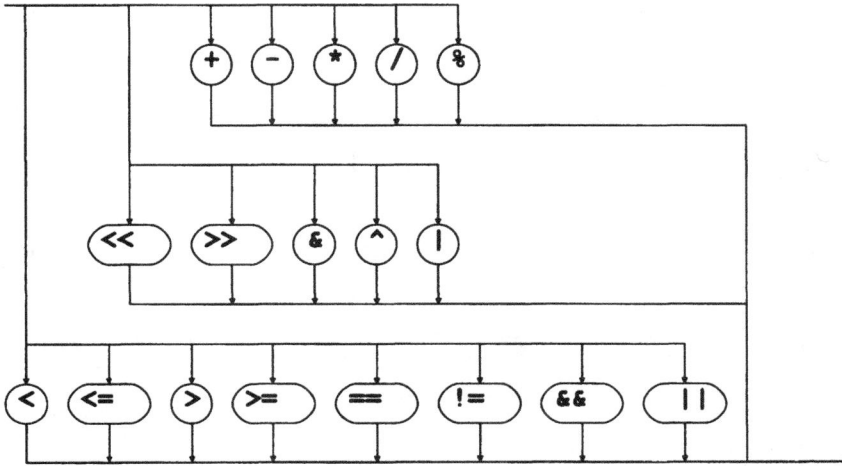

unaererAusdruck : (5-8)

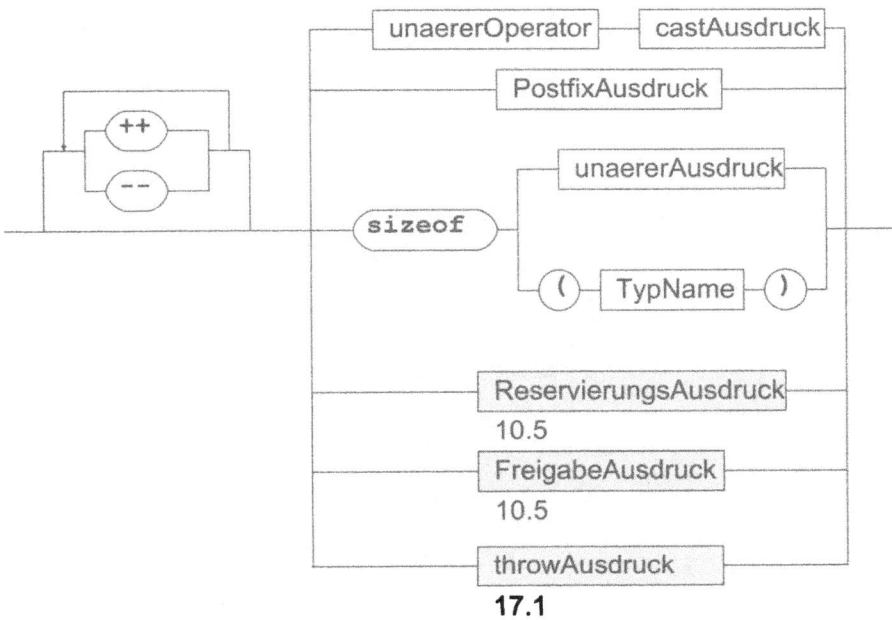

| unaererOperator | : (5-9)

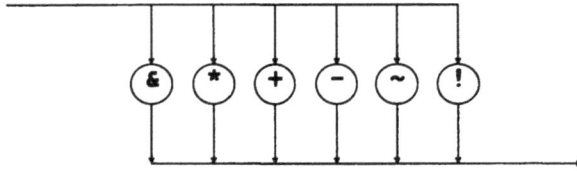

| TypName | : (5-10)

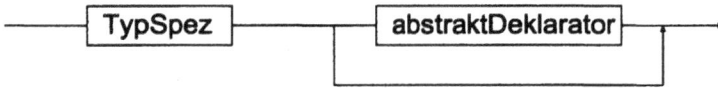

| PostfixAusdruck | : (5-11)

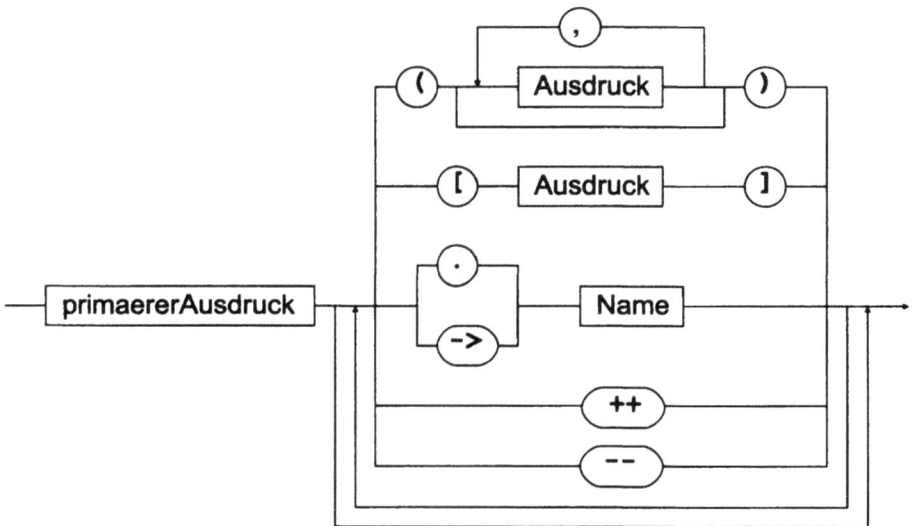

abstraktDeklarator : (5-12)

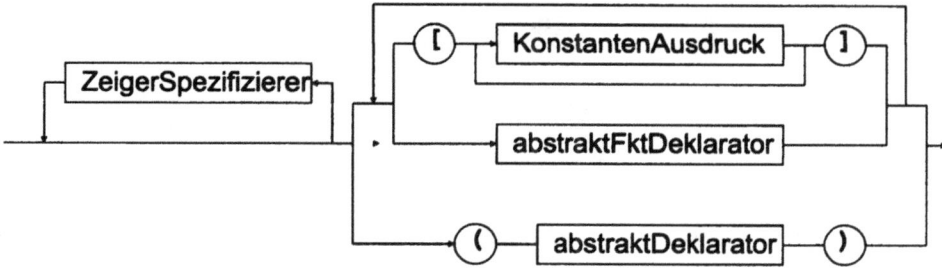

abstraktFktDekl : (5-13)

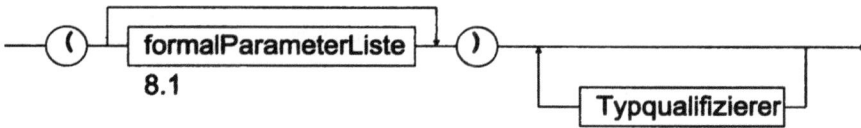

KonstantenAusdruck : (5-14)

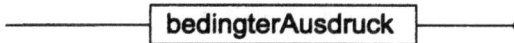

primaererAusdruck : (5-15)

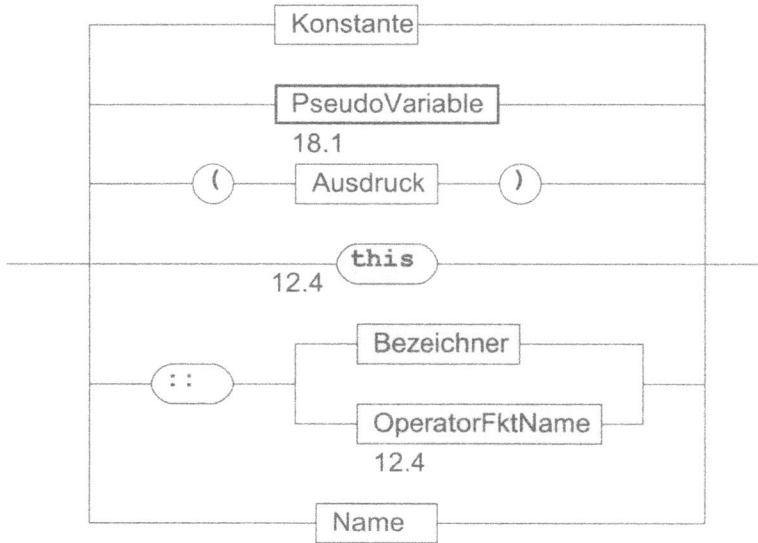

Name : (5-16)

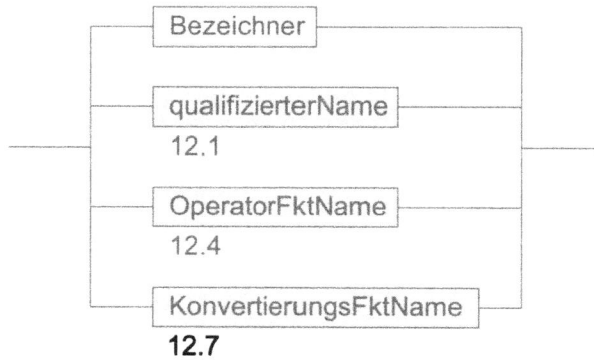

6 Anweisungen

Anweisungen beschreiben Aktionen, die das Programm an den im Vereinbarungsteil angegebenen Variablen ausführen soll. Im Normalfall werden die Anweisungen in der aufgeschriebenen Reihenfolge nacheinander ausgeführt. Die Kontrollstrukturen, die ab Abschnitt 6.2 besprochen werden, verändern diese Reihenfolge der Abarbeitung.

In C und C++ gibt es die folgenden Anweisungen:

| Anweisung | : | (6-1) |

```
AusdrucksAnweisung
VerbundAnweisung
bedingteAnweisung
Fallunterscheidung
WiederholungsAnweisung
SprungAnweisung
markierteAnweisung
asmAnweisung
    18
Deklaration
tryBlock
    17.1
```

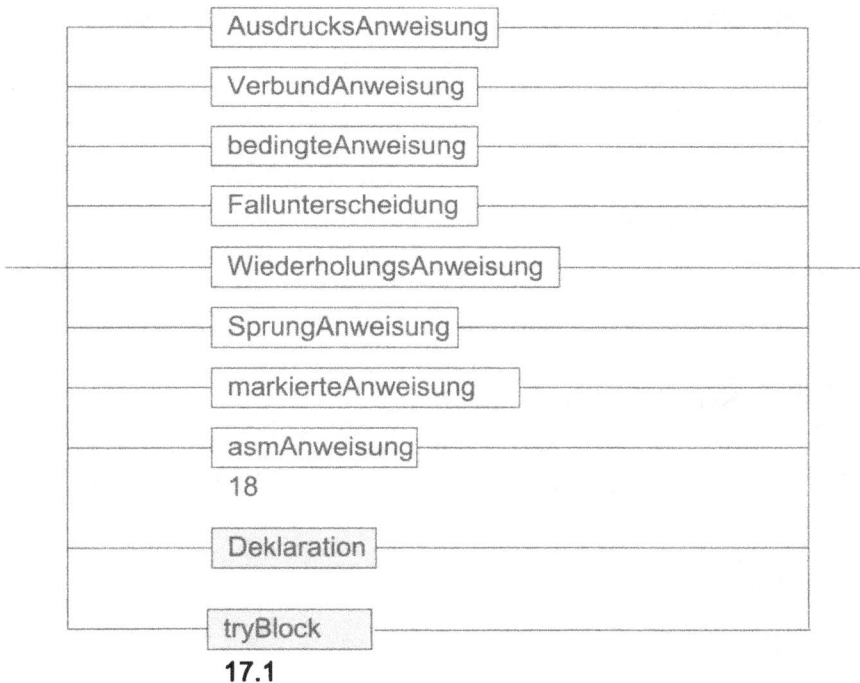

In C ist der Deklarationsteil strikt vom Anweisungsteil getrennt. In C++ kann man Anweisungen und Deklarationen mischen; aus diesem Grund taucht im obigen Synatx-Diagramm die **Deklaration** auf.

6.1 Ausdrucksanweisung und Verbundanweisung

Wenn man einen Ausdruck mit einem Semikolon abschließt, erhält man die einfachste Form einer Anweisung, die Ausdrucksanweisung.

```
AusdrucksAnweisung :                                            (6-2)
```

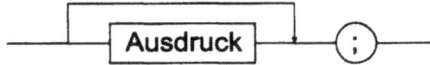

Im Syntax-Diagramm ist der Ausdruck optional, d.h. das Semikolon allein bildet auch schon eine Anweisung, und zwar die *leere Anweisung*. Diese bewirkt überhaupt nichts und wird aus syntaktischen Gründen eingeführt. Wenn an einer Stelle des Programms ein Ausdruck stehen *muß*, dort aber nichts zu tun ist, verwendet man die leere Anweisung. Wenn an dieser Stelle aber mehr zu tun ist, als man in *einer* Anweisung beschreiben kann, verwendet man die Verbundanweisung.

```
VerbundAnweisung :                                             (6-3)
```

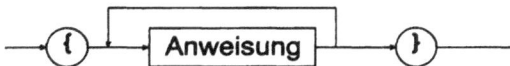

6.2 Die bedingte Anweisung

Abhängig von einer Bedingung verzweigt die bedingte Anweisung in einen von zwei Fällen.

```
bedingteAnweisung :                                            (6-4)
```

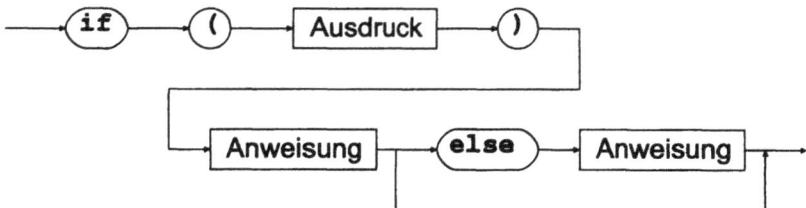

Der Ausdruck wird ausgewertet. Liefert er den Wahrheitswert "wahr" – das ist in C jeder von 0 verschiedene Wert – so wird die erste Anweisung ausgeführt und der **else**-Teil übersprungen. Liefert der Ausdruck den Wert "falsch" – also 0 -, wird die Anweisung im **else**-Teil ausgeführt; die erste Anweisung wird übersprungen.

Der **else**-Teil kann auch fehlen: dann bewirkt diese bedingteAnweisung nichts, falls der Ausdruck "falsch" ist.

❑ *Beispiel 6.2.1   bedingte Anweisung (if-else.cpp)*

```
#include <iostream.h>

void main()
{   int i;
    cout << "i : ";
    cin  >> i;
    if (i!=5) cout << "ungleich 5\n";
    else      cout << "gleich 5\n";
    cout << "\n\n";
}                                                    ■
```

Bei geschachtelten bedingten Anweisungen tritt ein Problem auf.

```
i=3;
if (i!=5)
   if (i>4)
       cout << "größer 5\n";
else  // gleich 5 ??
  cout << "gleich 5\n";
```

Hier soll der **else**-Fall die Alternative zur Bedingung (**i!=5**) sein, angedeutet durch die entsprechende Einrückung. Wenn Sie das Programm ablaufen lassen, wird es die Meldung "**gleich 5**" ausgeben, was wegen **i=3** aber offensichtlich nicht stimmt. Nach Syntax-Diagramm (6-4) könnte der **else**-Teil die Alternative zum ersten oder zum zweiten **if** sein. Die folgende Zusatz-Regel löst diese Mehrdeutigkeit auf:

> Ein **else**-Teil ist immer die Alternative zur letzten **if**-Anweisung der gleichen Stufe, die noch keinen **else**-Teil hat.

Im Beispiel ist also der **else**-Teil die Alternative zu **if (i>4)**. Natürlich kann man die ursprüngliche Idee korrekt programmieren: Man muß nur eine Verbundanweisung verwenden:

```
i=3;
if (i!=5)
{ if (i>4)
      cout << "größer 5\n";
}
else  // gleich 5 ??
  cout << "gleich 5\n";
```

6.3   Die Fallunterscheidung

Soll aus mehreren Möglichkeiten ein bestimmter Fall ausgewählt werden, kann man geschachtelte bedingte Anweisungen verwenden:

```
if (fall1)   ...
else if (fall2)   ...
     else if (fall3)   ...
          else  usw.
```

Bequemer und besser lesbar ist die Fallunterscheidung.

Fallunterscheidung :   (6-5)

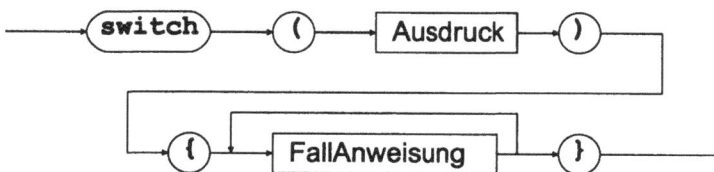

FallAnweisung :   (6-6)

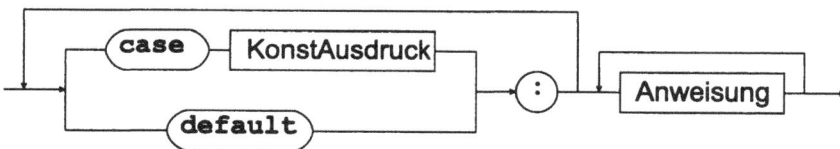

Der Ausdruck nach **switch** wird ausgewertet; er muß einen ganzzahligen Wert liefern. Ist das Ergebnis ein Wert, der hinter einem **case** steht, wird die Abarbeitung an dieser Stelle fortgesetzt. Kommt der Wert nicht hinter einem **case** vor, werden die Anweisungen nach **default** ausgeführt; fehlt **default**, hat die Fallunterscheidung dann keine Wirkung.

Normalerweise steht am Ende der Anweisungsfolge hinter einem **case** das Schlüsselwort **break** (vgl. 6.5); die Abarbeitung der Fallunterscheidung wird damit beendet und an die Anweisung hinter der schließenden Klammer verzweigt. Fehlt **break**, werden die nächsten Anweisungen bis zu einem späteren **break** oder dem Ende der Fallunterscheidung der Reihe nach ausgeführt.

Im folgenden Beispiel werden verschiedene Längenmaße in Meter umgerechnet.

❑ *Beispiel 6.3.1   Fallunterscheidung mit ganzen Zahlen (case-int.cpp)*

```
#include <iostream.h>

void main()
{  float meter, fremd;
   int wahl,flag=1;
   cout << "Laenge eingeben : ";
   cin  >> fremd;
   cout << "\nWelches Mass?\n"
        << "1:inch, 2:foot, 3:yard, 4:mile\n\n";
   cin  >> wahl;
   char *name;
   switch (wahl)
   {  case 1: meter=0.0254*fremd;
              name =" inch";      break;
      case 2: meter=0.3048*fremd;
              name =" foot";      break;
      case 3: meter=0.9144*fremd;
              name=" yard";       break;
      case 4: meter=1609.34*fremd;
              name=" mile";       break;
      default:cout << "Falsche Auswahl!\n";
              flag=0;             break;
   }
   if (flag)
      cout << fremd << name << " = "
           << meter << " m\n";
}
```

■

Die Ausdrücke, die hinter **case** angegeben sind, müssen Konstanten-Ausdrücke sein, die einen ganzzahligen Wert liefern. Da neben den ganzen Zahlen auch Buchstaben (Datentyp **char**) und Aufzählungen ganzzahlige Ergebnisse haben, sind diese Datentypen als **switch**-Ausdruck erlaubt. So könnte man im obigen Beispiel auch über die Anfangsbuchstaben auswählen, *nicht* jedoch über die gesamten Wörter, etwa: **case "yard"**.

❑ *Beispiel 6.3.2   Fallunterscheidung mit Buchstaben (case-chr.cpp)*

```
#include <iostream.h>

void main()
{   float meter, fremd;
    int flag=1;
    char wahl;
    cout << "Laenge eingeben : ";
    cin  >> fremd;
    cout << "\nWelches Mass?\n"
         << "I:inch,F:foot, Y:yard, M:mile\n\n";
    cin  >> wahl;
    char *name;
    switch (wahl)
    {   default : cout << "Falsche Auswahl!\n";
                  flag=0;                   break;
        case 'I':
        case 'i': meter=0.0254*fremd;
                  name =" inch";        break;
        case 'F':
        case 'f': meter=0.3048*fremd;
                  name =" foot";        break;
        case 'Y':
        case 'y': meter=0.9144*fremd;
                  name=" yard";         break;
        case 'M':
        case 'm': meter=1609.34*fremd;
                  name=" mile";         break;
    }
    if (flag)
        cout << fremd << name << " = "
             << meter << " m\n";
}
```

Die Auswahl kann wahlweise mit großen oder kleinen Buchstaben erfolgen. Man beachte, daß der **default**-Fall nicht als letzte Alternative angegeben werden muß; man kann ihn beliebig zwischen die anderen Fälle einstreuen. Meist wird er jedoch die erste oder die letzte Alternative sein. ∎

6.4 Wiederholungsanweisungen

Wiederholungsanweisungen beschreiben Schleifen, in denen Anweisungen wiederholt ausgeführt werden. C kennt die folgenden Schleifentypen:

| WiederholungsAnweisung | : | (6-7) |

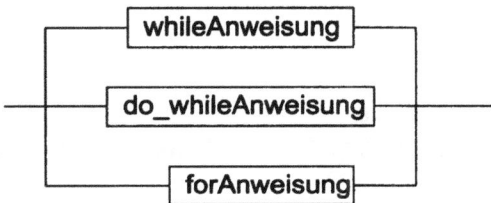

6.4.1 Die **while**-Anweisung
Bei einer **while**-Schleife wird jeweils *vor* der Schleifenanweisung überprüft, ob sie zu wiederholen ist.

| whileAnweisung | : | (6-8) |

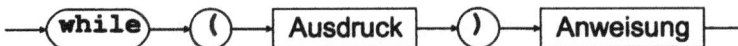

Der Ausdruck wird ausgewertet.
- Liefert er den Wert "wahr" – also einen von 0 verschiedenen Wert -, wird die Anweisung ausgeführt und der **while**-Ausdruck erneut ausgewertet.
- Liefert er den Wert "falsch" – also 0 -, wird die Schleife abgebrochen und hinter der whileAnweisung fortgesetzt.

❑ *Beispiel 6.4.1   while-Schleife (while.cpp)*

Im folgenden Programm wird die Quadratwurzel der Zahl berechnet, die der Benutzer über die Tastatur eingibt. Ist die eingegebene Zahl negativ, wird zur erneuten Eingabe aufgefordert.

```
#include <iostream.h>
#include <math.h>    // enthaelt Definition von sqrt

void main()
{  double zahl;
   cout << "Gib Zahl ein : ";
   cin  >> zahl;
   while (zahl<0)
   {  cout << "\nZahl darf nicht negativ sein!!"
           << "\nNeue Eingabe : ";
      cin  >> zahl;
   }
   cout << "\nWurzel aus " << zahl
        << " = " << sqrt(zahl);
}
```

■

6.4.2 Die do_while-Anweisung
Die folgende Schleife überprüft die Abbruch-Bedingung am Ende der Schleife.

| do_whileAnweisung | :   (6-9)

Nach der Abarbeitung der Anweisung wird der Ausdruck ausgewertet.
* Liefert er den Wert "wahr" – also ungleich 0 -, wird die Anweisung wieder-holt.
* Liefert er den Wert "falsch" – also 0 -, wird die Schleife abgebrochen.

Die Anweisung der **do-while**-Schleife wird also *mindestens einmal* durch-laufen, während eine **while**-Schleife auch keinmal durchlaufen werden kann – nämlich dann, wenn die Bedingung gleich am Anfang schon falsch war.

❏ *Beispiel 6.4.2   Menü-Steuerung (do-while.cpp)*

Eine Menü-Steuerung ist ein typisches Beispiel für eine **do-while**-Schleife.

```
#include <iostream.h>
#include <conio.h>

void main()
```

```
{  char wahl;
   do
   {  clrscr();
      cout << "\n\nM E N U E\n\n"
           << "1: Hilfe\n"
           << "2: Datei drucken\n"
           << "3: Datei kopieren und drucken\n"
           << "E: Ende\n\n\n==>> ";
      cin  >> wahl;
      switch (wahl)
      {  case '1': cout << "HILFE"; break;
         case '3': cout << "KOPIEREN UND ";
         case '2': cout << "DRUCKEN "; break;
         case 'E':
         case 'e': cout << " E N D E ! ! !";
                   break;
         default:  cout << "Falsche Eingabe!!";
      }
      getch();  // Warten
   } while ((wahl !='E')&&(wahl!='e'));
}
```
■

6.4.3 Die for-Anweisung

Wenn man eine Schleife mit einem Zähler steuern will, der von einem Anfangswert in einer bestimmten Schrittweite bis zum Endwert läuft, verwendet
man die **for**-Anweisung, die man auch Zählschleife nennt.

forAnweisung :   (6-10)

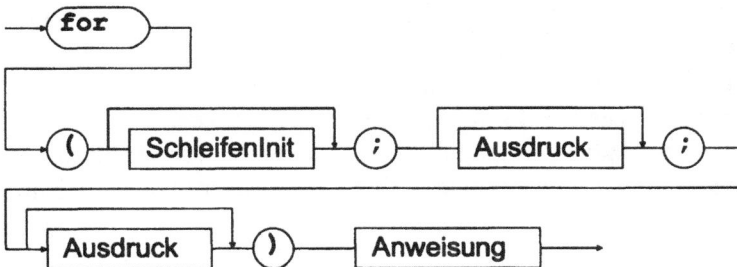

SchleifenInit : (6-11)

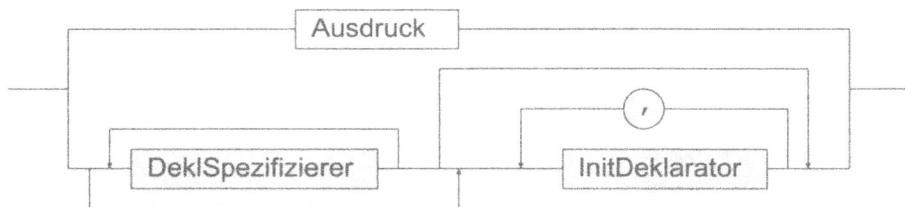

Am klarsten erläutert man die Bedeutung der **for**-Anweisung mit Hilfe der **while**-Anweisung.
Eine Schleife der Form

```
for (ausdruck1;ausdruck2;ausdruck3)
{   Schleifen-Anweisungen;
}
```

ist gleichwertig mit folgendem Programm-Stück:

```
ausdruck1;
while (ausdruck2)
{   Schleifen-Anweisungen;
    ausdruck3;
}
```

ausdruck1 initialisiert üblicherweise einen Schleifenzähler. **ausdruck2** ist die Wiederholungsbedingung der Schleife; meist wird hier überprüft, ob der Schleifenzähler einen bestimmten Wert erreicht hat. In **ausdruck3** kann man festlegen, wie der Schleifenzähler weitergeschaltet wird.
Jeder der drei Ausdrücke kann auch fehlen; die Semikolons müssen aber trotzdem gesetzt werden. Fehlt **ausdruck1** oder **ausdruck3**, kommt dieser Teil in der obigen **while**-Schleife ebenfalls nicht vor. Fehlt in der **for**-Schleife **ausdruck2**, wird er wie der Wahrheitswert "wahr" behandelt. Die Schleife

```
for ( ; ; )
{  ...     }
```

ist also eine Endlos-Schleife.

□ *Beispiel 6.4.3*   *Summe von 1 bis n (for.cpp)*

Das folgende Programm berechnet die Summe der Zahlen von 1 bis **n**, wobei der Wert **n** eingelesen wird.

```
#include <iostream.h>

void main()
{   int n;
    long summe=0;
    cout << "Gib Zahl ein : ";
    cin  >> n;
    for (int i=1;i<=n;i++)
       summe+=i;
    cout << "\nDie Summe von 1 bis "
         << n << " ist " << summe;
}                                                   ■
```

6.5 Sprunganweisungen

Die folgenden Sprunganweisungen setzen die Programm-Ausführung an einer anderen Stelle fort.

| SprungAnweisung | :   (6-12)

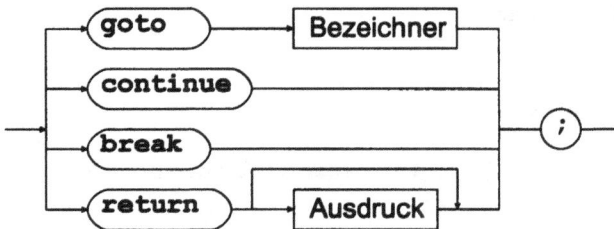

Dank der komfortablen Kontroll-Strukturen, über die C verfügt und die wir in den vorigen Abschnitten besprochen haben, kann auf die **goto**-Anweisung fast immer verzichtet werden; die Anweisung

       goto marke;

verzweigt an die markierteAnweisung, die mit dem Bezeichner **marke** gekennzeichnet ist.

73

| markierteAnweisung | : | (6-13) |

$$\longrightarrow \boxed{\text{Bezeichner}} \longrightarrow (\;:\;) \longrightarrow \boxed{\text{Anweisung}} \longrightarrow$$

Die **marke** muß sich innerhalb derselben Funktion befinden wie die **goto**-Anweisung.

Die Anweisung **break** kann nur innerhalb von Wiederholungsanweisungen oder Fallunterscheidungen stehen: **break** beendet die Wiederholung bzw. die Fallunterscheidung. Da diese Sprach-Konstruktionen geschachtelt werden können, wird mit **break** immer nur die innerste einschließende Anweisung verlassen.

Die Anweisung **continue** kann nur innerhalb von Wiederholungen auftreten. **continue** beendet den aktuellen Schleifen-Durchlauf und springt an die Abbruch-Bedingung.

Die **return**-Anweisung wird bei Funktionen gebraucht, die in Kapitel 8 besprochen werden.

❏ *Beispiel 6.5.1   Sprünge in Schleifgen (sprung.cpp)*

Das folgende Programm berechnet das Produkt von Zahlen, die über die Tastatur eingelesen werden. Falls die Zahl 0 eingegeben wird, soll diese einfach ignoriert werden. Wird die Zahl 1 eingegeben, wird die Schleife vorzeitig abgebrochen.

```cpp
#include <iostream.h>

void main()
{   long int produkt=1;
    int zahl,n;
    cout << "Wieviele Zahlen maximal einlesen ? ";
    cin  >> n;
    for (int i=1;i<=n;i++)
    {   cout << "naechste Zahl (beende mit 1) : ";
        cin  >> zahl;
        if (zahl==1)  // Abbruch
            break;
        if (zahl==0)
            continue;  // naechste Wiederholung
        produkt *= zahl;
    }
    cout << "\nProdukt = " << produkt;
}
```

■

7 Zeiger und Adressen

In Abschnitt 4.4 haben wir eine Variable als Tripel (Name, Datentyp, Wert) eingeführt. Der Name identifiziert dabei eine Adresse. In C kann man Variablen definieren, deren Inhalt die Adresse einer anderen Variablen ist; der Datentyp einer
solchen Variablen ist dann "Adresse von" und wird mit dem ZeigerSpezifizierer beschrieben, der in der Deklaration verwendet wird (vgl. Syntax-Diagramm
(4-10)).

| ZeigerSpezifizierer | :   (7-1)

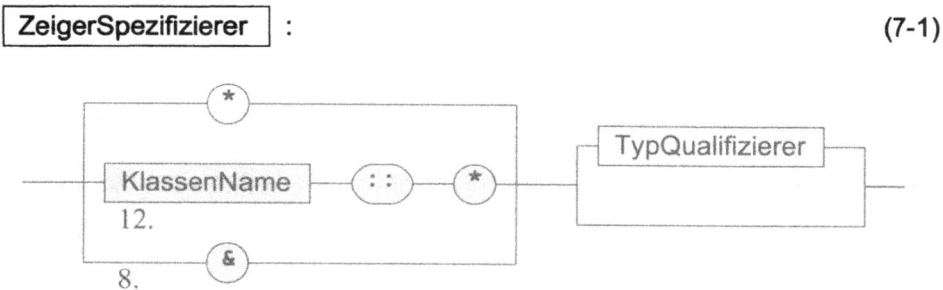

Im folgenden behandeln wir die oberste Alternative. Die beiden anderen Alternativen werden im Zusammenhang mit Klassen (Kapitel 12) und als Parameter
von Funktionen (Kapitel 8) verwendet. Variablen vom Typ "Zeiger auf einen
Datentyp" werden wie folgt deklariert:

```
int *iz1; double *dz1;    // Zeiger-Variable
int i1,i2;double d1;
```

Die Variable **iz1** ist vom Typ "Zeiger auf eine **int**-Variable", **i1** und **i2** sind
bekanntlich vom Typ **int**. Entsprechend ist **dz1** ein "Zeiger auf eine Variable
vom Typ **double**", während **d1** vom Typ **double** ist. Man beachte, daß es in
C nicht Zeiger oder Adresse schlechthin gibt, sondern immer *Zeiger auf einen
bestimmten Typ*. Der Wert einer Zeiger-Variablen ist die Adresse einer Variablen, die man über den unären Operator **&** erhält. Man beachte, daß das Zeichen
& in C++ mit drei Bedeutungen vorkommt:
• Als unärer Operator vor einer Variablen; es wird die Adresse der Variablen
  bestimmt.

- In einer Funktionsdefinition als Kennzeichnung von Referenz-Parametern; dies wird im Kapitel 9 genauer behandelt.
- Als binärer Operator, der zwei Werte bitweise mit AND verknüpft (siehe Abschnitt 5.3.3).

Nach obigen Definitionen sind folgende Wertzuweisungen legal:

```
i1 = 2;
d1 = 12.5e-3;
iz1 = &i1;   // Wert von iz1 ist Adresse von i1
dz1 = &d1;   // Wert von dz1 ist Adresse von d1
```

Jetzt zeigt **iz1** auf eine Speicherstelle – nämlich die mit **i1** bezeichnete -, deren Inhalt momentan **2** ist. Will man auf den Wert zugreifen, auf den **iz1** zeigt, kann man dies mit dem unären Operator ***** tun:

```
i2 = *iz1;
//i2 erhält den Wert, auf den iz1 zeigt, also 2
```

Man kann den Wert von **i1** auch mit Hilfe des Zeigers **iz1** verändern:

```
*iz1 = 27;
// der Wert von i1 wird 27.
```

❑ *Beispiel 7.0.1   Zeiger (zeiger1.cpp)*

Für das folgende kleine Beispiel sind die im Kommentar angegebenen Moment-Aufnahmen **Situation 1** und **Situation 2** in Abbildung 7.0.1 veranschaulicht.

```
#include <iostream.h>

void main()
{   int a=5,b=7;
    int *p1,*p2,*p3;   // Zeiger auf int

    p1 = &a;
    p2 = &b;
    p3 = p1;
// Situation 1
// -----------
    cout << "1: a = " << *p1 << ", b = "
         << *p2    << "\n";
// -------------------------------------------
```

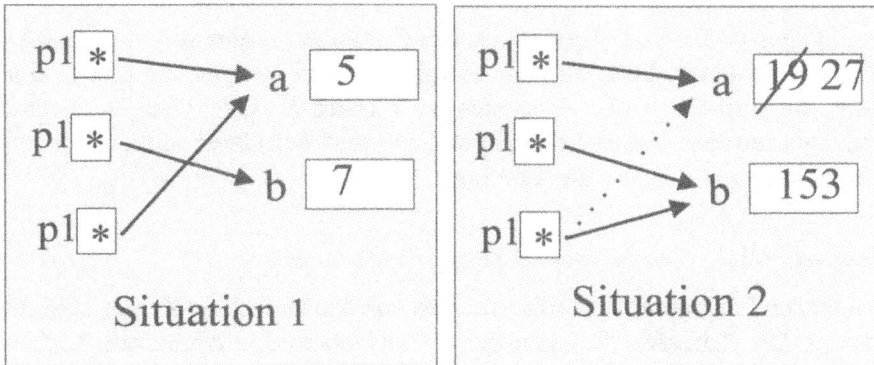

Abbildung 7.0.1

```
    *p1 = 19;    // Zuweisung an a
    *p3 = 27;    // erneute Zuweisung an a
    p3  = p2;    // p3 zeigt jetzt auf b
    *p3 = 153;   // Zuweisung an b
// Situation 2
// ------------
    cout << "2: a = " << a << ", b = "
         << b << "\n";
// ------------------------------------
    b = -12;
    cout << "3: b = " << *p3 << "\n";
}
```

Machen Sie sich klar, warum das Programm die folgende Ausgabe liefert:

```
1: a = 5, b = 7
2: a = 27, b = 153
3: b = -12
```                                              ■

Will man ausdrücken, daß eine Zeiger-Variable momentan noch *nirgendwohin* zeigt, kann man ihr den konstanten Wert **NULL** zuweisen. Dieser Konstantenwert wird so häufig benutzt, daß er in mehreren Definitionsdateien definiert ist. In unseren Beispielen werden wir eine der Dateien **stdlib.h** oder **stdio.h** verwenden. Der Wert **NULL** beschreibt also den Adreß-Wert *undefiniert*.

Im obigen Beispiel gibt die Anweisung

```
    cout << *p3;
```

einen Zahlenwert im **int**-Format aus. Der Compiler erkennt dies daran, daß **p3** ein Zeiger auf einen **int**-Wert ist. Ersetzt man im Beispiel **int** etwa durch **float**, so erscheinen alle Ausgaben im **float**-Format. Dies ist einer der Gründe, warum man immer "Zeiger auf Datentyp" definieren muß.
In C kann man mit Zeigern auch rechnen.

❑ *Beispiel 7.0.2   Adressen und Zeiger (zeiger2.cpp)*

Im folgenden Programm wird mit Adressen von Variablen und Zeiger-Variablen gearbeitet. Die Adressen der beteiligten Variablen sind in Abbildung 7.0.2 veranschaulicht.

```cpp
#include <iostream.h>

void main()
{   int a=5,b=7,c=-12;
    float f=12.34,g=-12e5;     // siehe Abbildung 7.0.2

    int *pa=&a,*pb=&b,*pc=&c;
    float *pf=&f,*pg=&g;


    cout << "Adresse von a : " << pa << '\n';
    cout << "Adresse von b : " << pb << '\n';
    cout << "Adresse von c : " << pc << '\n';
    cout << "Adresse von f : " << pf << '\n';
    cout << "Adresse von g : " << pg << '\n';

    cout << "pa zeigt auf " << *pa << '\n';
    cout << "pb zeigt auf " << *pb << '\n';
    cout << "pc zeigt auf " << *pc << '\n';

    pc+=2;  // siehe Text
    cout << "pc hat jetzt den Wert " << pc
    << "\n   und zeigt jetzt auf " << *pc << '\n';

    pf-=1;  // siehe Text
    cout << "pf hat jetzt den Wert " << pf
    << "\n   und zeigt jetzt auf " << *pf<< '\n';

}
```

a		ef8f:fff4
b		ef8f:fff2
c		ef8f:fff0
f		ef8f:ffec
g		ef8f:ffe8

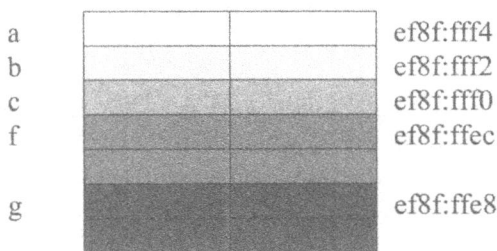

Abbildung 7.0.2

Das Programm liefert folgende Ausgabe:
```
Adresse von a : 0xef8ffff4
Adresse von b : 0xef8ffff2
Adresse von c : 0xef8ffff0
Adresse von f : 0xef8fffec
Adresse von g : 0xef8fffe8
pa zeigt auf 5
pb zeigt auf 7
pc zeigt auf -12
pc hat jetzt den Wert 0xef8ffff4
   und zeigt jetzt auf 5
pf hat jetzt den Wert 0xef8fffe8
   und zeigt jetzt auf -1200000
```

Die Adressen der Variablen hängen davon ab, wo das Programm im Speicher steht. Wenn Sie das Programm ablaufen lassen, werden die angezeigten Adressen vielleicht andere Werte haben.

Im folgenden wird das Programm genau besprochen. Nach der Deklaration

```
int a=5,b=7,c=-12;
```

werden für die Variablen drei Speicherplätze reserviert, und zwar mit abnehmenden Adressen (siehe Abbildung 7.0.2). Die Zeiger enthalten die Adressen der Variablen.

Die ersten Ausgaben unseres Programmes geben die Inhalte der Zeiger-Variablen, also die Adressen der **int**- und **float**-Variablen aus. Wie wir aus Kapitel 5 wissen, belegt eine **int**-Variable 2 Byte auf einem 16 Bit-Rechner bzw. 4 Byte auf einem 32 Bit-Rechner und eine **float**-Variable 4 Byte im Speicher. Da Adressen in Byte angegeben sind, ist jetzt auch klar, warum die Werte der Zeiger-Variablen jeweils um 2 bzw. 4 auseinanderliegen.

In der Anweisung

```
pc+=2;
```

wird der Wert von **pc** erhöht. Hierbei wird der Datentyp, auf den **pc** zeigt, berücksichtigt, und zwar in der Form, daß der Wert von **pc** um 2*Speichergröße von **int** – also um 4 bzw. 8 – erhöht wird.

Analog wird in der Anweisung

```
pf-=1;
```

der Wert von **pf** um 1*Speichergröße von **float** – also um 4 – erniedrigt. ■

Für Zeiger sind nur die folgenden Operationen erlaubt (siehe auch Tabelle in Abschnitt 5.2):
- Addition einer Zeiger-Variablen mit einer ganzzahligen Konstanten,
- Subtraktion einer Zeiger-Variablen mit einer ganzzahligen Konstanten,
- Addition einer ganzzahligen Konstanten mit einer Zeiger-Variablen,
- Subtraktion zweier Zeiger-Variablen; dies liefert den Abstand der beiden Zeiger-Variablen in der Maß-Einheit des Typs, auf den der Zeiger zeigt. Das Ergebnis ist vom Typ **int**.
- Vergleich zweier Zeiger-Variablen oder einer Zeiger-Variablen mit der Konstanten **NULL**.

Die Addition zweier Zeiger-Variablen ist nicht definiert. Damit sind erst recht die Multiplikation und Division für Zeiger-Variablen sinnlos.

Wegen der Vorrang-Regeln der Operatoren beachte man den folgenden Unterschied:

```
*p1+1;  //erhöhe den Wert, auf den p1 zeigt, um 1
*(p1+1);//Zugriff auf Variable hinter *p1
```

❏ *Beispiel 7.0.3   Operationn mit Zeigern (zeiger3.cpp)*

Das folgende Programm enthält Beispiele für Operationen mit Zeigern.

```
#include <iostream.h>

void main()
{  int a=5,b=7,c=-12,*p,*q;

   p=&b;
```

```
c=123;
cout << "*p+1  = " << (*p+1) << "\n";
cout << "*(p+1)= " << *(p+1) << "\n";
cout << "Jetzt werden die int-Variablen "
     << "durchlaufen\n";
p=&c;
for (int i=0;i<=2;i++)
   cout << i << ". Variable : "
        << *(p+i) << "\n";
cout << "\n\nJetzt mit Adress-Vergleich\n";
while (p<=&a)
  cout << *p++ << "\n";
p=&c; q=&a;
cout << "Die int-Variablen belegen "
     << (q-p+1)*sizeof(*p)
     << " Byte im Speicher\n";
}
```

In der letzten **cout**-Anweisung wird der Abstand zwischen den Adressen von **c** und **a** berechnet. Bei dieser Differenz wird wieder der Datentyp verwendet, auf den die Zeiger zeigen. Um daraus den Speicherbedarf zu ermitteln, muß man

- diesen Wert um 1 erhöhen und
- das Ergebnis mit der Größe des Datentyps multiplizieren, den man z.B. über **sizeof(*p)** ermitteln kann.

Das Programm liefert folgende Ausgabe

```
*p+1  = 8
*(p+1)= 5
Jetzt werden die int-Variablen durchlaufen
0. Variable : 123
1. Variable : 7
2. Variable : 5

Jetzt mit Adreß-Vergleich
123
7
5
Die int-Variablen belegen 6 Byte im Speicher        ■
```

Wie die Syntax-Diagramme (4-10) und (7-1) zeigen, kann man den Zeiger-Operator * auch mehrfach anwenden. Nach der Deklaration

```
        int **pp,***ppp;
```

ist **pp** ein Zeiger, der auf einen **int**-Zeiger zeigt, und **ppp** ein Zeiger auf eine Variable vom Typ **int****. Das folgende einfache Beispiel veranschaulicht mehrfache Zeiger-Spezifizierer.

❑ *Beispiel 7.0.4   Zeiger auf Zeiger (zeiger4.cpp)*

```
#include <iostream.h>

void main()
{  float f=1.23,*zf=&f,**zzf=&zf;
   cout << "        Adresse von    Wert von\n";
   cout << " f  : " << &f  << "      " << f  << "\n";
   cout << " zf : " << &zf << "      " << zf << "\n";
   cout << " zzf: " << &zzf<< "      " << zzf<< "\n";
}
```

Das Programm liefert folgende Ausgabe:

```
        Adresse von    Wert von
 f  : 0x8f63fff2    1.23
 zf : 0x8f63fff0    0x8f63fff2
 zzf: 0x8f63ffee    0x8f63fff0
```

Auf Ihrem Rechner werden sich die ausgegebenen Adressen von den hier abgedruckten wieder unterscheiden.   ∎

Bei der Deklaration von Variablen wird das Zeichen * dafür verwendet, den Begriff *Adresse von* auszudrücken. Bei der Verwendung von Zeiger-Variablen wirkt der Operator * in der umgekehrten Richtung. Er besagt: *Inhalt von*. Abbildung 7.0.3 veranschaulicht diesen Sachverhalt. Dabei sind außer den verschiedenen Benennungen der Speicherzellen auch die zugehörigen Datentypen angegeben.

Im folgenden Beispiel wird noch einmal mit dem Adreß-Spezifizierer und dem Inhaltsoperator die Adreß-Arithmetik dargestellt. Dieses Beispiel soll kein Muster für eine vorbildliche Programmierung darstellen. Vielmehr soll es Ihnen als Prüfstein dienen, ob Sie den Adreß-Mechanismus von C verstanden haben.

❑ *Beispiel 7.0.5   Adreß-Mechanismus in C (zeiger5.cpp)*

```
#include <iostream.h>

void main()
```

Adresse	8F63FFEE	8F63FFF0	8F63FFF2
Wert	8F63FFF0	8F63FFF2	1.23

			f
Name(n)	zzf	zf *zzf	*zf **zzf
Datentyp	**float	*float	float

Abbildung 7.0.3

```
{   int i1=1,i2=2,i3=3,i4=4,i5=5,
        *pi1,*pi2,*pi3,
        **ppi1,**ppi2,
        ***ppp;

    pi1=&i1;
    pi2=&i3;
    pi3=&i5;

    ppi1=&pi1;
    ppi2=&pi3;

    ppp=&ppi1;

    cout << "    Adresse von  Wert von\n";
    cout << "i1   : " << &i1   << "   " << i1 << "\n";
    cout << "i2   : " << &i2   << "   " << i2 << "\n";
    cout << "i3   : " << &i3   << "   " << i3 << "\n";
    cout << "i4   : " << &i4   << "   " << i4 << "\n";
    cout << "i5   : " << &i5   << "   " << i5 << "\n\n";
    cout << "pi1  : " << &pi1  << "   " << pi1 << "\n";
    cout << "pi2  : " << &pi2  << "   " << pi2 << "\n";
    cout << "pi3  : " << &pi3  << "   " << pi3 << "\n\n";
    cout << "ppi1 : " << &ppi1 << "   " << ppi1<< "\n";
    cout << "ppi2 : " << &ppi2 << "   " << ppi2<< "\n\n";
    cout << "ppp  : " << &ppp  << "   " <<ppp<< "\n\n\n";

    cout << "***(ppp-1)      : " << ***(ppp-1) <<"\n";
    cout << "*(**ppp-1)      : " << *(**ppp-1) <<"\n";
    cout << "*(*(*ppp-1)-1) : " << *(*(*ppp-1)-1)<<"\n";
}
```

Das Programm liefert folgende Ausgabe:

```
        Adresse von    Wert von
i1    : 0x8f63fff4     1
i2    : 0x8f63fff2     2
i3    : 0x8f63fff0     3
i4    : 0x8f63ffee     4
i5    : 0x8f63ffec     5

pi1   : 0x8f63ffea     0x8f63fff4
pi2   : 0x8f63ffe8     0x8f63fff0
pi3   : 0x8f63ffe6     0x8f63ffec

ppi1  : 0x8f63ffe4     0x8f63ffea
ppi2  : 0x8f63ffe2     0x8f63ffe6

ppp   : 0x8f63ffe0     0x8f63ffe4


***(ppp-1)       : 5
*(**ppp-1)       : 2
*(*(*ppp-1)-1)   : 4
```

Die Zugriffswege für die drei letzten Ausgaben sind in Abbildung 7.0.4 dargestellt. ■

In den folgenden Kapiteln werden wir noch häufig Zeiger verwenden, insbesondere im Zusammenhang mit Funktionen (Kapitel 8) und zusammengesetzten
Datenstrukturen (Kapitel 11 und 12).

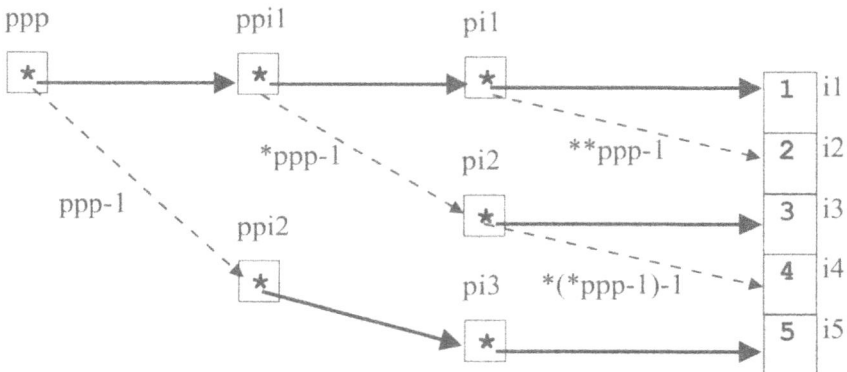

Abbildung 7.0.4

8 Funktionen und Makros

Die Funktion ist *der* zentrale Begriff in C. Wie wir bereits im Syntax-Diagramm (3-2) gesehen haben, besteht ein C-Programm lediglich aus einer Ansammlung von Deklarationen und Funktionsdefinitionen. Während die Deklarationen die Konstanten und Variablen und damit den benötigten Speicherplatz beschreiben, werden in Funktionen die eigentlichen Aktionen des Programms formuliert. Es sei daran erinnert, daß in C auch das Hauptprogramm, mit dem die Bearbeitung des Programms beginnt, eine Funktion ist, nämlich die mit dem Namen **main**.

Eine Funktion benennt eine Folge von Anweisungen, den sogenannten *Funktionsrumpf*. Diese Anweisungen erledigen eine in sich geschlossene (Teil-)Aufgabe. Dies ist einer der wichtigsten Aspekte von Funktionen im Hinblick auf die *strukturierte Programmierung*. Zum flexibleren Einsatz von Funktionen kann man auch Parameter verwenden. Der Aufruf einer Funktion erfolgt durch Angabe des Funktionsnamens, gefolgt von den aktuellen Parametern.

Es gibt zwei prinzipiell verschiedene Methoden, wie man einen Aufruf realisiert (vgl. Abbildung 8.0.1):

- Es wird an den Anfang des Funktionsrumpfes hingesprungen; nach Abarbeitung des Funktionsrumpfes wird dann hinter der Aufrufstelle weitergemacht. Diese Methode ist unter dem Namen *Unterprogramm-Technik* bekannt.
- Alle Befehle des Funktionsrumpfes werden an jede Aufrufstelle kopiert. Diese Methode heißt *Makro-Technik*.

In C und C++ werden beide Techniken unterstützt. Zu Anfang des Kapitels werden wir die "normalen" Funktionen behandeln, deren Aufruf nach der Unterprogramm-Technik funktioniert. Für die Makro-Technik kennt C++ aus historischen Gründen zwei Beschreibungsmöglichkeiten:

- Die Makros, die der Präprozessor bearbeitet, stammen aus der Gründerzeit von C.
- Die **inline**-Funktionen werden wie Funktionen definiert und aufgerufen, lediglich das Schlüsselwort **inline** wird hinzugefügt. Dieses Sprachmittel ist neu in C++ eingeführt worden.

Die beiden Makro-Verfahren werden in Abschnitt 8.6 behandelt, nachdem wir in den Abschnitten 8.1 bis 8.4 die vielfältigen Möglichkeiten beim klassischen Funktionsaufruf besprochen haben. In C++ kann man für eine Funktion ver-

(a) Unterprogramm-Technik

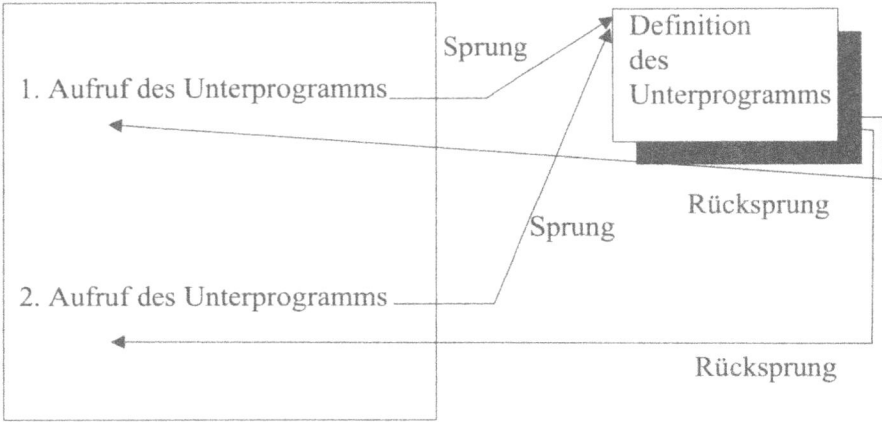

Sprung

Definition
des
Unterprogramms

1. Aufruf des Unterprogramms

Rücksprung

Sprung

2. Aufruf des Unterprogramms

Rücksprung

(b) Makro-Prinzip

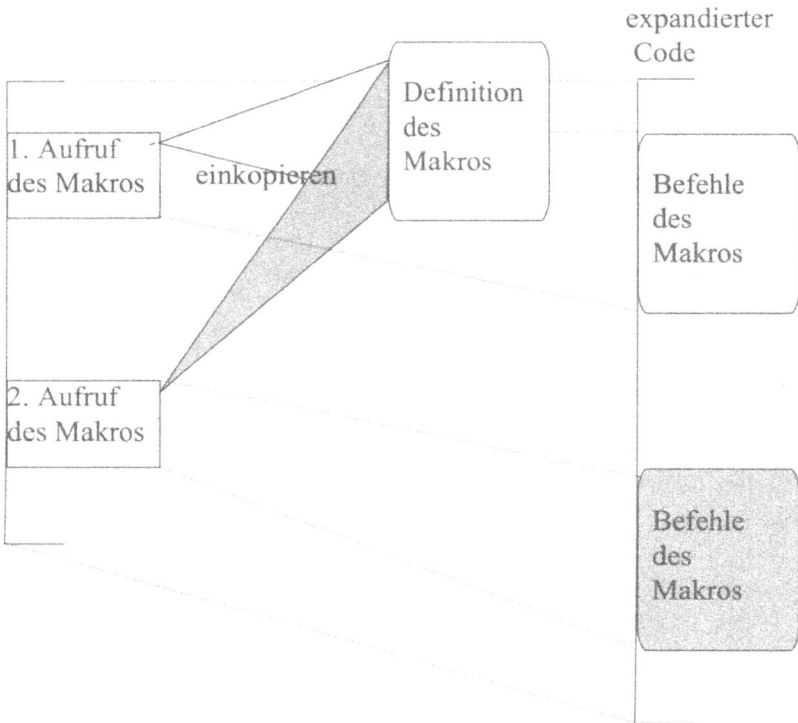

expandierter
Code

1. Aufruf
des Makros

einkopieren

Definition
des
Makros

Befehle
des
Makros

2. Aufruf
des Makros

Befehle
des
Makros

Abbildung 8.0.1

schiedene Versionen implementieren; man sagt, eine Funktion wird *überladen*. Dies wird in Abschnitt 8.5 behandelt. In Abschnitt 8.7 beschäftigen wir uns damit, wie man Funktionen als Parameter übergeben kann.

8.1 Definition und Aufruf einer Funktion

Bevor wir auf die Einzelheiten eingehen, wollen wir zur Veranschaulichung ein kleines Beispiel betrachten, das auf den nächsten Seiten erläutert wird.

❑ *Beispiel 8.1.1   Beispiel zu Funktionen (funktion.cpp)*

```
#include <iostream.h>
#include <conio.h>

void kopfzeile(void)
{   clrscr();      // loescht den Bildschrim
    cout << "Beispiel 8.1.1 \nzum "
         << "Thema Funktionen\n\n";
}

float mittelwert(int a,int b)
{   return (a+b)/2.0;   }

max(int a,int b)
{   return (a>b)?a:b;   }

int main(void)
{   int x=12,y=-213,z=123,m;
    kopfzeile();
    cout << "Mittelwert von " << x
         << " und " << y << " : "
         << mittelwert(x,y);
    m=max(max(x,y),z);
    cout << "\nMaximum von   " << x
         << ", " << y << ", " << z
         << " : " << m;
    return 0;
}
```

■

Eine Funktionsdefinition hat folgende Form:

FunktionsDefinition : (8-1)

FunktionsDeklarator — VerbundAnweisung

FunktionsDeklarator : (8-2)

DeklSpezifizierer

Deklarator

(formalParameterListe)

Typqualifizierer   AusnahmeSpez
18.7

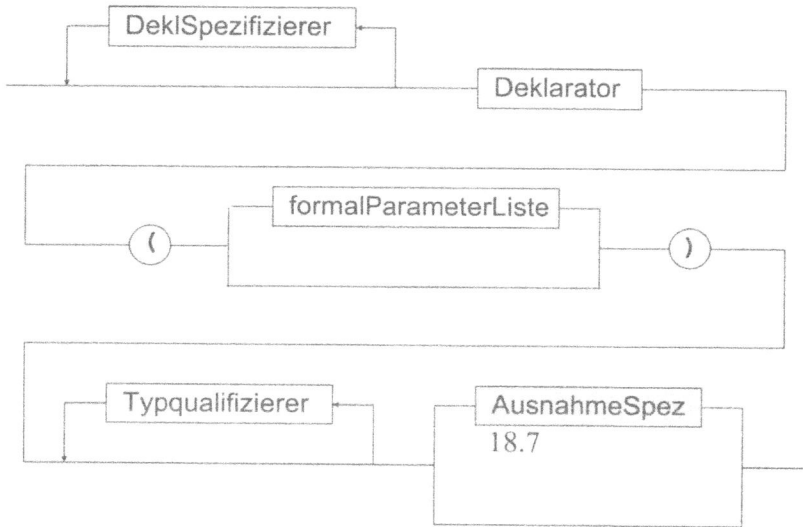

Die einleitenden DeklSpezifizierer legen u.a. den Datentyp des Funktionser-
gebnisses fest. Funktionsspezifizierer sind nach Syntax-Diagramm (4-9) spezielle DeklSpezifizierer. C++ kennt die folgenden Funktionsspezifizierer:

FunktionsSpez : (8-3)

$$
\begin{array}{c}
\boxed{\text{inline}} \\
8.6 \\
\boxed{\text{virtual}} \\
13.3 \\
\boxed{\text{friend}} \\
13.5
\end{array}
$$

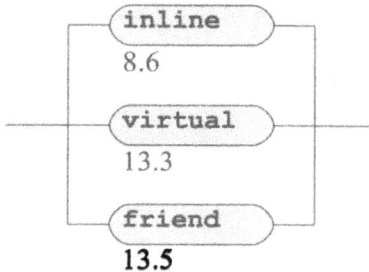

In Abschnitt 8.6.1 werden wir den Funktionsspezifizierer **inline** kennenlernen. Die Funktionsspezifizierer **virtual** und **friend** spielen erst bei Klassen (Kapitel 12) eine Rolle.

In Beispiel 8.1.1 liefert die Funktion **mittelwert** ein Ergebnis vom Typ **float**. Ist kein Ergebnistyp angegeben, wird der Datentyp **int** verwendet. So liefert die Funktion **max** ein ganzzahliges Resultat. Soll *kein* Ergebnis zurückgeliefert werden, so ist der Ergebnistyp **void** anzugeben, wie es in der Funktion **kopfzeile** geschehen ist. Hinter dem Ergebnistyp folgt der Funktionsname mit der Liste der *formalen Parameter*. Der Block enthält die Anweisungen des Funktionsrumpfes, in dem eine Anweisung der folgenden Form vorkommt.

---

return;

return Ausdruck;

- Der Ausdruck wird ausgewertet und auf den Datentyp des Funktionswerts konvertiert.

- Die Funktion wird an dieser Stelle verlassen, der Wert des Ausdrucks ist das Funktionsergebnis, das an der Aufrufstelle weiterverwendet wird.

- Bei **void**-Funktionen fehlt der Ausdruck.

Anmerkungen:

- In einer Funktion kann es mehrere **return**-Anweisungen geben.

Fehlt bei einer **void**-Funktion die **return**-Anweisung, wird die Funktion nach der letzten Anweisung des Funktionsrumpfes verlassen.

Die Liste der formalen Parameter kann auch fehlen; das Klammerpaar muß dann aber trotzdem geschrieben werden. In diesem Fall hat die Funktion *keine* formalen Parameter. Eine gleichbedeutende Schreibweise ist hier die Verwendung des formalen Parameters **void**, wie es in der Funktion **kopfzeile** gemacht wurde.

Die Liste der formalen Parameter hat folgenden Aufbau:

formalParameterListe :   (8-4)

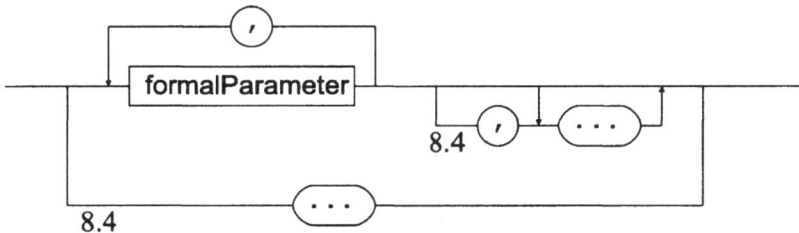

Auf die Parameterformen mit den drei Punkten werden wir in Abschnitt 8.4 zurückkommen.

formalParameter :   (8-5)

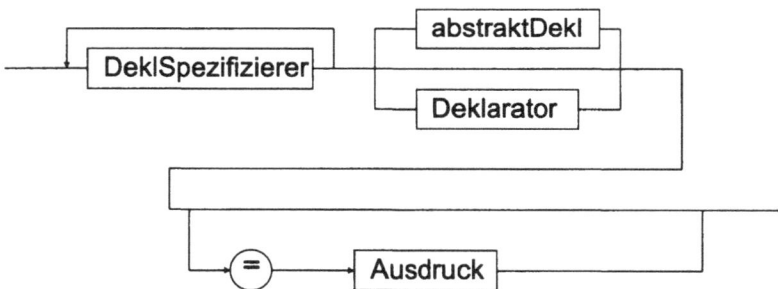

Eine Funktion wird mit dem in der Funktionsdefinition festgelegten Namen *aufgerufen*, gefolgt von einer geklammerten Liste von Ausdrücken, den sogenannten *aktuellen Parametern*. Dies ist in der obersten Alternative von Syntax-Diagramm (5-11) definiert.

Nach der Definition

```
float beispiel(int a,float b,char c)
{ // . . .
```

}

kann man die Funktion **beispiel** wie folgt aufrufen:

```
float erg;
int x,y;
char z;
//  . . .
    erg = beispiel(x,y,z);
```

Ein Funktionsaufruf muß bestimmte formale Kriterien erfüllen, die der Compiler auch überprüft:
- Die Anzahl der aktuellen Parameter im Funktionsaufruf muß mit der Anzahl der formalen Parameter in der Funktionsdefinition übereinstimmen. (Zwei Ausnahmen für diese Regel besprechen wir in den Abschnitten 8.3 und 8.4.) Die Funktion **beispiel** *muß* also mit drei aktuellen Parametern aufgerufen werden.
- Auf jeder Position muß der aktuelle Parameter einen Wert liefern, der zum Datentyp des entsprechenden formalen Parameters paßt. Mit Ausnahme des zweiten Parameters haben im obigen Beispiel die aktuellen Parameter dieselben Datentypen wie die formalen Parameter. Aber auch der zweite aktuelle Parameter "paßt" zum formalen, da man einen **int**-Wert einfach in einen **float**-Wert konvertieren kann.
- Ein Funktionsaufruf darf nur an einer solchen Stelle auftreten, an der auch eine Variable des Ergebnistyps der Funktion stehen kann. Der Ergebniswert des Funktionsaufrufs kann auch ignoriert werden. Die Funktion **beispiel** wird rechts in einer Zuweisung an eine **float**-Variable aufgerufen. Dies ist korrekt, da dort auch eine **float**-Variable stehen darf.
- Ist der Ergebnistyp **void**, so liefert der Funktionsaufruf keinen Ergebniswert. Der Funktionsaufruf bildet dann eine Anweisung.

Falls eine dieser Bedingungen nicht erfüllt ist, meldet der Compiler einen Fehler. Wenn das Programm ausgeführt wird, geschieht bei einem Funktionsaufruf folgendes:
- Die Ausdrücke der aktuellen Parameterliste des Aufrufs werden ausgewertet.
- Die formalen Parameter werden mit den Ergebnissen der Ausdrücke initialisiert. Gegebenenfalls werden die Konvertierungsregeln angewendet, wie sie bei der Wertzuweisung definiert sind (vgl. Abschnitte 5.7 und 5.8).
- Es wird an die erste Anweisung des Funktionsrumpfes verzweigt und die Anweisungen wie gewohnt abgearbeitet, bis man auf eine **return**-Anweisung oder das Ende des Funktionsrumpfes stößt.

- Hat die Funktion einen von **void** verschiedenen Ergebnistyp, so muß sie eine **return**-Anweisung mit einem Ausdruck enthalten; dieser wird ausgewertet und in den Ergebnistyp der Funktion gewandelt.
- Die Programm-Abarbeitung wird hinter der Aufrufstelle der Funktion fortgesetzt.

Im Funktionsrumpf wird also stets mit dem *Wert* des aktuellen Parameters gearbeitet. Diese Form der Parameter-Übergabe nennt man *Wert-Übergabe* (engl. *call by value*). Sie ist die einzig mögliche Parameter-Übergabe in ANSI-C.

In C++ gibt es noch eine zweite Art der Parameter-Übergabe, die *Referenz-Übergabe* (engl. *call by reference*), die man auch aus anderen Programmiersprachen kennt. (In Pascal sind dies die sogenannten **var**-Parameter.) Diese Referenz-Parameter werden in der Funktionsdefinition mit einem **&** vor dem Namen des formalen Parameters gekennzeichnet. Bei der Referenz-Übergabe wird nicht der Wert, sondern die *Adresse* des aktuellen Parameters übergeben. Dadurch kann dann die Funktion auch Werte außerhalb ihres Rumpfes verändern, wie folgendes Beispiel zeigt.

❑ *Beispiel 8.1.2   Wert- und Referenzparameter (ref-par.cpp)*

```
#include <iostream.h>

int sum_max(int a,int b,int& max)
{  max = a>b?a:b;
   return (a+b);
}

void main()
{   int x=10,y=12,maximum,summe;
    summe=sum_max(x,y,maximum);
    cout << summe << '\n';
    summe=sum_max(summe+maximum,2*maximum,maximum);
    cout << summe << '\n';
}
```

Im ersten Aufruf wird das Maximum von **x** und **y** der Variablen **maximum** und über den Funktionswert die Summe von **x** und **y** der Variablen **summe** zugewiesen. Im zweiten Aufruf kommen die Variablen-Namen häufiger vor. Nach den oben angegebenen Regeln und wegen der Auswertungsrichtung der Zuweisung (rechts nach links) geschieht beim zweiten Aufruf im einzelnen folgendes:

- Der Wert von **maximum** wird zum Wert von **summe** addiert und der formale Parameter **a** mit dieser Summe initialisiert.

- Der formale Parameter **b** wird mit dem Doppelten des Wertes von **maximum** initialisiert.
- Der formale Parameter **max** wird mit der Adresse von **maximum** initialisiert.
- Im Funktionsrumpf wird das Maximum von **a** und **b** dem formalen Parameter **max** und damit der Variablen **maximum** zugewiesen. ∎

Im obigen Beispiel kann man anstelle des Referenz-Parameters auch direkt die *Adresse* des aktuellen Parameters übergeben. Dies ist die einzige Möglichkeit in ANSI-C, Ergebnis-Parameter zu definieren.

❏ *Beispiel 8.1.3   Wert- und Adreßparameter (adr-par.cpp)*

```
#include <iostream.h>

int sum_max(int a,int b,int* max)
{   *max = a>b?a:b;
    return (a+b);
}

void main()
{   int x=10,y=12,maximum,summe;
    summe=sum_max(x,y,&maximum);
    cout << summe << '\n';
    summe=sum_max(summe+maximum,2*maximum,&maximum);
    cout << summe << '\n';
}
```

Man beachte den Unterschied zum vorigen Beispiel mit dem Referenz-Parameter: Da hier der dritte formale Parameter **max** vom Typ "Adresse auf **int**" ist, muß der dritte aktuelle Parameter beim Aufruf genau diesen Datentyp haben; man muß also den Adreß-Operator **&** verwenden.
Verwechseln Sie nicht die beiden verschiedenen Verwendungen des Zeichens **&**:
- Der Adreß-Operator **&** liefert die Speicher-Adresse des Operanden und wird hier im Funktionsaufruf verwendet.
- Wenn das Zeichen **&** in der Funktionsdefinition verwendet wird, gibt es an, daß der entsprechende Parameter per Referenz übergeben wird. ∎

Abschließend noch ein Wort zum Ergebniswert der Funktion **main**. Wie wir gesehen haben, liefert eine Funktion den Ergebniswert an den Aufrufer zurück. In Beispiel 8.1.1 lieferte auch die Funktion **main** einen Wert an den Aufrufer zurück. Wer ist aber der Aufrufer der Funktion **main**, mit der ja die Programm-Ausführung gestartet wird? Der Aufrufer des Programms und damit der Funktion **main** ist die Betriebssystem-Umgebung, in die der **return**-Wert von **main** zurückgegeben wird. Diesen Wert kann man z.B. unter DOS über die Betriebssystem-Variable **Errorlevel** abfragen. Üblicherweise bedeutet der **return**-Wert 0, daß die Programm-Ausführung fehlerfrei beendet wurde, andere Werte werden meist für fehlerhafte Abbrüche verwendet.

❑ *Beispiel 8.1.4*   *Ergebnis von main (branch.cpp)*

```
#include <iostream.h>

int main(void)
{   int i;
    cin >> i;
    return i;
}
```

Dieses kleine Programm kann man dazu benutzen, in einer Batch-Datei auf DOS-Ebene zu einem bestimmten Programm zu verzweigen. Wenn das obige Programm als **BRANCH.EXE** übersetzt wurde, liefert die folgende Batch-Datei das Gewünschte.

```
echo off
:rep
cls
echo.
echo 1: erstes Programm
echo 2: zweites Programm
echo.
echo 0: Quit
echo.
echo default : wiederholen
echo.
branch
if errorlevel 3 goto :rep
rem Fehlerfall ^^^^^^^^^^
if errorlevel 2 goto :zwei
if errorlevel 1 goto :eins
if errorlevel 0 goto :ende
:eins
echo erstes Programm
pause
goto :rep
:zwei
echo zweites Programm
pause
```

```
goto :rep
:ende
echo Ende
echo.                                                    ■
```

Bei einem ganz katastrophalen Fehler, der vielleicht ganz tief in der Funktions-verschachtelung auftritt, möchte man das Programm sofort abbrechen, ohne nach **main** zurückzukehren. Hierzu gibt es die Bibliotheksfunktionen **exit** und **abort**; ihre Signaturen (siehe Abschnitt 8.2) stehen in der Definitionsdatei **stdlib.h**, d.h. man muß die Zeile

> **#include <stdlib.h>**

am Anfang des Programms einfügen. Eine komfortablere Fehlerbehandlung wird in Kapitel 17 besprochen.

void exit(int status)	**<stdlib.h>**

- Das laufende Programm wird beendet, nachdem sämtliche Dateien ord-nungsgemäß geschlossen wurden.
- Der in **status** angegebene Wert wird an den aufrufenden Prozeß zurück-geliefert.

void abort(void)	**<stdlib.h>**

- Das laufende Programm wird abgebrochen und die Meldung "**Abnormal programm termination**" ausgegeben.
- Der Wert 3 wird an den aufrufenden Prozeß zurückgeliefert.

8.2   Signaturen

Funktionen können in beliebiger Reihenfolge definiert werden. Die Definitionen kann man sogar auf verschiedene Quelldateien verteilen; dieses Thema werden wir im nächsten Kapitel vertiefen.

In C++ muß der Compiler die Parameter-Anzahl und deren Datentypen sowie den Ergebnistyp einer Funktion kennen, bevor die Funktion aufgerufen werden darf. Will oder kann man eine Funktion nicht vor ihrer Verwendung definieren – etwa weil die Definition in einer anderen Quelldatei steht – muß man zumindest die oben angegebene Aufruf-Konvention, die sogenannte *Signatur* (auch *Proto-typ* genannt) der Funktion angeben. Eine Signatur ist lediglich der Funktionskopf – d.h. die Funktion ohne Funktionsrumpf – abgeschlossen durch ein Semikolon. Die Signatur einer Funktion muß mit der späteren Definition in folgenden Punkten übereinstimmen:

- Funktionsname,
- Ergebnistyp,
- Anzahl und Datentypen der formalen Parameter.

Die Bezeichner der formalen Parameter sind in der Signatur nicht unbedingt nötig. Sie sind aber für die Programm-Dokumentation äußerst nützlich, insbesondere wenn man aussagekräftige Namen gewählt hat.

Häufig beginnt man ein Programm mit der Definition des Hauptprogramms **main**. Die verwendeten Funktionen werden erst danach definiert. Vor der Definition von **main** braucht man also die Signaturen sämtlicher verwendeten Funktionen. Dazu gehören auch die sogenannten *Bibliothektsfunktionen* wie z.B. **clrscr()**, die den Bildschirm löscht (**clrscr** = clear screen) und deren Signaturen in den Definitionsdateien angegeben sind. Die Signatur von **clrscr()** steht in **conio.h**. Anhang C enthält eine Zusammenstellung der Definitionsdateien von C++.

Wenn wir unser Beispiel 8.1.1 in dieser Form schreiben, sieht es folgendermaßen aus:

❑ *Beispiel 8.2.1   Signatur (signatur.cpp)*

```
#include <iostream.h>
#include <conio.h>

void kopfzeile(void);
float mittelwert(int a,int b);
max(int,int);

int main(void)
{   int x=12,y=-213,z=123,m;
    kopfzeile();
    cout << "Mittelwert von " << x
         << " und " << y << " : "
         << mittelwert(x,y);
    m=max(max(x,y),z);
    cout << "\nMaximum von  " << x
         << ", " << y << ", " << z
         << " : " << m;
    return 0;
}

void kopfzeile(void)
```

```
{   clrscr();
    cout << "Beispiel 8.2.1 \nzum "
         << "Thema Funktionen\n\n";
}

float mittelwert(int a,int b)
{   return (a+b)/2.0;   }

max(int a,int b)
{   return (a>b)?a:b;   }                                    ■
```

8.3   Vorgabewerte von Parametern

Manchmal benötigt eine Funktion beim Aufruf je nach Anwendung mehr oder
weniger Parameter. Dabei gibt es zwei Fälle:
* Die nicht angegebenen Parameter werden überhaupt nicht gebraucht. Dieser
  Fall wird im nächsten Abschnitt besprochen.
* Die nicht angegebenen Parameter nehmen einen vordefinierten Vorgabewert
  an.

Die Vorgabewerte werden bei der ersten Nennung des Funktionsnamens in der
Liste der formalen Parameter angegeben, also entweder in der Signatur oder –
falls keine Signatur gebraucht wird – in der Funktionsdefinition. Falls die Vorgabewerte in der Signatur angegeben sind, dürfen sie in der Funktionsdefinition
nicht mehr wiederholt werden. Alle Parameter mit Vorgabewerten *müssen* am
Ende der Parameter-Liste stehen.

❏ *Beispiel 8.3.1   Signatur mit Vorgabewerten (vorgabe.cpp)*

```
#include <iostream.h>

void ausdruck(char *,int sum1,
         int sum2=10,int faktor=1,int nenner=1);

void main(void)
{   ausdruck("alle viere",1,2,3,4);
    ausdruck("nur einer ",-123);
    ausdruck("zwei      ",-1,-2);
    ausdruck("drei      ",11,22,33);
}

void ausdruck(char* text,int sum1,
            int sum2,int faktor,int nenner)
```

```
{    cout << text << " : (" << sum1 << '+' << sum2
        << ")*" << faktor << '/' << nenner
        << " = " << (sum1+sum2)*faktor/nenner << '\n';
}
```

Das Programm liefert folgende Ausgabe:

```
alle viere : (1+2)*3/4 = 2
nur einer  : (-123+10)*1/1 = -113
zwei       : (-1+-2)*1/1 = -3
drei       : (11+22)*33/1 = 1089
```

Beim Aufruf dürfen nur Parameter von hinten her weggelassen werden. Wenn man also den Vorgabewert von **nenner** *nicht* verwenden will, muß man beim Aufruf alle fünf Parameter angeben, auch wenn man für den zweiten bis vierten auf die Vorgabewerte zurückgreifen möchte.

8.4 Variabel viele Parameter

In diesem Abschnitt wollen wir eine Funktion implementieren, die das Maximum beliebig vieler ganzer Zahlen berechnet. Erst beim Aufruf der Funktion soll feststehen, von wie vielen Zahlen das Maximum gebildet werden soll. Dabei erhebt sich sofort die Frage, woher die Funktion weiß, mit wie vielen aktuellen Parametern sie aufgerufen wurde. Die Antwort lautet: Der Programmierer hat selbst dafür zu sorgen. Zwei Möglichkeiten bieten sich dafür an:
- Im ersten Parameter wird die Anzahl der aktuellen Parameter übergeben.
- Ein spezieller Parameterwert signalisiert das Ende der aktuellen Parameter-Liste.

Beide Möglichkeiten werden im folgenden Beispiel realisiert. Bei der Funktionsdefinition wird mit der Zeichenfolge **,...** oder **...**, der sogenannten *Ellipse*, angezeigt, daß beim Aufruf hier variabel viele aktuelle Parameter vorkommen dürfen. Die Definitionsdatei **stdarg.h** enthält drei Makros (siehe Abschnitt 8.6), die definieren, wie man durch die Liste der aktuellen Parameter läuft.

`va_list`	`<stdarg.h>`

- ist ein Zeiger, der jeweils die Adresse des nächsten unbenannten Parameters enthält.

`void va_start` `(va_list params, letzterfester)`	`<stdarg.h>`

- `letzterfester` ist der Name des letzten festen Parameters der Funktion; `params` wird auf den Beginn des ersten unbenannten Parameters gesetzt.

`type va_arg(va_list params,type)`	`<stdarg.h>`

- liefert den Wert des momentanen unbenannten Parameters vom Typ **type** zurück und schaltet **params** um `sizeof(type)` weiter; **params** zeigt jetzt also auf den nächsten unbenannten Parameter.

`void va_end(va_list params)`	`<stdarg.h>`

- erledigt die Endebehandlung.

Bemerkung:

- **type** bei **va_arg** darf nicht **char**, **unsigned char** oder **float** sein.

❑ *Beispiel 8.4.1   Maximum mit variabel vielen Parametern (var-par.cpp)*

```
// Maximum-Funktion fuer beliebig viele Parameter
// 1. Fassung: erster Parameter gibt aktuelle Anzahl an
// 2. Fassung: Parameterliste wird mit 0 abgeschlossen

#include <stdarg.h>
#include <iostream.h>
#include <values.h>

int max1(int anz ...)
{ va_list params;
// zeigt nacheinander auf die unbenannten Parameter
  int argument;
// enthält die Werte der einzelnen Parameter

  va_start(params,anz);
// params zeigt jetzt auf ersten unbenannten Parameter

  int max=-MAXINT;
  for (int i=1;i<=anz;i++)
  { argument=va_arg(params,int);
    max=argument>max?argument:max;
  }
```

99

```
    va_end(params);
// Ende-Behandlung der unbenannten Parameter
    return max;
}

int max2(int arg1=0,...)
{  va_list params;
// zeigt nacheinander auf die unbenannten Parameter
    int argument;
// enthält die  Werte der einzelnen Parameter
    va_start(params,arg1);
// params zeigt jetzt auf ersten unbenannten Parameter

    int max=arg1;
    while ((argument = va_arg(params,int)) != 0)
        max=argument>max?argument:max;
    va_end(params);
// Ende-Behandlung der unbenannten Parameter
    return max;
}

void main(void)
{   cout << "max1: "
        << max1(7,3,5,-12,-123,65,-1234,543) << "\n";
    cout << "max2: "
        << max2(3,5,-12,-123,65,-1234,543,0) << "\n";
}
```

Die Parameterliste von **max2** wird mit dem Wert 0 abgeschlossen. Die Funktion **max1** enthält im ersten Parameter **anz** die Anzahl der weiteren aktuellen Parameter, von denen das Maximum gebildet werden soll. ■

Wenn man sich für eine Funktion auf eine Strategie zur Behandlung der variabel vielen Parameter einmal festgelegt hat, muß sich der Aufrufer dieser Funktion strikt daran halten. Verletzt man die Vereinbarung, indem man etwa bei **max1** im ersten Parameter eine zu große Zahl angibt, können unerwartete Effekte beim Programmlauf auftreten. Auch ist wichtig, daß die Funktion am Ende einen Aufruf von **va_end** enthält, da sonst der Rücksprung aus der Funktion nicht mehr funktioniert.

8.5 Überladen von Funktionen

In C hat eine Funktion genau eine Definition. Will man zum Beispiel das Maximum zweier Werte berechnen, so muß man in C für die verschiedenen Argument-Typen verschiedene Funktionsnamen wählen:

```
int maximum_int(int a,int b)
      { ... }
float maximum_float(float a,float b)
      { ... }
char* maximum_char(char* a,char* b)
      { ... }
```

In C++ kann man all diesen drei Funktionen den Namen **maximum** geben; man sagt dann, die Funktion **maximum** ist *überladen*.

❑ *Beispiel 8.5.1   Überladen (ueberlad.cpp)*

```
#include <iostream.h>
#include <string.h>
int maximum(int a,int b)
{   return a>b?a:b;   }

float maximum(float a,float b)
{   return a>b?a:b;   }

char* maximum(char* a,char* b)
{   // lexikographische Ordung
    // strcmp liefert >0, wenn a hinter b kommt
    return (strcmp(a,b)>1)?a:b;
}

void main()
{   int i=12,j=13;
    float f=32.12,g=5.324e3;
    char *t1="Nanu, Leute",
         *t2="Natterbach";
    cout << "maximum von " << i << " und " << j
         << " ist " << maximum(i,j) << "\n";
    cout << "maximum von " << f << " und " << g
         << " ist " << maximum(f,g) << "\n";
    cout << "maximum von \"" << t1 << "\" und \"" << t2
         << "\" ist \n\t\"" << maximum(t1,t2) << "\"\n";
}
```

■

Wenn wir dieses Programm lesen, ist uns völlig klar, was gemeint ist: Es soll jeweils die Version der Funktion **maximum** aufgerufen werden, die zur Anzahl und den Typen der aktuellen Parametern paßt. Auf genau diese Art bestimmt auch der C++-Compiler, an welcher Stelle welche Funktion aufgerufen werden soll.

In Abschnitt 8.1 wurde erklärt, wie die aktuellen Parameter auf den Datentyp der formalen Parameter konvertiert werden können. Wenn diese Konvertierungen auch hier zugelassen wären, könnte der Compiler die oben angegebenen Zuordnungen der Funktionsaufrufe zu den Funktionsdefinitionen nicht finden: So könnte man z.B. die **int**-Parameter zuerst nach **float** konvertieren und dann die **float**-Version von **maximum** aufrufen.

In der Sprachdefinition von C++ muß also genau festgelegt sein, nach welchem Verfahren die Zuordnung zwischen Funktionsaufruf und Funktionsdefinition erfolgt. Der C++-Compiler sucht für einen Funktionsaufruf die Definitionen der Funktionen, deren Parameteranzahl zum Aufruf paßt. Anschließend versucht er, für jeden Parameter festzustellen, ob der aktuelle Parameter zum entsprechenden formalen Parameter paßt. Dabei geht er in folgenden Schritten vor:

① Stimmen die Datentypen aller aktuellen Parameter exakt mit den formalen Parametern einer Funktionsdefinition überein – unter Berücksichtigung von Vorgabewerten -, wird diese Funktion aufgerufen.

② Sonst wird versucht, ob die ganzzahligen aktuellen Parameter auf eine Funktionsdefinition passen, wenn man sie auf eine größeren ganzzahligen Datentyp konvertiert. Ist das der Fall, wird diese Funktion aufgerufen.

③ Dann wird versucht, ob es nach den in den Abschnitten 5.1 und 5.7 beschriebenen Typ-Konvertierungen eine passende Funktionsdefinition gibt. Trifft dies zu, wird diese Funktion aufgerufen.

④ Wie wir noch sehen werden (Abschnitt 12.7), kann man auch selbst Typ-Konvertierungen definieren. Erhält man mit benutzerdefinierten Konvertierungen auf eindeutige Weise eine Übereinstimmung mit einer Funktionsdefinition, wird diese Funktion aufgerufen.

⑤ Als letztes wird noch versucht, ob es eine Übereinstimmung gibt, wenn man die Ellipse **, . . .** bzw. **. . .** berücksichtigt.

Wird keine Übereinstimmung nach einer der obigen Regeln festgestellt, meldet der Compiler einen Fehler.

Fügt man etwa in Beispiel 8.6.1 die Zeile

```
cout << maximum(i,f);
```

ein, so gibt der Compiler die Fehlermeldung

```
ambiguity between 'maximum(float,float)' and
'maximum(int,int)' in function main()
```

aus, da man sowohl den ersten **int**-Parameter **i** in einen **float**-Wert erweitern wie auch den zweiten **float**-Parameter **f** in einen **int**-Wert konvertieren kann.

Wie wir gesehen haben, versucht der Compiler, aus der Form eines Funktionsaufrufs die passende Funktionsdefinition zu finden. Folgende Situationen sind bei überladenen Funktionen nicht erlaubt:

1. Unterscheiden sich zwei überladene Funktionen nur im Ergebnistyp, kann der Compiler nicht entscheiden, welche Funktion der Programmierer gemeint hat. Dies sieht man am einfachsten aus der Tatsache, daß man jede Funktion aufrufen kann, ohne den Ergebnistyp weiterzuverwenden.

```
int fct(int,float);
float fct(int,float);
...
    fct(1,2.3);
            // Welche Funktion soll aufgerufen werden?
```

2. Ein ähnliches Problem ergibt sich bei Referenz-Parametern. Da man beim Aufruf nicht sieht, ob der aktuelle Parameter als Referenz- oder Wert-Parameter übergeben wird, ist auch die folgende Situation mehrdeutig:

```
int fn2(int &,int);
int fn2(int,int);

void main()
{       int a=1,b=12;
        a=a+fn2(a,b);
        // welche Funktion ist hier gemeint ?
}
```

3. Noch komplizierter wird es, wenn Parameter Vorgabewerte haben. Die folgenden Funktionsdefinitionen sind mehrdeutig:

```
char fn3(int a,int x);
int fn3(int a,int b=2,int c=12);
float fn3(int z,int x,float y=1.2);
```

Ein Aufruf **fn3(u,v)** mit zwei ganzzahligen aktuellen Parametern paßt zu allen drei Signaturen.

8.6   Makro-Techniken in C++

Beim Aufruf einer Funktion müssen die aktuellen Parameter den formalen Parametern zugewiesen werden. Genauer werden die Werte der aktuellen Parameter – eventuell nach einer notwendigen Typ-Konvertierung – auf den Keller gespeichert. Danach wird an die Funktionsdefinition gesprungen, wobei die Stelle hinter dem Aufruf, die sogenannte Rückkehradresse, ebenfalls auf den Keller gespeichert wird. Bei der Rückkehr aus der Funktion hinter die Aufrufstelle wird dies wieder rückgängig gemacht (für Einzelheiten siehe [Die2000] Kapitel 9).
Bei einer Funktion mit einem sehr kleinen Funktionsrumpf kann diese Verwaltungsarbeit viel aufwendiger sein als die eigentlichen Aktionen der Funktion. In einem solchen Fall wäre es besser, statt eines Funktionsaufrufes einfach die entsprechenden Befehle des Funktionsrumpfes hinzuschreiben.
In C++ kann man den Compiler anweisen, bei einem Aufruf nicht einen Funktionsaufruf zu generieren, sondern stattdessen die Befehle der aufgerufenen Funktion an die Aufrufstellen hinzukopieren (siehe Abbildung 8.1.1). Aus historischen Gründen kennt C++ hierfür sogar zwei verschiedene Verfahren: die **inline**-Funktionen, die wir im folgenden Abschnitt besprechen werden, und die Präprozessor-Makros, die in 8.6.2 behandelt werden. In Abschnitt 8.6.3 werden die beiden Verfahren einander gegenübergestellt.

8.6.1 **inline**-Funktionen
Leitet man eine Funktionsdefinition mit dem Funktionsspezifizierer **inline** ein (siehe Syntax-Diagramm (8-3)), wird der Compiler darauf hingewiesen, daß die zugehörigen Funktionsaufrufe als Makros behandelt werden sollen. Dieser Hinweis sollte von jedem Compiler nach Möglichkeit ernstgenommen werden; die Sprachdefinition formuliert hier aber bewußt vage.
Im folgenden wollen wir besprechen, wie der C++-Compiler von Borland **inline**-Funktionen behandelt. Wir beginnen mit einem Beispiel.

❑ *Beispiel 8.6.1   inline-Funktion (inline.cpp)*

```
inline int max(int a,int b)
{   return a<b?b:a;
}

int Max(int a,int b)
{   return a<b?b:a;
}

void main()
{   int x=12,y=-12,m;
    m=max(x,y);
```

```
            // Befehle werden direkt an diese Stelle kopiert
    m=Max(x,y);     // Funktionsaufruf
}
```

Die unterschiedliche Wirkung des echten Funktionsaufrufs von **Max** und der
inline-Expandierung von **max** sieht man am besten, wenn man sich das As-
sembler-Programm **inline.asm** anschaut, das man z.B. durch den Aufruf

        BCC -S -v- -y- INLINE.CPP

mit der Kommandozeilen-Version des Borland-C++-Compilers erzeugen kann.
Die Definition der Funktion **Max** sieht folgendermaßen aus:

```
;
;     int Max(int a,int b)
;
@Max$qii proc     near
         push     bp
         mov      bp,sp
         mov      dx,word ptr [bp+4]
         mov      bx,word ptr [bp+6]
;
;     {   return a<b?b:a;
;
         cmp      dx,bx
         jge      short @1@86
         mov      ax,bx
         jmp      short @1@114
@1@86:
         mov      ax,si
@1@114:
;
;     }
;
         pop      bp
         ret
@Max$qii          endp
```

Diese Funktion wird an der Aufrufstelle wie folgt aufgerufen:

```
;
;         m=Max(x,y);        // Funktionsaufruf
;
      push  di
      push  si
```

```
call    near ptr @Max$qii
add     sp,4
mov     word ptr [bp-2],ax
```

Die Funktionsdefinition von **Max** – im Assembler heißt sie **@Max$qii** – hat eine Code-Länge von 23 Byte, der Funktionsaufruf ist 11 Byte lang. Der "Aufruf" der **inline**-Funktion **max** liefert dagegen lediglich eine Code-Folge, die 13 Byte lang ist:

```
;
;       m=max(x,y);
; // Befehle werden direkt an diese Stelle kopiert
;
        cmp     si,di
        jge     short @2@86
        mov     ax,di
        jmp     short @2@114
@2@86:
        mov     ax,si
@2@114:
        mov     word ptr [bp-2],ax              ■
```

Selbst wenn die Funktion **max** öfters aufgerufen wird, lohnt sich die **inline**-Version: Der Funktionsaufruf ist zwar mit 11 Byte um 2 Byte kleiner als die **inline**-Expansion; bei jedem Aufruf von **Max** wird aber neben der Befehlsfolge für den Aufruf auch noch der Code des Rumpfes durchlaufen.

Der Borland C++-Compiler nimmt also den Hinweis **inline** ernst, zumindest im obigen Beispiel. Tatsächlich kann man **inline**-Funktionen auch da schreiben, wo eine Expandierung überhaupt nicht möglich ist. Da dies der Programmierer in der Regel nicht weiß, ignoriert der Compiler in solchen Fällen das Schlüsselwort **inline**, gibt eine Warnung aus und erzeugt eine echte Funktion und entsprechende Funktionsaufrufe. So nimmt z.B. der Borland C++-Compiler keine **inline**-Behandlung vor, wenn die Funktion eines der folgenden Schlüsselwörter enthält: **do**, **for**, **while**, **goto**, **switch**, **break**, **continue** oder **case**. In diesen Fällen wird die Funktion trotz des vorangehenden Schlüsselwortes **inline** wie eine normale Funktion behandelt.

8.6.2 Präprozessor-Makros

Jeder C-Compiler und C++-Compiler verfügt über einen Präprozessor, der das Programm vor der Übersetzung textuell verändern kann (vgl. Abbildung 2.2.1). Die Anweisungen an den Präprozessor beginnen alle mit dem Zeichen **#**. Mit der Präprozessor-Anweisung **#define** kann man einen Namen durch einen Text ersetzen.

```
#define name ersatztext
```

- Jedes Auftreten von **name** wird durch **ersatztext** ersetzt, der bis zum Zeilenende reicht.

- **name** wird nicht ersetzt, falls er in einer Zeichenreihe, als Zeichenkonstante oder in einem Kommentar vorkommt.

Ist der **ersatztext** ein Konstanten-Ausdruck, so ist die Anweisung eine einfache Konstantendefinition

```
#define pi2 (3.141592654 * 2)
```

Der Präprozessor erweitert dann die Anweisung

```
    u = pi2*r;
```

zu

```
    u = (3.141592654 * 2)*r;
```

Man beachte, daß die **#define**-Zeile nicht mit einem Semikolon abgeschlossen werden darf, da sonst dieses Semikolon zum **ersatztext** gehört und auch ersetzt würde.

Der **ersatztext** kann auch eine Folge von Anweisungen sein; dann wird diese Anweisungsfolge für **name** eingesetzt – wir haben eine einfache Form eines Makros.

```
#define ueberschrift cout << "\nTitel"; cout << '\n';

void main()
{  ueberschrift;
}
```

Der **ersatztext** endet mit dem Zeilenwechsel. Benötigt man mehrere Zeilen, kann man – wie bei Zeichenreihen – am Zeilenende einen Backslash \ schreiben; der **ersatztext** wird dann ganz vorn auf der nächsten Zeile fortgesetzt. Makros können auch parametrisiert werden:

> `#define name(arg1,...,argn) ersatztext`
>
> - Im **ersatztext** kommen die formalen Parameter **arg1,...,** **argn** des Makros vor.
> - Jedes Auftreten von **name(txt1,...,txtn)** wird durch **ersatztext** ersetzt, wobei im **ersatztext** für die formalen Parameter die aktuellen Parameter eingesetzt werden, d.h. **arg1** wird durch **txt1**, ..., **argn** durch **txtn** ersetzt.
> - Ein formaler Parameter wird nicht ersetzt, wenn er im **ersatztext** in einer Zeichenreihe, als Zeichenkonstante oder in einem Kommentar vorkommt.
>
> Anmerkung:
>
> - In der **#define**-Anweisung darf zwischen **name** und der öffnenden Klammer *kein* Zwischenraum stehen.

Die Anweisung

$$\text{name(txt1,...,txtn)}$$

heißt *Aufruf* des Makros. Bei einem Aufruf dürfen – anders als bei der Makro-Definition – zwischen dem Makro-Namen und der öffnenden Klammer Zwischenräume stehen.

❑ *Beispiel 8.6.2   Makros in C (makros1.cpp)*

```
#include <iostream.h>
#define maximum(a,b)  ((a)<(b)?(b):(a))
#define ausgabe(f1,f2)  cout << "Maximum von " \
<< f1 << " und ";\
cout << f2 << " ist "; cout << maximum(f1,f2) \
<< '\n'

void main()
{  int x=12,y=-15;
   float f=12.34,g=1.2345e1;
   char c='a',d='A';
   ausgabe(x,y);
   ausgabe(f,g);
   ausgabe(c,d);
}
```

Mit dem Programm CPP.EXE (C-Preprocessor) kann man sich anzeigen lassen, wie der Präprozessor dieses Programm vor der eigentlichen Übersetzung expandiert. Ist das Programm in der Datei **makros1.cpp** gespeichert, so liefert der Aufruf

    CPP makros1

die folgende Ausgabe-Datei namens **makros1.i**

```
 1:
...
 7:
 8: void main()
 9: {   int x=12,y=-15;
10: float f=12.34,g=1.2345e1;
11: char c='a',d='A';
12: cout << "Maximum von " << x << " und ";cout << y
    << " ist "; cout << ((x)<(y)?(y):(x)) << '\n';
13: cout << "Maximum von " << f << " und ";cout << g
    << " ist "; cout << ((f)<(g)?(g):(f)) << '\n';
14: cout << "Maximum von " << c << " und ";cout << d
    << " ist "; cout << ((c)<(d)?(d):(c)) << '\n';
15: }
```

Wie bei Funktionen muß die Anzahl der aktuellen Parameter eines Makro-Aufrufs mit der Anzahl der formalen Parameter der Makro-Definition übereinstimmen, andernfalls meldet der Compiler einen Fehler. Dagegen kann – anders als bei Funktionen – für die aktuellen Parameter keine Typ-Prüfung durchgeführt werden, da ein Makro-Aufruf eine reine Textersetzung bewirkt, die *vor* der Compilierung des Programms erfolgt.

Im obigen Beispiel wurde dies ausgenutzt, indem die aktuellen Parameter des Makros **maximum** jedesmal andere Datentypen hatten.

Soll ein formaler Parameter im Ersatztext als Zeichenreihe behandelt werden, schreibt man das Symbol **#** davor.

❑ *Beispiel 8.6.3   Der Makro-Operator # (makros2.cpp)*

```
#define makro(fp1,fp2) cout<<"Aufruf von makro\
("#fp1","#fp2")\n"

#include <iostream.h>

void main()
```

```
{   makro(1,2);
    makro(2,'a');
    makro("Hallo Leute","wie geht's?");
}
```

Die Ausgabe dieses Programms sieht folgendermaßen aus:

```
Aufruf von makro(1,2)
Aufruf von makro(2,'a')
Aufruf von makro("Hallo Leute","wie geht's?")
```

Schauen Sie sich die Makro-Definition noch einmal genau an, und überlegen Sie, weshalb gewisse Zeichen innerhalb und andere außerhalb von Anführungszeichen stehen. ∎

Zwei Parameter eines Makros können mit dem Operator ## zu einem neuen Symbol verschmolzen werden.

❑ *Beispiel 8.6.4   Der Makro-Operator ## (makros3.cpp)*

```
#include <iostream.h>
#include <string.h>

#define KOPF(x) cout << "\n"x"\n";\
    for (i=0;i<strlen(x);i++) cout << '=';cout << '\n'

#define KOPF2(x) cout << #x"\n";\
    for (i=0;i<strlen(#x);i++) cout << '-';cout << '\n'

#define NAME(x,y) x##y
#define DRUCKE(x,y) cout << #x#y" = " << NAME(x,y)<<'\n';

void main()
{   int i;
    KOPF("Demo fuer Makros, Symbolverbindung \"##\" \
und Stringersetzung \"#\"");
    KOPF2(Beispiel 8.7.4);
    int NAME(var,iable)=6;
    DRUCKE(vari,able);
    DRUCKE((++variable),++);
    DRUCKE(++varia,ble);
}
```

Das Makro

```
#define NAME(x,y) x##y
```

bildet ein Symbol, das durch Hintereinanderschreiben der beiden Parameter entsteht. So liefern die beiden folgenden Aufrufe das Symbol **"variable"**:

```
NAME(var,iable)
NAME(variab,le)
```

Die Makros **KOPF** und **KOPF2** unterscheiden sich nur in der Form des Parameters: **KOPF** wird mit einer Zeichenreihe aufgerufen, während **KOPF2** mit einem Text ohne Anführungszeichen aufgerufen werden kann. Kommt in diesem Text allerdings ein Komma vor, wird dieses als Trenner zwischen aktuellen Parametern interpretiert, was zu einem Fehler führen würde.
Das Programm liefert folgende Ausgabe:

```
Demo für Makros, Symbolverbindung "##" und Stringersetzung "#"
=================================================================
Beispiel 8.7.4
------------
variable = 6
(++variable)++ = 7
++variable = 9
```

8.6.3 Vergleich der beiden Makro-Techniken
Obwohl die **inline**-Funktionen wie auch die Präprozessor-Makros dieselbe Aufgabe erfüllen, gibt es doch gravierende Unterschiede:

- **Typprüfung des aktuellen Parameters**
  Die aktuellen Parameter von **inline**-Funktionen unterliegen denselben Typprüfungen wie die von Funktionen. Aufrufe von Präprozessor-Makros bewirken lediglich eine reine Textersetzung; erst der ersetzte Text muß syntaktisch korrekt sein.

❑ *Beispiel 8.6.5   Makro trace (makros4.cpp)*

```
#include <iostream.h>
#define ADD(a,b,c) a=b+c
#define trace(Befehl) cout << #Befehl" liefert: " \
<< (Befehl)

void main()
{   int i,j,k=5;
```

```
ADD(i,5,0);  // i=5+0;
ADD(j,i,7);  // j=i+7;
ADD(j+,i,+);     // j+=i++;
cout << "j = " << j << ", k = " << k << '\n';
trace(i=j+k);
}
```

Mit einer **inline**-Funktion sind solche Konstruktionen nicht möglich.   ■

- **Seiteneffekte**
  Die reine Textersetzung von Präprozessor-Makros kann zu unerwünschten
  Nebeneffekten führen, auch wenn das Programm nach der Ersetzung syntak-
  tisch korrekt ist.

❑ *Beispiel 8.6.6   "Falsche" Arithmetik (makros5.cpp)*

```
#include <iostream.h>

#define hoch3(x) x*x*x

inline int kubik(int x)
{  return (x*x*x);  }

void main()
{  int a=2,b=2;
   cout<<"inline:"<<a<<" hoch 3="<<kubik(a++)<<'\n'; //1
   cout<<"makro: "<<b<<" hoch 3="<<hoch3(b++)<<'\n'; //2
   a=b=2;
   cout<<"inline:"<<a+1<<" hoch 3="<<kubik(a+1)<<'\n';//3
   cout<<"makro: "<<b+1<<" hoch 3="<<hoch3(b+1)<<'\n';//4
}
```

Die erste **cout**-Anweisung gibt den Text aus

```
inline:3 hoch 3=8
```

Zunächst wird nämlich die Funktion **kubik** mit dem Wert **a=2** aufgerufen; **a**
wird danach inkrementiert. Jetzt wird der neue Wert von **a** – nämlich 3 – ausgegeben, gefolgt von "hoch 3=8".
Beim zweiten **cout**-Aufruf wird das Makro **hoch3** aufgerufen, wobei dreimal
der Ausdruck **b++** übergeben wird; dabei wird der Ausdruck **2*3*4 = 24** aus-
gerechnet. Danach hat **b** den Wert **5**, der auch ausgegeben wird:

112

```
makro: 5 hoch 3=24
```

Der folgende Aufruf sieht besser aus; es wird **(a+1) hoch 3** berechnet für **a = 2**:

```
inline:3 hoch 3=27
```

Das Präprozessor-Makro macht jedoch wieder Probleme; die Ausgabe sieht folgendermaßen aus:

```
makro:  3 hoch 3 = 7
```

Wenn man die Text-Ersetzung von Hand nachvollzieht, sieht man, was passiert: Es wird

```
b+1*b+1*b+1
```

mit **b=2** berechnet! ∎

- **Debuggen von Makros**
  Bei beiden Makro-Mechanismen wird der Aufruf durch eine Folge von Anweisungen ersetzt. Läßt man das so erweiterte Programm unter dem Debugger ablaufen, so wird der Aufruf einer **inline**-Funktion ebenso wie der Aufruf eines Präprozessor-Makros als *eine* Anweisung betrachtet. Man kann also den jeweiligen Rumpf nicht schrittweise testen. Während dies bei Präprozesor-Makros unabänderlich ist, kann man den C++-Compiler über Optionen meist dazu veranlassen, **inline**-Funktionen "auf Wunsch" wie echte Funktionen zu behandeln.

8.7 Zeiger auf Funktionen

Will man eine Funktion als Parameter an eine andere Funktion übergeben, braucht man den Datentyp "Zeiger auf eine Funktion". Als Beispiel wollen wir eine Funktion **nullstelle** betrachten, die die Nullstellen einer reellen Funktion nach dem Verfahren "regula falsi" berechnet. Dabei werden zwei Stellen **a** und **b** gewählt, an denen die Funktionswerte unterschiedliches Vorzeichen haben. Dieses Verfahren kann auf jede reellwertige Funktion angewendet werden, die als Parameter an die Funktion **nullstelle** übergeben wird. Der Datentyp dieses Parameters ist eine Zeiger auf eine reellwertige Funktion mit einem reellen Argument:

```
float (*f) (float)
```

Hier ist wegen der Vorrangregeln das erste Klammerpaar von äußerster Wichtigkeit, da die Verienbarung

```
float *f(float)
```

eine Funktion festlegt, die als Ergebnis einen **float**-Zeiger liefert.

❑ *Beispiel 8.7.1   Funktionsparameter (nullstel.cpp)*

Im folgenden Programm berehnet die Funktion **nullstelle** die Nullstelle der übergebenen Funktion zwischen **a** und **b**. Die Vorbedingung, daß die Funktion zwischen **a** und **b** einen Vorzeichenwechsel hat, wird in der Funktion **berechne** gesteuert, die die Nullstellen zwischen **links** und **rechts** berechnet, deren Abstand größer als **d** ist.

```
#include <iostream.h>
#include <math.h>

float nullstelle
        (float a,float b,float (*f) (float),float eps)
{   float f1,fm,mitte;
    f1=f(a);
    do
    {   mitte=(a+b)/2;
        fm=f(mitte);
        if (fm * f1 > 0)
        {   f1=fm;a=mitte;   }
        else
        b=mitte;
        cout << ".";
    }
    while (fabs(b-a) >= eps);
    return mitte;
}

float poly1(float x)
{   return x-2;   }
```

114

```
float poly2(float x)
{   return x*x-2*x-3;   }

float poly3(float x)
{   return x*x*x-7*x*x+7*x+15;   }


void berechne(float (*fct)(float),float links,
              float rechts,float d)
{   float erg;
    for (float x=links;x<=rechts;x+=d)
    {   float f1=fct(x),f2=fct(x+d);
        if (f1*f2<=0)
        {   erg = nullstelle(x,x+d,fct,1e-6);
            cout << "\nNullstelle ist "
                 << erg << "\nProbe " << fct(erg);
        }
    }
}

void main()
{   float links,rechts,deltax;
    cout << "linker Wert : ";
    cin  >> links;
    cout << "rechter Wert: ";
    cin  >> rechts;
    cout << "deltax       : ";
    cin  >> deltax;

    cout << "\n1. Funktion\n";
    berechne(poly1,links,rechts,deltax);

    cout << "\n2. Funktion\n";
    berechne(poly2,links,rechts,deltax);

    cout << "\n3. Funktion\n";
    berechne(poly3,links,rechts,deltax);
}
```

9 Module und Projekte

Bei realistisch großen Programmier-Aufgaben erhält man häufig Programme mit insgesamt einigen tausend Quellzeilen. Solche Aufgaben werden fast immer von einem Team bearbeitet, wobei verschiedene Programmierer gleichzeitig an klar umrissenen Teilaufgaben des Gesamt-Projekts arbeiten. Dabei bearbeitet jeder Programmierer seine eigene Quell-Datei, ein sogenanntes *Modul*. Der C++-Compiler kann ein solches Modul, das eine Sammlung von Deklarationen und Funktionsdefinitionen (vgl. Syntax-Diagramm (3-1)) enthält, unabhängig von den anderen Moduln in eine sogenannte Objekt-Datei übersetzen.

Im folgenden wollen wir ein Programm entwerfen, in dem verschiedene Sortier-Verfahren vorgestellt werden. Dabei wird jedes Sortier-Verfahren in einem eigenen Modul programmiert. Zwei weitere Module enthalten Hilfsfunktionen, die bei den Sortier-Verfahren verwendet werden. In einem letzten Modul wird das Hauptprogramm beschrieben.

Insgesamt besteht unser Programm aus folgenden Moduln:

* **sortdemo.cpp** enthält das Hauptprogramm.
* **hilfen.cpp** und **sortart.cpp** enthalten einige Hilfsfunktionen.
* Die weiteren Module **bubble.cpp**, **shaker.cpp** und **select.cpp** enthalten drei Sortier-Verfahren.

Die Sortier-Verfahren in unserem Beispiel sortieren die Buchstaben einer Zeichenreihe. Es gibt unterschiedliche Kriterien, nach denen die Buchstaben sortiert werden können, z.B.:

* Nach aufsteigendem ASCII-Code; dort stehen die Großbuchstaben vor den Kleinbuchstaben.
* Alphabetisch aufsteigend ohne Berücksichtigung der Groß-Klein-Schreibung.
* Nach absteigendem ASCII-Code oder alphabetisch absteigend.

Bei der Formulierung der Sortier-Verfahren wollen wir uns noch nicht auf die Vergleichsmethode für die Buchstaben festlegen. Deshalb wird die Vergleichsfunktion als Parameter übergeben (vgl. Abschnitt 8.7). Die Vergleichsfunktionen haben die beiden zu vergleichenden Buchstaben als Parameter und liefern eine ganze Zahl zurück, und zwar

- einen Wert kleiner als 0, falls die beiden Buchstaben in der richtigen Reihenfolge stehen,
- den Wert 0, falls die beiden Buchstaben gleich sind,
- einen Wert größer 0, falls die beiden Buchstaben in der falschen Reihenfolge stehen und vertauscht werden müssen.

Die vier oben erwähnten Sortier-Methoden können dann durch folgende Funktionen realisiert werden, die im Modul **sortart.cpp** enthalten sind.

❑ *Beispiel 9.0.1   Sortierart (sortart.cpp)*

```
// SORTART.CPP
#include <ctype.h>

// groesser nach ASCII
int groesser(char c1,char c2)
{   return (c2-c1);   }

// groesser ohne Beruecksichtigung
// der Gross/Kleinschreibung
int Groesser(char c1,char c2)
{   return (toupper(c2)-toupper(c1)); }

// kleiner nach ASCII
int kleiner(char c1,char c2)
{   return (c1-c2);   }

// kleiner ohne Beruecksichtigung
// der Gross/Kleinschreibung
int Kleiner(char c1,char c2)
{   return (toupper(c1)-toupper(c2)); }
```
■

9.1   Das Sortier-Verfahren Bubble-Sort

Unser erstes Sortier-Verfahren vergleicht benachbarte Elemente und vertauscht diese, falls sie in der falschen Reihenfolge stehen. Auf diese Weise steigen die nach oben gehörenden Elemente wie Luftblasen im Wasser nach oben. Von diesem Bild erhielt das Verfahren auch seinen Namen: Bubble-Sort oder Blasen-Sortierung.

❑ *Beispiel 9.1.1   Bubble-Sort, Hilfsfunktionen (bubble.cpp, hilfen.cpp)*

```
#include "signatur.h"

/**************************************************/
void bubble(char *art,int count,int (*vgl)(char,char))
/**************************************************/
{  int i,j,nr=0;
   for (i=1;i<count;++i)
     for (j=count-1;j>=i;j--)
     { if (vgl(art[j-1],art[j])<0)
       { swap(art[j],art[j-1]);
         out(++nr,art,count,j,j-1);
       }
       else
         out(++nr,art,count,j,j);
     }
}
```

Der Zeiger **art** zeigt auf die Zeichenreihe, deren Buchstaben sortiert werden.
Der zweite Parameter **count** gibt an, wie viele Buchstaben behandelt werden.
Im dritten Parameter wird die Vergleichsfunktion übergeben.
Die Funktion **bubble** verwendet zwei Funktionen, die im Modul
hilfen.cpp definiert werden:
• **swap** vertauscht zwei Elemente der Zeichenreihe.

```
void swap(char& a,char& b)
{ char t=a;
  a=b;
  b=t;
}
```

• **out** protokolliert die einzelnen Sortier-Schritte auf dem Bildschirm: Es wird
  die zu sortierende Zeichenreihe ausgegeben, wobei das nach links geschobene
  Element mit <, das nach rechts geschobene mit > markiert ist. Wird ein Element lediglich betrachtet, aber nicht verschoben, wird es mit = markiert. Da
  der Zeiger **art**, der auf die bearbeitete Zeichenreihe zeigt, nicht verändert
  werden soll, wird er als konstanter Zeiger mit dem Typ **const char*** übergeben.

```
void out(int step,const char *art,int count,
         int woher,int wohin)
{ int i;
  char z=' ';
  cout << endl;
```

```
if (step<10) cout << ' ';
cout << step << ": ";
for (i=0;i<count;i++)
{ if ((i==wohin)&&(i==woher)) z='=';
  else
  if ((i==wohin)&&(woher<wohin)) z='>';
  else
  if ((i==woher)&&(wohin<woher)) z='<';
  cout << z << art[i];
  z=' ';
}
}
```

Die Arbeitsweise von Bubble-Sort kann man sich an folgendem Test-Ausdruck klarmachen:

```
 0: =g f d s a
 1:  g f d a<s
 2:  g f a<d s
 3:  g a<f d s
 4:  a<g f d s
 5:  a g f d=s
 6:  a g d<f s
 7:  a d<g f s
 8:  a d g f=s
 9:  a d f<g s
10:  a d f g=s
```

9.2 Das Sortier-Verfahren Shaker-Sort

Beim Bubble-Sort wandern die Elemente immer von rechts her an ihre korrekte Position. Shaker-Sort ist eine etwas verbesserte Version von Bubble-Sort, indem es die Elemente wechselseitig mal von rechts nach links und dann von links nach rechts an ihre Position zieht.

❏ *Beispiel 9.2.1   Shaker-Sort (shaker.cpp)*

```
#include "signatur.h"

/****************************************************/
void shaker(char *art,int count,
            int (*vgl)(char,char))
/****************************************************/
{ int i,m,v,h,nr=0;
```

```
v=1;m=h=count-1;

do
{   for (i=h;i>=v;--i)
    { if (vgl(art[i-1],art[i])<0)
        {   swap(art[i],art[i-1]);
            out(++nr,art,count,i,i-1);
            m=i;
        }
        else
            out(++nr,art,count,i,i);
    }
    v=m+1;
    for (i=v;i<h+1;i++)
    { if (vgl(art[i-1],art[i])<0)
        {   swap(art[i],art[i-1]);
            out(++nr,art,count,i-1,i);
            m=i;
        }
        else
            out(++nr,art,count,i,i);
    }
    h=m-1;
}   while (v<=h);
}
```

Folgende Ausgabe veranschaulicht die Arbeitsweise von Shaker-Sort:

```
0:  =g f d s a
1:   g f d a<s
2:   g f a<d s
3:   g a<f d s
4:   a<g f d s
5:   a f>g d s
6:   a f d>g s
7:   a f d g=s
8:   a d<f g s
```

9.3 Die Auswahl-Sortierung

Die Auswahl-Sortierung sucht das kleinste Element in der Zeichenreihe und vertauscht dieses mit dem ersten Element. Danach steht das erste Element bereits an der richtigen Stelle. Anschließend wird vom zweiten bis zum letzten Element das kleinste gesucht und dieses mit dem zweiten Element vertauscht. Dieses Verfahren wird bis zu den beiden letzten Elementen wiederholt.
Die Auswahl-Sortierung benötigt eine Funktion **min**, die die Position des kleinsten Elements in einer Teil-Zeichenreihe zwischen den Indizes **u** und **o** sucht. Die Vergleichsmethode wird auch hier als Funktionsparameter übergeben. Diese Funktion steht im Modul **hilfen.cpp**.

```
int min(const char *f,int u,int o,
        int(*vgl)(char,char))
{   int s,i;
    s = u;
    for (i=u+1;i<=o-1;i++)
      if (vgl(f[i],f[s])>0)
        s=i;
    return (s);
}
```

❑ *Beispiel 9.3.1   Auswahl-Sortierung (auswahl.cpp)*

```
#include "signatur.h"

/*************************************************/
void auswahl(char *art,int count,
             int(*vgl)(char,char))
/*************************************************/
{   int i,s,nr=0;
    for (i=0;i<count;i++)
    { s = min(art,i,count,vgl);
      /* Position des kleinsten Elements in Restfeld */
      swap(art[i],art[s]);
      out(++nr,art,count,i,s);
    }
}
```

Die folgende Ausgabe veranschaulicht die Wirkungsweise der Auswahl-Sortierung:

```
 0: =g f d s a
 1:  a f d s>g
```

```
2:   a d>f s g
3:   a d=f s g
4:   a d f g>s
5:   a d f g=s
```                                                                    ∎

9.4   Das Hauptprogramm

Im Hauptprogramm wird nach der Eingabe der zu sortierenden Zeichenreihe und
der Auswahl der Vergleichsmethode ein Menü angeboten, aus dem man eines
der drei Sortier-Verfahren auswählen kann.

❑ *Beispiel 9.4.1   Das Hauptprogramm (sortmain.cpp)*

```cpp
#include <iostream.h>
#include <conio.h>
#include <string.h>
#include "signatur.h"

void main()
/* Sortieren einer Zeichenreihe von Tastatur */
{   char s[80],t[80];
    int count,rtg;
    char wahl;
    int (*vergleich)(char,char);
  do
  { clrscr();
    cout << "Geben Sie eine Zeichenreihe ein "
         << "(ohne Zwischenraum) : ";
    cin  >> s;
    count=strlen(s);
    cout << "Sortier-Richtung\n";
    cout << "================\n\n";
    cout << "1:\taufsteigend nach ASCII\n";
    cout << "2:\taufsteigend (gross/klein wird nicht "
         << "unterschieden)\n";
    cout << "3:\tabsteigend nach ASCII\n";
    cout << "4:\tabsteigend (gross/klein wird nicht "
         << "unterschieden)\n";
    cin  >> rtg;
    switch (rtg)
    {   case 1:  vergleich=groesser;break;
        case 2:  vergleich=Groesser;break;
        case 3:  vergleich=kleiner; break;
        case 4:  vergleich=Kleiner; break;
```

```
        default: vergleich=groesser;break;
    }
  do
  { clrscr();
    cout <<
       "\n\t\tDemo-Programm fuer Sortier-Verfahren\n";
    cout <<
       "\t\t===================================\n\n\n";
    cout << "\t\tB:\tBubble-Sort\n";
    cout << "\t\tS:\tShaker-Sort\n";
    cout << "\t\tA:\tAuswahl-Sort\n";
    cout << "\t\tE:\tEnde\n";
    cout << "\nWaehlen Sie einen Buchstaben mit "
         << "RETURN\n";
    cin >> wahl;
    if ((wahl=='e')||(wahl=='E'))
       break;
    strcpy(t,s);
    out(0,t,count,0,0);
    switch (wahl)
    {  case 'b':case 'B':  bubble(t,count,vergleich);
           break;
       case 's':case 'S':  shaker(t,count,vergleich);
           break;
       case 'a':case 'A':  auswahl(t,count,vergleich);
           break;
       default :  cout << "Falsche Eingabe : " << wahl
                       << " nicht erlaubt !";
           break;
    }
    cout << "\nWeiter mit beliebiger Taste ";
    while (!kbhit());
  } while (1);

  cout << "Wiederholen mit neuer Zeichenreihe "
       << "(J/N) ? : ";
  cin  >> wahl;
  } while ((wahl=='j')||(wahl=='J'));
}
```

Das Hauptprogramm ruft die Sortier-Verfahren auf, die ihrerseits wieder Funktionen aus **hilfen.cpp** und **sortart.cpp** verwendet. Wie wir in Abschnitt 8.2 gelernt haben, kann man eine Funktion erst nach ihrer Definition oder ihrer

Signatur aufrufen. Aus diesem Grund wird die Datei **signatur.h**, die die Signaturen aller von uns verwendeten Funktionen enthält, in jedem Modul mit **#include** eingelesen.

Jetzt muß nur noch dem Compiler mitgeteilt werden, aus welchen Moduln sich das gesamte Programm zusammensetzt. Dazu müssen alle Module, die zum Projekt gehören, dem Compiler-System mitgeteilt werden. Compiler-unabhängig kann man das Hilfsprogramm **make** verwenden, in dem man die Quellen der Module zusammenstellt und diese dem Compiler und Linker zur Bearbeitung anbietet (vgl. Abbildung 2.2.1). Das folgende Beispiel zeigt die wesentlichen Teile des **make**-Datei für unser Projekt.

❑ *Beispiel 9.4.2 make-Datei für Projekt "sortiere"*

```
#              *Translator Definitions*
CC = bcc +SORTIERE.CFG
TLINK = tlink

#              *Implicit Rules*
.c.obj:
  $(CC) -c {$< }

.cpp.obj:
  $(CC) -c {$< }

EXE_dependencies =  \
 sortmain.obj \
 hilfen.obj \
 sortart.obj \
 bubble.obj \
 shaker.obj \
 auswahl.obj

#              *Explicit Rules*
.\sortiere.exe: sortiere.cfg $(EXE_dependencies)
  $(TLINK) /v/x/c/P-/L$(LIBPATH) @&&|
c0s.obj+
.\sortmain.obj+
.\hilfen.obj+
.\sortart.obj+
.\bubble.obj+
.\shaker.obj+
.\auswahl.obj
.\sortiere                                          ■
```

125

Viele integrierte Entwicklungsumgebungen für C++ enthalten eine eigene, einfacher zu bedienende Projektverwaltung. Ziehen Sie hierfür die Hilfe Ihres Systems zu Rate.

Nach der ersten kompletten Übersetzung des Projekts optimiert das Programm **make** bzw. die integrierte Projektverwaltung den Übersetzungsprozeß: Wenn man danach ein Modul oder eine Definitionsdatei, die über **#include** von einigen der Module eingelesen wird, ändert, werden nur die Module neu übersetzt, die von der Änderung betroffen sind.

10 Lebensdauer und Gültigkeitsbereich von Bezeichnern

In den Beispielen wurden an unterschiedlichen Stellen Variablen deklariert. In diesem Kapitel wird besprochen, wie die Stellung einer Variablen-Deklaration die Speicherbelegung beeinflußt. Darüber hinaus kennt C++ einige Deklarationsspezifizierer (vgl. Syntax-Diagramm (4-9)), die bei den Deklarationen zusätzlich angegeben werden können und die auch einen Einfluß auf die Speicherzuordnung haben.

| SpeicherklassenSpez | : | (10-1) |

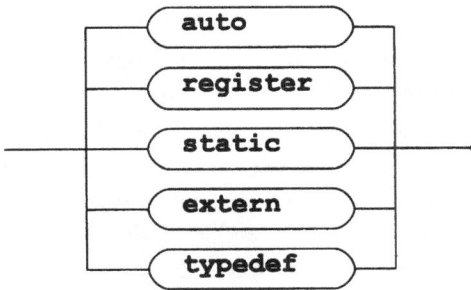

10.1 Globale und automatische Variablen

Alle Variablen, die innerhalb einer Funktionsdefinition vereinbart werden, sind *lokale* Variablen. Für solche Variablen wird nur dann Speicherplatz reserviert, wenn die entsprechende Funktion aufgerufen wird. Der Speicherplatz wird beim Verlassen der Funktion automatisch wieder freigegeben. Solche Variablen heißen auch *automatische Variablen*; ihre Deklaration kann man mit dem Speicherklassen-Spezifizierer **auto** einleiten. Da aber Variablen, die innerhalb von

Funktionen oder Blöcken vereinbart werden, standardmäßig als automatische Variablen behandelt werden, kann man das Schlüsselwort **auto** auch weglassen.

Die Parameter einer Funktion werden in Bezug auf die Speicher-Reservierung wie lokale Variablen behandelt.

Wird eine Variable außerhalb von Funktionen vereinbart, heißt sie *global*. Für globale Variablen wird gleich zu Beginn des Programmlaufs Speicherplatz reserviert, der bis zum Programmende belegt bleibt.

Die Zeitspanne, während der eine Variable Speicherplatz belegt, heißt ihre *Lebensdauer*. Mit dieser Sprechweise kann man also sagen:

• Die Lebensdauer einer globalen Variablen ist das gesamte Programm.

• Die Lebensdauer einer automatischen Variablen ist die Funktion bzw. der Block, wo sie vereinbart wurde.

Neben der Lebensdauer gibt es noch den *Gültigkeitsbereich* einer Variablen. Das ist der Bereich, in dem man über den Variablennamen auf den zugehörigen Speicherplatz zugreifen kann. Wird derselbe Bezeichner mit unterschiedlichen Lebensdauern definiert, die sich auch überlappen können, gilt jeweils derjenige, der am weitesten innen definiert ist. Es versteht sich wohl von selbst, daß es keine zwei gleichnamige Variablen mit der gleichen Lebensdauer geben darf.

In C müssen alle Daten-Deklarationen am Anfang eines Blockes bzw. eines Funktionsrumpfes stehen. Dann ist der Gültigkeitsbereich einer lokalen Variablen jeweils die gesamte Funktion bzw. der gesamte Block. In C++ dürfen Daten-Deklarationen irgendwo zwischen den geschweiften Klammern { ... } auftreten. Dann beginnt der Gültigkeitsbereich der Variablen erst an der Deklarationsstelle, obwohl bereits am Blockanfang Speicherplatz reserviert wird. Falls der Bezeichner vor der Deklaration verwendet wird, bezieht er sich auf eine Variable, die in einem textuell umgebenden Block definiert ist. Ist hier keine solche Variable deklariert, meldet der Compiler einen Fehler.

Das folgende Beispiel erläutert die beiden Begriffe Lebensdauer und Gültigkeitsbereich.

□ *Beispiel 10.1.1 Lebensdauer und Gültigkeitsbereich (glob-lok.cpp)*

```
#include <iostream.h>

#define aus(txt) cout << txt << " : a= " << a ;\
    cout << " , b = " << b << ", c= " << c << "\n";

int a=1,b=2;  // global
void f1();
int f2(int);
```

```
void main()
{   cout << "\nLebensdauer und Gueltigkeitsbereich\n";
    cout << "automatischer und globaler Variablen\n";
    f1();
}

void f1()
{   int c=3;
    aus("f1");
    {   float c=-98.76;
        aus("innerer Block");
        int b=3333;
        aus("innerer Block");
    }
    aus("wieder aussen ");
    float a=12.34;
    cout << "1. Aufruf von f2 -----\n";
    f2(111);
    aus("f1");
    char *b="Hallo";
    aus("f1");
    {   aus("innerer Block");
        float b=-76.54;
        aus("innerer Block");
    }
    aus("wieder aussen ");
    cout << "2. Aufruf von f2 -----\n";
    f2(222);
}

char c='!';

int f2(int a)
{   aus("f2");
    double b=-43.21;
    aus("f2");
    int c = -1;
    aus("f2");
    cout << "--- Rueckkehr aus f2 ---\n";
    return 0;
}
```

Das Programm liefert folgende Bildschirm-Ausgabe:

```
Lebensdauer und Gueltigkeitsbereich
automatischer und globaler Variablen
```

```
f1 : a= 1 , b = 2, c= 3
innerer Block : a= 1 , b = 2, c= -98.760002
innerer Block : a= 1 , b = 3333, c= -98.760002
wieder aussen  : a= 1 , b = 2, c= 3
1. Aufruf von f2 -----
f2 : a= 111 , b = 2, c= !
f2 : a= 111 , b = -43.21, c= !
f2 : a= 111 , b = -43.21, c= -1
--- Rueckkehr aus f2 ---
f1 : a= 12.34 , b = 2, c= 3
f1 : a= 12.34 , b = Hallo, c= 3
innerer Block : a= 12.34 , b = Hallo, c= 3
innerer Block : a= 12.34 , b = -76.540001, c= 3
wieder aussen  : a= 12.34 , b = Hallo, c= 3
2. Aufruf von f2 -----
f2 : a= 222 , b = 2, c= !
f2 : a= 222 , b = -43.21, c= !
f2 : a= 222 , b = -43.21, c= -1
--- Rueckkehr aus f2 ---
```

Machen Sie sich die Arbeitsweise des Programms und seine Ausgabe anhand von Abbildung 10.1.1 klar, in der die Lebensdauern und Gültigkeitsbereiche der einzelnen Variablen aufgezeichnet sind. ∎

10.2 Die Speicherklasse `register`

Ein Assembler-Programmierer verwendet für Variablen, die sehr häufig benutzt werden, nach Möglichkeit Register, da auf diese schneller zugegriffen werden kann als auf Variablen, die im Speicher stehen. In C hat man die Möglichkeit, einzelne lokale Variable oder Parameter einer Funktion mit dem Spezifizierer **register** zu versehen. Dies ist eine Bitte an den Compiler, für den betreffenden Bezeichner nach Möglichkeit ein Register zu verwenden. Da Register auf jedem Rechner immer rar sind und der Compiler außerdem für eigene Zwecke – etwa für Zwischenergebnisse – auch Register braucht, erfolgt keine Fehlermeldung oder Warnung, wenn dem Wunsch nach Verwendung eines Registers nicht entsprochen werden kann.

❏ *Beispiel 10.2.1 Register (register.cpp)*

Im folgenden Programm sollen alle Bezeichner der Funktion **fakultaet**, welche die Fakultät einer positiven ganzen Zahl berechnet, in Registern gespeichert werden.

Lebensdauer   Gültigkeitsbereich

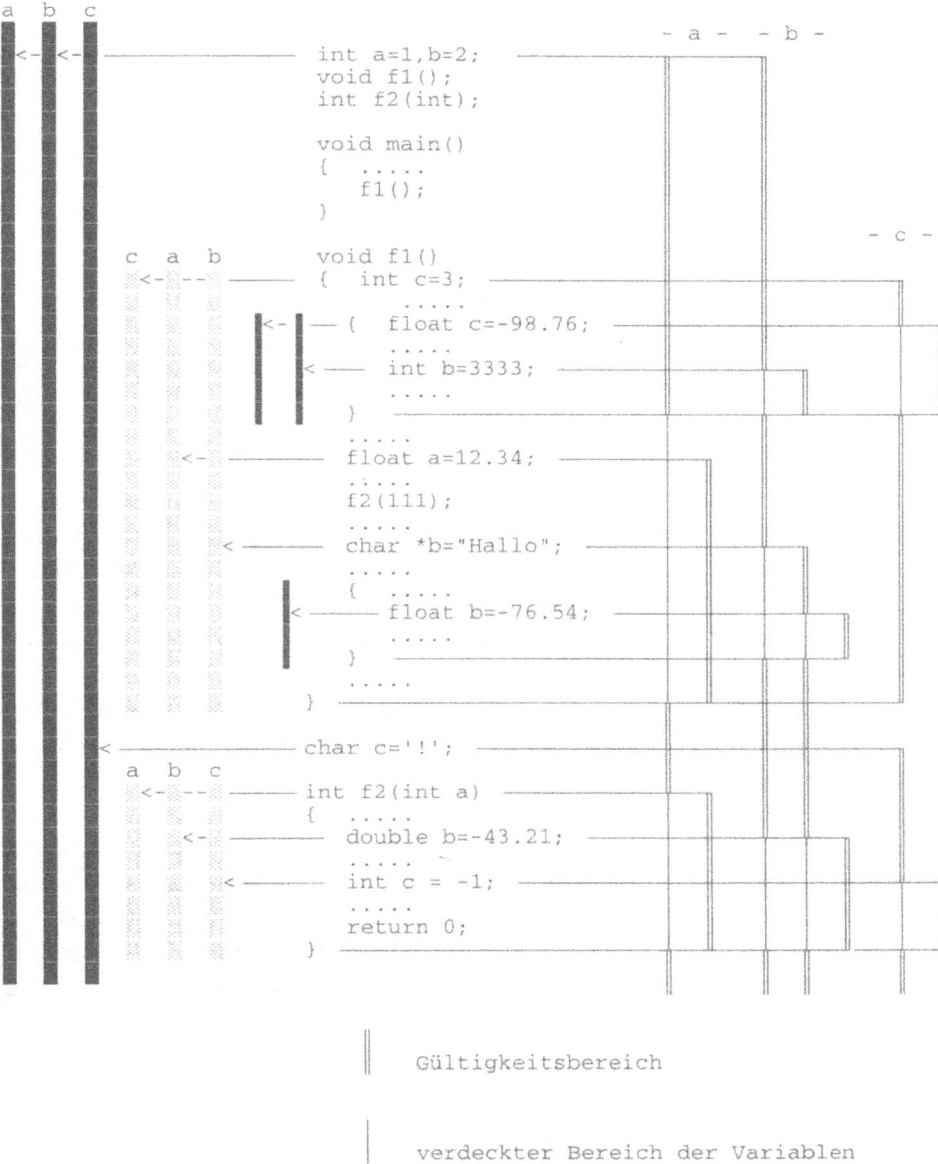

```
a   b   c                                        - a -    - b -
<-  <-  ─────────────── int a=1,b=2;
                        void f1();
                        int f2(int);

                        void main()
                        {  .....
                            f1();
                        }
                                                            - c -
    c   a   b           void f1()
    <-  --  ─────────── {  int c=3;
            <-  ─ {  float c=-98.76;
                        .....
                <── int b=3333;
                        .....
                        }
            <- ───────── float a=12.34;
                        .....
                        f2(111);
                        .....
            <───────── char *b="Hallo";
                        .....
                        {  .....
            <───────── float b=-76.54;
                        .....
                        }
                        .....
                        }
<───────────── char c='!';
a   b   c
<-  --  ─────────── int f2(int a)
                        {  .....
    <-  ─────────── double b=-43.21;
                        .....
        <───────── int c = -1;
                        .....
                        return 0;
                        }
```

‖   Gültigkeitsbereich

│   verdeckter Bereich der Variablen

Abbildung 10.1.1

131

```
#include <iostream.h>

unsigned int fakultaet(register unsigned int x)
{   register unsigned int f=1;
    for (register int i=1;i<=x;i++)
        f*=i;
    return f;
}

const N=8;
void main()
{   unsigned int x=fakultaet(N);
    cout << N << "! = " << x << '\n';
}
```

10.3 Statische Variablen

Statische Variablen werden mit dem Speicherklassen-Spezifizierer **static** vereinbart. In Bezug auf Lebensdauer und Gültigkeitsbereich nehmen statische Variablen eine Zwitterstellung zwischen lokalen und globalen Variablen ein:

- Die Lebensdauer einer statischen Variablen ist – wie bei globalen Größen – das ganze Programm.
- Der Gültigkeitsbereich einer statischen Variablen ist wie bei lokalen Variablen definiert: Er beginnt an der Deklarationsstelle und endet am Ende des Blocks, in dem die Variable vereinbart ist.

Wird eine statische Variable explizit initialisiert, so wird die Initialisierung nur beim ersten Durchlaufen der Deklaration der Variablen ausgeführt. Fehlt eine explizite Initialisierung, so erhält die statische Variable den Anfangswert 0.
Während lokale Variablen bei jedem Funktionsaufruf neue Werte erhalten, bleibt der Wert von statischen Größen zwischen den Funktionsaufrufen erhalten.

❏ *Beispiel 10.3.1   statische Variable (statisch.cpp)*

Im folgenden Programm soll für drei Funktionen die Anzahl der Aufrufe auf dem Bildschirm ausgegeben werden. Dabei wird eine statische, eine globale und eine lokale Variable verwendet. Alle drei Variablen werden an der Definitionsstelle mit 0 initialisiert. Die globale Variable kann natürlich auch außerhalb der entsprechenden Funktion verändert werden, was im Hauptprogramm auch getan wird. Auf die lokale bzw. statische Variable kann man nur innerhalb der jeweiligen Funktion zugreifen.

```
#include <iostream.h>
int glob_zaehler=0;

void fct_static()
{  static int stat_zaehler=0;
   cout << "fct_static(): " << stat_zaehler++ << '\n';
}

void fct_global()
{  cout << "fct_global(): " << glob_zaehler++ << '\n';
}

void fct_lokal()
{  int lok_zaehler=0;
   cout << "fct_lokal() : " << lok_zaehler++ << '\n';
}

void main()
{  for (int i=0;i<5;i++)
   {  fct_static();
      fct_global();
      fct_lokal();
      glob_zaehler++;   // möglich
//    stat_zaehler++;   // nicht möglich
//    lok_zaehler++;    // natürlich nicht möglich
   }
}
```

Die einzige Funktion, bei der die Aufrufe korrekt gezählt werden, ist die Funktion **fct_static()**: Sie gibt die Werte von 0 bis 4 aus. Wegen der Veränderung der globalen Größe gibt **fct_global()** nur jeden zweiten Wert aus, während **fct_lokal()** konstant den Wert 0 liefert, da die lokale Variable bei jedem Aufruf erneut mit 0 initialisiert wird. ∎

10.4 Externe Variablen

Die Deklaration einer globalen Variablen reserviert Speicherplatz und legt die Lebensdauer der Variablen fest. Soll aus verschiedenen Moduln auf dieselbe globale Variable zugegriffen werden, darf ihr natürlich nur einmal Speicherplatz zugewiesen werden. Andererseits muß man den Namen und den Typ der Variablen in den Moduln bekanntmachen, in denen sie lediglich verwendet wird. Dies geschieht mit dem Speicherklassen-Spezifizierer **extern**.

❏ *Beispiel 10.4.1 externe Variable (extern1.cpp, extern2.cpp, extern.prj)*

Datei 1:

```
// Modul 1
extern int a;
static int b;
static int c=12;

void f(int,int&);

void main()
{    a=1;
     b=2;
     f(a,b);
}
```

Datei 2:

```
// Modul 2
int a;
int b;
static int c=100;

void f(int x,int& y)
{   y=(x+y+c);
}
```

In Modul 2 werden die globalen Variablen **a** und **b** deklariert. In Modul 1 bezieht man sich über

```
extern int a;
```

auf die globale Variable **a**, der in Modul 2 schon Speicherplatz zugewiesen wurde. In beiden Moduln soll es unabhängig voneinander zwei Variablen namens **c** geben, die jeweils global im Modultext sind. Dies kann man durch den Speicherklassen-Spezifizierer **static** ausdrücken. Mischformen sind ebenfalls möglich, wie es das Beispiel der Variablen **b** zeigt: Sie ist in Modul 1 global, aber außerhalb unbekannt; die Deklaration von **b** in Modul 2 führt eine globale Variable ein, auf die in weiteren Moduln über die Vereinbarung

```
extern int b;
```

zugegriffen werden kann. ∎

Eine Variable kann direkt in der Deklaration initialisiert werden. Es macht wohl keinen Sinn, eine externe Deklaration erneut zu initialisieren. Syntaktisch ist dies zwar zulässig; dann ignoriert der Compiler das Schlüsselwort **extern**, ohne eine Warnung auszugeben. Aus einer externen Deklaration wird also eine echte Deklaration. Ändert man im Modul von Beispiel 10.4.1 die Estern-Deklaration von **a** in

```
extern int a=12;
```

so meldet der Binder (vgl- Abbildung 2.2.1) einen Fehler, da es ja dann in den beiden Moduln zwei echte Deklarationen für denselben Bezeichner **a** gibt.

Das Schlüsselwort **static** kann man auch bei Funktionen verwenden: Es besagt dann, daß die Funktionsdefinition nur in dem betreffenden Modul gilt und nicht aus anderen Moduln aufgerufen werden kann; ferner kann es auch in anderen Moduln statische Funktionen mit demselben Namen geben.

Für die globalen und externen Namen, die in mehreren Moduln verwendet werden, generiert der Compiler Namen, die vom Binder weiterverarbeitet werden können. Da man in C++ Funktionen überladen kann, generiert der Compiler für Funktionen spezielle Namen, in denen die Parameter-Typen verschlüsselt sind. In Beispiel 8.6.1 konnte man in der Assembler-Ausgabe sehen, wie das der Compiler macht: Für die Funktion

```
int Max(int,int)
```

wurde der Name **@Max$qii** erzeugt. Der Funktionsname wird also von **@** und **$q** geklammert, gefolgt von Kürzeln für die Parameter-Typen, im Beispiel zweimal **i** für die beiden **int**-Parameter.

Die klassischen C-Compiler erzeugen keine so komplizierten Namen für globale Funktionen. Dadurch ergibt sich ein Problem: Will man C++-Module und Module, die in anderen Programmiersprachen – etwa C oder Pascal – geschrieben sind, zusammenbinden, braucht man eine C-artige Namensgebung. Dies kann man durch eine Bindungsspezifizierung erreichen.

BindungsSpezifizierung : (10-2)

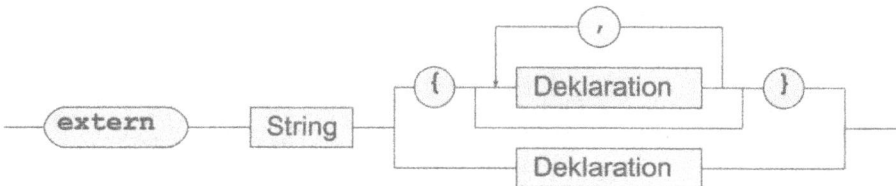

Durch die Deklaration

```
extern "C" void maximum(int,int);
```

weist man den Compiler an, den kurzen Namen **_maximum** für den Binder zu erzeugen. Man kann auch ganze Gruppen von Deklarationen mit einem Bindungsspezifizierer versehen.

```
extern "C"
```

```
{   int fct1(void);
    int fct2(float,int);
};
```

10.5   Dynamische Variablen

Bisher war die Speicherplatz-Reservierung fest mit der Programm-Struktur ver-
knüpft: Eine Varibale ist entweder lokal und belegt Speicherplatz während der
Abarbeitung der entsprechenden Funktion bzw. des zugehörigen Blocks, oder
sie ist global und belegt Speicherplatz während der gesamten Programm-Dauer.
Um unabhängig von der Programm-Struktur Speicherplatz anzufordern, kennt
C++ den Reservierungsausdruck mit dem Operator **new**.

ReservierungsAusdruck   :   (10-3)

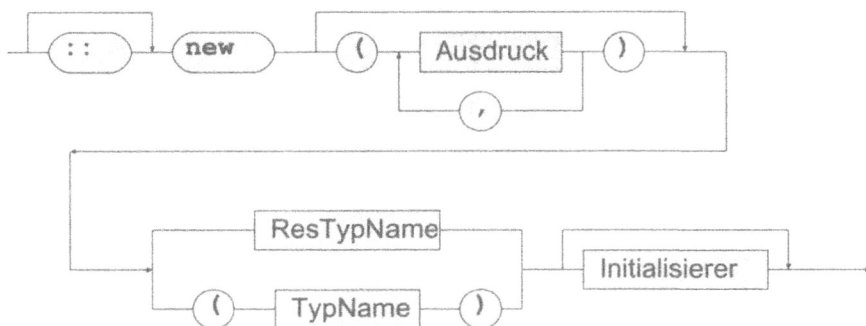

::   new   (Ausdruck   )

,

ResTypName

(TypName   )   Initialisierer

ResTypName   :   (10-4)

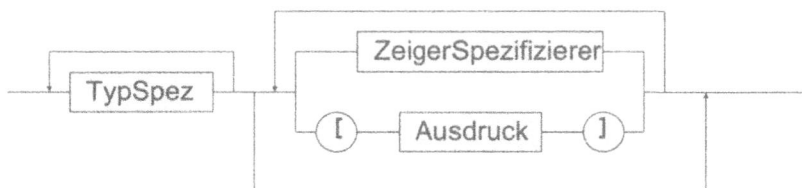

TypSpez   ZeigerSpezifizierer

[Ausdruck   ]

Das Argument des Operators **new** ist im einfachsten Fall ein Datentyp oder ein
Typ-Name. Es wird soviel Speicherplatz reserviert, wie der angegebene Datentyp bzw. Typ-Name benötigt. Der ReservierungsAusdruck liefert die Anfangsadresse auf diesen Speicherbereich zurück, die einer Zeigervariablen zugewiesen wird. War die Speicher-Reservierung nicht erfolgreich – etwa weil kein

136

Speicher mehr verfügbar ist – , wird der Zeiger **NULL** zurückgeliefert. Mit dem optionalen Initialisierer kann der Speicherbereich vorbelegt werden.

Zu gegebener Zeit sollte der mit **new** reservierte Speicherplatz wieder freigegeben werden. Auch dies muß in C++ explizit über einen Ausdruck, den Freigabe-Ausdruck, erfolgen.

FreigabeAusdruck : (10-5)

:: delete [11.2.5] castAusdruck

Der castAusdruck muß ein Zeiger auf einen Speicherbereich sein, der vorher mit **new** reserviert wurde. Mit **delete** wird dieser Speicherbereich wieder freigegeben.

❑ *Beispiel 10.5.1 new und delete (new-del.cpp)*

```
#include <alloc.h>      // für coreleft()
#include <iostream.h>

void freier_Platz()
{  cout << "Freier Speicherplatz : "
        << coreleft() << " Byte\n";
}

void main()
{  float *fp1,*fp2;
   double *dp1,*dp2;
   freier_Platz();  // vor dyn. Speicherreservierung
   fp1=new float;
   fp2=new float;
   dp1=new double;
   freier_Platz();  // nach dyn. Speicherreservierung
// hier wird mit den Zeigern gearbeitet
// z.B:
   *fp2=10; *fp1=12.34;
   *fp2=*fp1+*fp2;
   cout << *fp2 << '\n';
// usw. ...
   delete dp1;
   delete fp2;
   delete fp1;
   freier_Platz();  // nach Speicherfreigabe
}
```

137

Mit der Bibliotheksfunktion **coreleft()** kann man sich den freien dynamischen Speicher anzeigen lassen. Diese Funktion ist nur unter DOS verfügbar, nicht unter Windows. ■

Die dynamische Speicher-Reservierung wird vorwiegend bei komplexeren Datenstrukturen und Klassen verwendet, die in den beiden nächsten Kapiteln behandelt werden. Die rekursiven Datenstrukturen, die in Kapitel 14 besprochen werden, könnten ohne die dynamische Speicher-Reservierung nicht realisiert werden.

In C gibt es die beiden Operationen **new** und **delete** nicht. Hier werden stattdessen die Bibliotheksfunktionen **malloc** und **free** sowie ihre Varianten verwendet, die wesentlich unhandlicher zu bedienen sind als die beiden neuen C++-Operatoren. Wer trotzdem diese Bibliotheksfunktionen verwenden will – die auch in der C++-Bibliothek verfügbar sind – möge sich in der Hilfe über den korrekten Aufruf informieren.

10.6 Benennung von Datentypen

Im nächsten Kapitel werden wir sehen, wie man aus den Basis-Datentypen komplizierte Datenstrukturen zusammenbauen kann. Hierbei kann es zweckmäßig sein, für die komplizierten Datenstrukturen neue aussagekräftige Namen einzuführen. Mit dem Schlüsselwort **typedef** kann man Synonyme für andere Datentypen einführen:

```
typedef float Gleitpunkt;
typedef int* Zeiger;

void main()
{   Gleitpunkt f1=12.34,g;
    Zeiger p1,p2;
    . . .
}
```

Die Variablen **f1** und **g** sind vom Datentyp **float** (Synonym: **Gleitpunkt**), **p1** und **p2** sind Zeiger auf **int** (Synonym: **Zeiger**).
Es sei ausdrücklich darauf hingewiesen, daß mit **typedef** keine Variablen deklariert werden; es wurde nur deshalb in das Syntax-Diagramm (10-1) aufgenommen, weil **typedef** syntaktisch ähnlich verwendet wird wie die anderen Speicherklassen-Spezifizierer.

```
static  unsigned long int riesig;
          // definiert eine Variable
typedef unsigned long int Riesig;
          // Synonym
```

Hier wird in der ersten Zeile eine Variable **riesig** vereinbart, während die **typedef**-Zeile lediglich ein Synonym **Riesig** für den Datentyp **unsigned long int** einführt, den man etwa in der folgenden Deklaration verwenden kann:

```
Riesig gross;
```

11 Zusammengesetzte Datenstrukturen

11.1 Motivation

Häufig möchte man in einem Programm eine Ansammlung von Daten als Einheit behandeln. Ein typisches Beispiel hierfür ist eine Kartei-Karte, auf der Daten unterschiedlicher Datentypen zusammengefaßt werden. Abbildung 11.1.1 zeigt das Karteiblatt einer Literatur-Kartei. In C kann man solche Datenstrukturen mit dem Schlüsselwort **struct** definieren, was wir in Abschnitt 11.3 behandeln. Faßt man eine Menge solcher Kartei-Karten in einem Karteikasten zu einer Kartei zusammen, so hat man eine Menge von *gleichartigen* Daten; dies wird in C als Vektor bezeichnet. Auch Zeichenreihen, die wir ja schon öfters benutzt haben, sind Zusammenfassungen gleichartiger Daten, nämlich Folgen von Zeichen. In Abschnitt 11.2 werden die Vektoren behandelt.

Unsere Kartei-Karte hat einen gravierenden Nachteil: Sie ist speziell auf Bücher ausgerichtet. Wenn wir auch Zeitschriften aufnehmen wollen, müssen wir den Aufbau des Kartei-Blattes etwas modifizieren: Anstelle des Verlages, der Gesamt-Seitenzahl und des Preises braucht man etwa Einträge für Heftnummer so-

Autor	**14 Zeichen**
Titel	**20 Zeichen**
Jahr - - - -	**ganzzahlig**
Art .	**1 Zeichen**
Verlag	**15 Zeichen**
Seiten - - - -	**ganzzahlig**
Preis - - - . - -	**reell**

Abbildung 11.1.1: Kartei-Karte

wie Anfangs- und Endseite des Artikels. Diese Einträge sind eine *Alternative* zu den Einträgen Verlag, Gesamt-Seitenzahl und Preis. In C beschreibt man diesen Sachverhalt mit *Unions*, die in Abschnitt 11.4 behandelt werden.

Das Besetzen und Selektieren von Bitmustern aus einer Folge von Bits gehört zu den Standard-Aufgaben der System-Programmierung. Da C ursprünglich zur Implementierung des portablen Betriebssystem UNIX entworfen wurde, verfügt es natürlich über Sprachmittel zur Manipulation von Bit-Mustern, die in Abschnitt 11.5 besprochen werden.

11.2 Vektoren

11.2.1 Definition und Verwendung einfacher Vektoren

Mit Vektoren kann man eine Folge von Elementen gleichen Datentyps über einen gemeinsamen Namen ansprechen. Die Vereinbarung

```
int feld[10];
```

definiert einen Vektor namens **feld** mit 10 ganzzahligen Elementen (vgl. Syntax-Diagramm (4-10)). Auf die einzelnen Elemente des Vektors **feld** greift man über die indizierten Variablen

```
feld[0], feld[1], feld[2], ..., feld[9]
```

zu (vgl. Syntax-Diagramm (5-11)). Man beachte, daß die Indizierung der Vektor-Elemente in C immer bei 0 beginnt! Der Name **feld** bezeichnet die Anfangsadresse des Feldes, d.h. die Adresse des Elementes **feld[0]** (siehe Abbildung 11.2.1). Vektoren und Zeiger stehen in einer engen Beziehung. Nach der Deklaration

```
int *feldzeiger;
```

kann man dieser Zeiger-Variablen die Anfangsadresse **feld** zuweisen:

```
felzeiger=feld;
```

Jetzt kann man wahlweise über den Namen **feld** oder **feldzeiger** auf die Feld-Elemente zugreifen:

```
int i;
i=*feld;
```

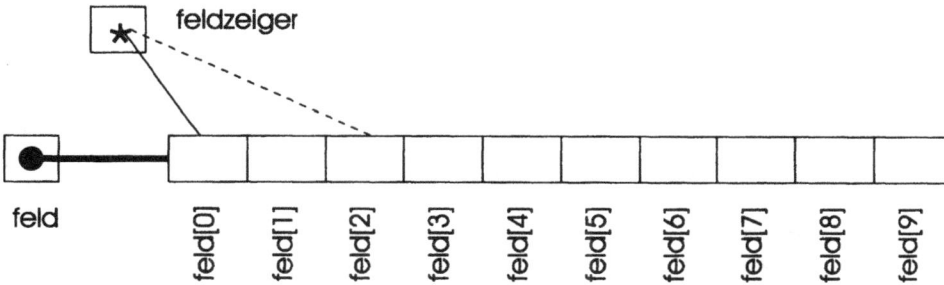

Abbildung 11.2.1

```
   /* i=Wert des 0. Feld-Elements feld[0] */
i=*(feldzeiger+2);
   /* i=Wert des 2. Feld-Elements feld[2] */
i=feldzeiger[2];    /* dito */
i=feld[2];          /* dito */
```

Während **feld** unveränderlich die Anfangsadresse des Feldes enthält, kann man **feldzeiger** eine Adresse zuweisen. **feldzeiger** ist ja eine Variable; dagegen ist der Bezeichner **feld** eine *Adreßkonstante*. Zeigt **feldzeiger** auf ein bestimmtes Feld-Element, so zeigt **feldzeiger+1** auf das nächste Feld-Element. Man kann also auf Vektor-Elemente wahlweise über Indizes oder indirekt über die Adresse zugreifen. Der Leser möge sich klarmachen, daß die folgenden nebeneinanderstehenden Ausdrücke jeweils dasselbe bewirken:

```
feld        gleichwertig zu   &feld[0]
feld[i]     gleichwertig zu   *(feld+i)
feld+i      gleichwertig zu   &feld[i]
```

Will man einen Vektor **v1** elementweise in einen zweiten Vektor **v2** kopieren, so kann man dies *nicht* durch eine einfache Wertzuweisung

```
v2 = v1;
```

erledigen. Die Elemente müssen einzeln nach **v2** kopiert werden. In Kapitel 12 werden wir allerdings besprechen, wie man in C++ den Zuweisungsoperator auch auf Vektoren erweitern kann. Das folgende Beispiel zeigt verschiedene Möglichkeiten, ein Zahlenfeld elementweise in ein anderes zu kopieren.

□ *Beispiel 11.2.1   Vektor kopieren (vektor1.cpp)*

```
#include <stdlib.h>
#include <time.h>
#include <iostream.h>

void main()
{   int v1[10],v2[10],*z1,*z2;
    int i;
    unsigned s;
    time_t timer;

    /* initialisiert den Zufallsgenerator
       mit der Systemzeit */
    s = (unsigned) time(&timer);
    srand(s);
    cout << "\nFeld v1:\n";

// Vektor v1 mit Zufallszahlen fuellen
    for (i=0;i<10;i++)
    {   v1[i]=rand() % 100;
        cout << v1[i] << "   ";
    }
    cout << "\nkopiertes Feld v2:\n";
// kopieren und Ausgabe ueber Zeiger
    z1=v1; z2=v2;
    for (i=0;i<10;i++)
    {   *z2=*z1++;
        cout << *z2++ << "   ";
    }
    cout << '\n';
}
```

In der ersten Schleife wird auf die Elemente des Vektors **v1** über Indizes zuge-griffen. Die Kopie von **v1** nach **v2** und die Ausgabe von **v2** erfolgt in der zwei-ten Schleife indirekt über Adressen. Man beachte dabei, an welchen Stellen die Adressen weitergeschaltet werden!   ∎

Ebenso wie einfache Variablen kann man auch Vektoren gleich bei der Deklara-tion initialisieren. Im Syntax-Diagramm (4-8) wurden verschiedene Formen für Initialisierer angegeben; für Vektoren wird eine mit geschweiften Klammern geklammerte InitListe verwendet.

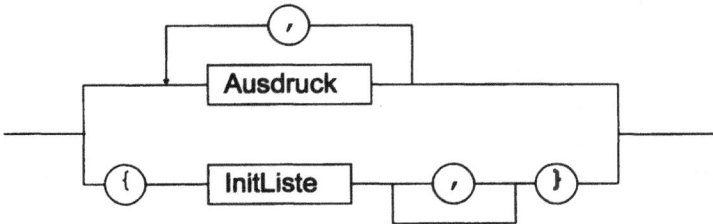

InitListe : (11-1)

Unser Zahlenfeld **feld** wird durch

$$\text{int feld[10] = \{0,2,4,6,8,10,12,14,16,18\};}$$

mit den angegebenen Werten initialisiert, und zwar erhält **feld[0]** den Anfangswert 0, **feld[1]** den Anfangswert 2 usw. Es können auch weniger Anfangswerte angegeben werden als der Vektor Elemente besitzt; dann werden die Elemente, für die kein Anfangswert angegeben ist, mit 0 initialisiert. Werden zu viele Anfangswerte angegeben, so meldet der Compiler einen Fehler.

Wird ein Vektor vollständig initialisiert, so kann man bei der Deklaration die Vektorlänge, die zwischen den eckigen Klammern steht, auch weglassen; der Compiler berechnet sich aus den angegebenen Anfangswerten die Anzahl der Elemente.

❑ *Beispiel 11.2.2 Vektoren intialisieren (vektor2.cpp)*

```
#include <iostream.h>

void main()
{   int v1[10] = { 0,2,4,6,8 },
        v2[]    = { 1,2,3,4,5,6,7,8,9,10,11,12,13,14 },
        lg1,lg2,*z;

    cout << "Berechnung der Laenge von v1:   ";
    lg1 = sizeof v1 / sizeof v1[0];
    cout << lg1 << '\n';

    cout << "Berechnung der Laenge von v2:   ";
    lg2 = sizeof v2 / sizeof v2[0];
    cout << lg2 << '\n';
```

145

```
      cout << "Feld v1:\n";
      for (int i=0;i<lg1;i++)
         cout << v1[i] << "   ";

      z=v2;
      cout << "\nFeld v2:\n";
      for (i=0;i<lg2;i++)
         cout << *z++ << "   ";
      cout << '\n';
}
```

Der Operator **sizeof** berechnet die Größe der angegebenen Vektoren in *Bytes*. Um auf die Anzahl der Elemente der Vektoren zu kommen, muß man diese Zahl noch durch die Byte-Anzahl eines Vektor-Elementes dividieren. Unabhängig von der Vektor-Länge existiert das 0-te Element immer, da ein Vektor mindestens ein Element enthalten muß. ■

11.2.2 Variablen für Zeichenreihen

Zeichenreihen sind Vektoren, deren Elemente den Typ **char** haben. So definiert

```
      char zeile[81];
```

einen Vektor **zeile**, der bis zu 80 ASCII-Zeichen aufnehmen kann. Das Ende einer Zeichenreihe wird in C durch das NUL-Byte '**\0**' angezeigt. Mit der Anweisung

```
      cin >> zeile;
```

kann man einen Text in den Vektor einlesen. Die Eingabe endet durch Drücken der RETURN-Taste. Es ist wohl klar, daß man den Vektor nicht immer ganz füllen muß. Somit kann man in die Variable **zeile** maximal 80 Zeichen einlesen; das abschließende NUL-Byte ist dann das letzte Zeichen.

Für die Manipulation von Zeichenreihen – wie Kopieren, Vergleichen, Längenberechnung – steht in C ein Fülle von Bibliotheksfunktionen zur Verfügung, deren Signaturen in der Definitionsdatei **string.h** zu finden sind.

Wir wollen uns jetzt dem Problem der Initialisierung von Zeichenreihen-Variablen zuwenden. Eine konstante Zeichenreihe wie

```
      "Hallo Leute"
```

ist ein Vektor, dessen Elemente vom Typ **char** sind. Abgeschlossen wird diese Zeichenreihe durch das NUL-Byte; daher benötigt die obige konstante Zeichenreihe einen Speicherplatz von 12 Byte. Will man eine Zeichenreihen-Variable initialisieren, so kann man dies ebenso wie bei unserem Zahlen-Feld machen:

```
char string[12] = {'H','a','l','l','o',
                   ' ','L','e','u','t','e','\0'};
```

Eine kürzere Schreibweise hierfür ist

```
char string[12] = "Hallo Leute";
```

Die Zeichenreihen-Konstante enthält bereits das abschließende NUL-Byte (siehe Abschnitt 4.2). Wird die Zeichenreihen-Variable *vollständig* initialisiert, kann man wieder die Vektorlänge weglassen:

```
char str[] = "Hallo Leute";
```

Eine Zeichenreihen-Konstante besitzt einen Zeiger, der auf den Anfang dieser Konstanten zeigt. Diesen (konstanten) Zeiger kann man einer Zeiger-Variablen zuweisen:

```
char *z_string = "Hallo Leute";
```

Man beachte den Unterschied zwischen den Variablen **string** und **z_string**:
- **string** ist eine Variable, die Zeichenreihen bis maximal 11 Zeichen und das NUL-Byte aufnehmen kann; sie wurde mit der Zeichenreihe **"Hallo Leute"** initialisiert. Im Verlauf des Programms kann sie andere Zeichenreihen aufnehmen; **string** wird aber immer auf denselben Speicherplatz zeigen.
- **z_string** ist eine Adreß-Variable, die auf die konstante Zeichenreihe **"Hallo Leute"** zeigt. Im Verlauf des Programms kann **z_string** auf eine andere Zeichenreihe zeigen.

11.2.3 Mehrdimensionale Vektoren

Will man in C mit einem mehrdimensionalen Feld – etwa mit einer Matrix – arbeiten, muß man dies als einen Vektor von Vektoren einführen. Eine 4*6-Matrix ganzer Zahlen definiert man wie folgt:

```
int matrix[4][6];
```

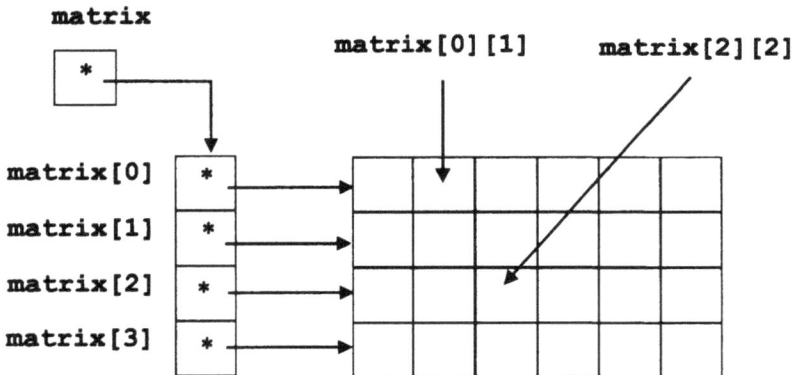

Abbildung 11.2.2

Dabei ist **matrix** ein konstanter Zeiger auf einen Vektor von vier Elementen, die jeweils konstante Zeiger auf Vektoren von 6 ganzen Zahlen sind (siehe Abbildung 11.2.2). Der erste Index gibt also den Zeilenindex, der zweite den Spaltenindex an.

❑ *Beispiel 11.2.3 Transponierte Matrix (transpon.cpp)*

Das folgende Programm belegt eine 4*6-Matrix mit ganzzahligen Zufallszahlen, bildet die transponierte Matrix (Spalten und Zeilen werden vertauscht) und druckt beide Matrizen aus.

```
#include <stdlib.h>
#include <iostream.h>
#include <time.h>

void main()
{  int matrix[4][6],
   transponierte[6][4],*elem;
   unsigned s;
   time_t timer;

   /* initialisiert den Zufallsgenerator
      mit der Systemzeit */
   s = (unsigned) time(&timer);
   srand(s);

   elem=matrix[0];
```

```
for (int i=0;i<4*6;i++)
{   int wert=rand() % 200;
    *elem++=wert;
}

cout << "\nurspruengliche Matrix";
int j;
for (i=0;i<4;i++)
{   cout << "\nZeile " << i << ": ";
    for (j=0;j<6;j++)
        cout << matrix[i][j] << ' ';
}

cout << "\nTransponierte";
// Besetzung der transponierten Matrix
for (i=0;i<4;i++)
    for(j=0;j<6;j++)
        transponierte[j][i]=matrix[i][j];
elem=&transponierte[0][0];
j=0;
for (i=0;i<6*4;i++)
{   if ((i % 4)==0)
        cout << "\nZeile " << j++ << ": ";
    cout << *elem++ << ' ';
}
}
```

Die Initialisierung der Matrix erfolgt über einen int-Zeiger namens elem, der
in der ersten Schleife durch die ganze 4*6-Matrix läuft. Die ursprüngliche Matrix wird über eine Doppelschleife ausgegeben, während die transponierte Matrix über den int-Zeiger elem ausgegeben wird.   ∎

Mehrdimensionale Vektoren können auch initialisiert werden, wobei man die
Initialisierungswerte der einzelnen Zeilen in separate Klammerpaare ein-
schließen kann.

```
int mat33[3][3] = { {1,2,3}, {4,5,6}, {7,8,9} };
```

Wie bei eindimensionalen Vektoren braucht man nicht alle Elemente zu initialisieren; die nicht angegebenen Elemente werden dann mit 0 vorbesetzt. Die Initialisierung

```
int mat33[3][3] = { {1,2}, {4}, {7,8} };
```

liefert somit den Matrix-Inhalt

```
1   2   0
4   0   0
7   8   0
```

Man kann eine Matrix auch mit Werten in einfachen Klammerpaaren initialisieren; dann werden die Matrix-Elemente der Reihe nach zeilenweise mit den angegebenen Werten initialisiert, fehlende Werte erhalten wieder den Anfangswert 0. Man beachte genau den Unterschied der beiden folgenden Deklarationen:

```
int mat1[5][5] = { {1,2,3}, {4,5,6}, {7}, {8,9} };
int mat2[5][5] = { 1,2,3,4,5,6,7,8,9 };
```

Matrix **mat1** erhält den Anfangsinhalt

```
1   2   3   0   0
4   5   6   0   0
7   0   0   0   0
8   9   0   0   0
0   0   0   0   0
```

während Matrix **mat2** mit den Werten

```
1   2   3   4   5
6   7   8   9   0
0   0   0   0   0
0   0   0   0   0
0   0   0   0   0
```

initialisiert wird.

In C lassen sich natürlich auch noch Vektoren höherer Dimensionen deklarieren; so ist etwa

```
float fuenf_dim[3][4][5][6][7];
```

ein fünf-dimensionales Feld aus **float**-Werten mit 3*4*5*6*7 = 2520 Elementen.

11.2.4 Vektoren als Parameter

Vektoren werden an Funktionen als Zeiger auf die Datenstruktur übergeben. Dabei gibt es in C zwei gleichwertige Schreibweisen: Bei einem eindimensionalen Vektor

```
int v[10];
```

kann man entweder die Form

```
void f(int *v);
```

oder

```
void f(int v[]);
```

verwenden. Intern sind beide Formen völlig identisch; die zweite Form erinnert aber an den indizierten Zugriff auf die Elemente und sollte der ersten Form vorgezogen werden.

Übergibt man an eine Funktion einen zweidimensionalen Vektor, so übergibt man ja in Wirklichkeit einen Zeiger auf einen Vektor von Zeigern auf Vektoren einer bestimmte Dimension. Ein zweidimensionaler Vektor

```
int matrix[4][6];
```

wird z.B. als Zeiger auf einen Vektor von Zeigern auf 6 **int**-Größen übergeben (vgl. Abbildung 11.2.2). Im folgenden Beispiel wird eine Funktion formuliert, die eine Matrix des obigen Typs zeilenweise auf dem Bildschirm ausgibt.

❑ *Beispiel 11.2.4   Matrix ausgeben (mat-aus.cpp)*

```
void matrix_ausgabe(const int m[][6])
{    int i,j;
     for (i=0;i<4;i++)
     {   cout << '\n';
         for (j=0;j<6;j++)
             cout << m[i][j] << ' ';
     }
}
```

Wenn man der Funktion **matrix_ausgabe** einen Zeiger auf eine Matrix übergibt, könnte man den Wert einzelner Elemente dieser Matrix in der Funktion verändern. Im Beispiel wurde ein *konstanter Zeiger* vom Typ **const int[][6]** verwendet; dadurch wird dem Compiler angezeigt, daß man nur lesend und nicht schreibend auf die Matrix zugreifen möchte. Im folgenden Beispiel wird eine Funktion zum Kopieren von Matrizen vorgestellt.

❑ *Beispiel 11.2.5* *Matrix kopieren (mat-kopi.cpp)*

```
void matrix_kopieren(int aus[][6],
                const int ein[][6])
{   int i,j;
    for (i=0;i<4;i++)
        for (j=0;j<6;j++)
            aus[i][j]=ein[i][j];
}
```

Wenn man auch den ersten Parameter mit dem Schlüsselwort **const** als konstante Adresse vereinbaren würde, würde der Compiler eine unzulässige Wertzuweisung an **aus[i][j]** erkennen und folgende Fehlermeldung ausgeben:

```
Error MAT-KOPI.CPP 13: Cannot modify a const object   ■
```

11.2.5 Dynamische Vektoren

Vektoren können mit dem Operator **new** dynamisch erzeugt und mit dem Operator **delete** wieder getilgt werden (vgl. Abschnitt 10.5). Wie bei Parametern müssen alle Dimensionen außer der ersten durch einen Konstanten-Ausdruck angegeben werden. Die erste Dimension kann variabel sein.
Bei der Speicher-Freigabe mit **delete** wird vor dem Zeiger ein leeres Klammerpaar **[]** angegeben (vgl. Syntax-Diagramm (10-5)).

❑ *Beispiel 11.2.6* *Text in passenden Speicher lesen (dyn-vekt.cpp)*

Im folgenden Programm wird eine Einlese-Routine für Texte realisiert. Zunächst wird in der Funktion **string_einlesen** ein Text in einen hinreichend grossen Puffer eingelesen. Anschließend wird über **new** Speicherplatz dynamisch angefordert, in den der eingelesene Text genau paßt.

```
#include <iostream.h>
#include <string.h>
#include <alloc.h>

//****************************
char* string_einlesen()     // *
//****************************
{   char puffer[513],*erg;
    cout << "Eingabe:";
    cin  >> puffer;
    erg=new char[strlen(puffer)+1];//NUL-Byte
    strcpy(erg,puffer);
    return erg;
```

```
}

//****************
void main()    // *
//****************
{   char *z1,*z2;
    z1=string_einlesen();
    z2=string_einlesen();
    cout << z1 << "\n" << z2 << '\n';
    delete [] z1;
    delete [] z2;
    z1=string_einlesen();   // (*) siehe Text (*)
    z2=string_einlesen();
    cout << z1 << "\n" << z2 << '\n';
    delete [] z1;
    delete [] z2;
}
```

Man beachte, daß vor dem Einlesen einer neuen Zeichenreihe nach **z1** bzw. **z2** der vorher zugewiesene Speicherplatz mit **delete** freigegeben werden muß. Wenn man dies vergißt, passiert folgendes: Bei dem mit **(*)** gekennzeichneten Funktionsaufruf wird der Zeiger **z1** neu besetzt. Damit haben wir die Adresse auf den Speicherbereich der erste Eingabe verloren, und es besteht keine Möglichkeit mehr, diesen Speicherbereich freizugeben. ■

Der Operator **new** liefert den Wert **NULL** zurück, wenn die Speicher-Anforderung erfolglos war. Also sollte man nach jeder Anwendung von **new** den Rückgabe-Wert überprüfen. C++ bietet hierfür eine elegantere Methode an: Mit Hilfe der Bibliotheksfunktion **set_new_handler**, deren Signatur in **new.h** steht, kann man eine Funktion angeben, die automatisch nach einer fehlgeschlagenen Speicher-Anforderung aufgerufen wird.

❏ *Beispiel 11.2.7   set_new_hanlder (new-hand.cpp)*

```
#include <iostream.h>
#include <conio.h>
#include <new.h>
#include <stdlib.h>

int kb;  // KByte-Zaehler
//*********************
void mem_warn()    // *
//*********************
{
```

```
    cout << "\nFehler bei new !\n";
    cout << kb << " KByte konnten gerade nicht mehr"
                    " reserviert werden\n";
  set_new_handler(0);
  // zurueck zur Voreinstellung:
  // keine   Fehlerbehandlung
  getch();
  exit(1);
  }

//**************
void main()   // *
//**************
{ set_new_handler(mem_warn);
  char *ptr;

  for (kb=1;;kb++)
  {  ptr = new char[1024];
     cout << kb << " KByte reserviert\n";
     if (kb>1024)
     {   cout << "mehr als 1 MB\n";
         getch();
         break;
     }
  }
}
```

Das Programm testet, wieviel dynamischer Speicher verfügbar ist. Dazu werden in der unendlichen Schleife in **main** jeweils Blöcke von 1 KByte angefordert. Wenn schließlich **NULL** zurückgeliefert wird, wird die im Parameter von **set_new_handler** angegebene Funktion aufgerufen. Nach spätestens 1024 Blöcken wird abgebrochen. Diese Stelle erreicht das Programm, wenn das Betriebssystem den dynamischen Speicher nötigenfalls auf die Platte auslagert, was z.B. bei Windows der Fall ist. ∎

11.2.6 Kommandozeilen-Parameter

Einem C-Programm kann man beim Aufruf in der Kommandozeile Parameter mitgeben, die dann innerhalb des Programms ausgewertet werden können. Hierzu muß das Hauptprogramm **main** mit zwei Parametern aufgerufen werden:

```
void main(int argc,char *argv[])
```

Der erste Parameter **argc** enthält die Anzahl der beim Aufruf angegebenen Parameter; der Programm-Name wird dabei auch als Parameter betrachtet. Der zweite Parameter **argv** ist ein Zeiger auf einen Vektor von Zeichenreihen, der die einzelnen Aufruf-Parameter enthält.

❑ *Beispiel 11.2.8   Kommandozeilen-Parameter (kompar.cpp)*

Das folgende Programm sei unter dem Namen **KOMPAR.CPP** abgespeichert. Die Übersetzung liefert also das ausführbare Programm **KOMPAR.EXE**.

```
#include <iostream.h>

void main(int argc,char *argv[])
{   cout  << "Form des Aufrufs von " << argv[0]
          << "\nmit " << (argc-1)
          << " weiteren Parametern\n";
   for (int i=1;i<argc;i++)
      cout << i << ". Parameter: " << argv[i] << '\n';
}
```

Der Aufruf

```
KOMPAR eins zwei drei vier fünf
```

liefert dann die Ausgabe der einzelnen Parameter des Aufrufs:

```
Form des Aufrufs von KOMPAR mit 5 weiteren Parametern
1. Parameter:  eins
2. Parameter:  zwei
3. Parameter:  drei
4. Parameter:  vier
5. Parameter:  fünf
```

C++ stellt für **main** noch einen optionalen dritten Parameter zur Verfügung, mit dem man auf die Liste der sog. Umgebungsvariablen (engl. environment variables) Zugriff hat.

```
void main(int argc,char* argv[], char* env[])
```

Der Parameter **env** enthält eine Liste von Strings, die mit dem leeren String abgeschlossen wird.

❏ *Beispiel 11.2.9   Kommandozeilen-Parameter und Umgebungsvariablen (environ.cpp)*

Das folgende Programm druckt außer den Kommandozeilen-Parametern die Umgebungsvariablen aus.

```
#include <iostream.h>

void main(int argc,char *argv[],char* env[])
{  cout  << "Form des Aufrufs von " << argv[0]
          << "\nmit " << (argc-1)
          << " weiteren Parametern\n";
   for (int i=1;i<argc;i++)
      cout << i << ". Parameter: " << argv[i] << '\n';
   for (i=0;env[i]!= NULL;i++)
      cout << i << ". Umgebungsvariable: "
           << env[i] << '\n';
}                                                              ■
```

11.3   Strukturen

Daten unterschiedlicher Typen kann man in C in einer *Struktur* unter einem Namen zusammenfassen. Die Kartei-Karte, die in Abbildung 11.1.1 angegeben wurde, hat in C folgende Typ-Definition:

```
struct karteikarte
{    char autor[15];
     char titel[21];
     char art; // B fuer Buch usw.
     char verlag[16];
     int jahr;
     unsigned seiten;
     float preis;
};
```

Mit dieser Definition wird lediglich ein neuer Datentyp **struct kartei-karte** eingeführt, der aus sieben *Komponenten* besteht. Es wird *kein* Speicherplatz reserviert. Der Datentyp **struct karteikarte** kann bei der Deklaration von Variablen wie die einfachen Datentypen **int** oder **float** verwendet werden:

```
struct karteikarte k1,k2;
```

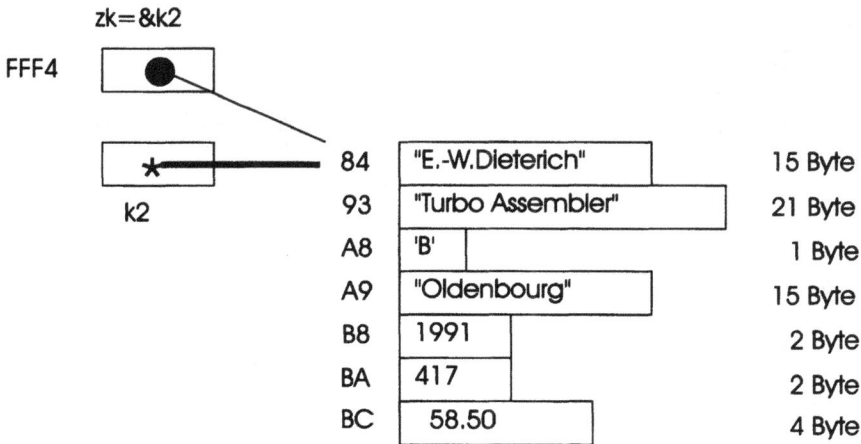

Abbildung 11.3.1

Hier werden zwei Variablen **k1** und **k2** eingeführt, die jeweils so groß sind, daß sie die oben angegebenen Komponenten aufnehmen können. Auf die einzelnen Komponenten der Strukturvariablen greift man über den Punkt-Operator zu (siehe Syntax-Diagramm (5-11)):

```
k1.art='B';
cout << k1.autor << '\n';
```

Wie bei Vektoren haben die Struktur-Variablen als Wert die Anfangsadresse der Struktur (siehe Abbildung 11.3.1).

In C++ muß man bei den Deklarationen das Schlüsselwort **struct** nicht wiederholen. Damit kann man die obige Deklaration kürzer schreiben:

```
karteikarte k1,k2;
```

In C ist diese Kurzschreibweise nicht erlaubt. Will man hier die umständliche Schreibweise mit **struct** vermeiden, kann man eine Typdefinition schreiben und anschließend nur noch den Namen **Karte** verwenden.

```
typedef struct karteikarte Karte;
Karte k1,k2;
```

Der allgemeine Aufbau einer Struktur-Definition ist in den folgenden Syntax-Diagrammen beschrieben, die wir im nächsten Abschnitt weiter verfeinern werden:

157

KlassenSpez : (11-2)

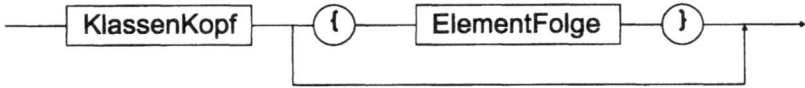

KlassenKopf : (11-3)

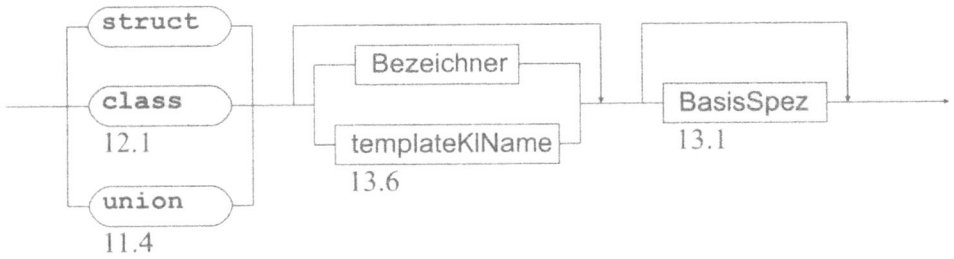

ElementFolge :

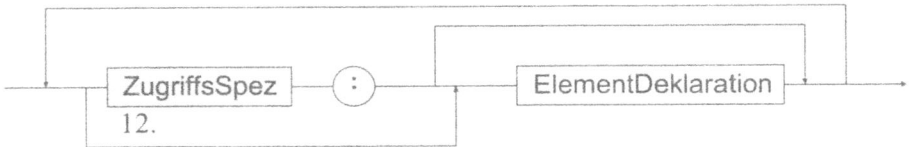

ElementDeklaration : (11-5)

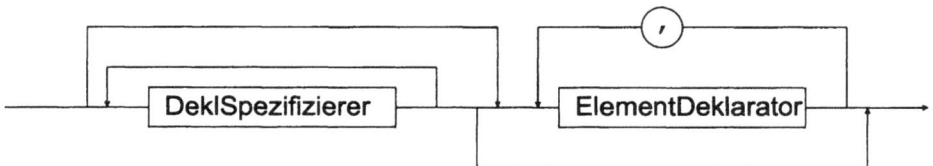

| ElementDeklarator | : | (11-6) |

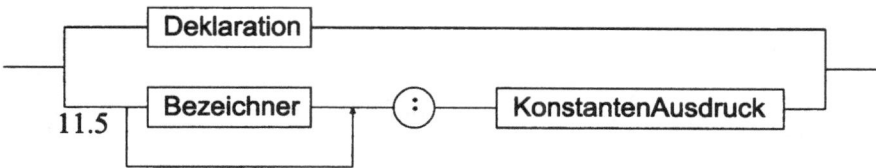

Die ElementFolge betrachten wir zunächst als eine Folge von Deklarationen. Im nächsten Kapitel werden wir das vollständige Syntax-Diagramm behandeln. Ferner wird dort auch das Syntax-Diagramm (11-5) erweitert.

Der Bezeichner **karteikarte** heißt *Etikette* (oder engl. *tag*) der Struktur. Zusammen mit der Typ-Definition kann man gelichzeitig auch Struktur-Variablen vereinbaren:

```
struct karteikarte
{    char autor[15];
     char titel[21];
     char art; // B fuer Buch usw.
     char verlag[16];
     int jahr;
     unsigned seiten;
     float preis;
} k1, k2;
```

Nach Syntax-Diagramm (11-3) kann man auch noch die Etikette der Struktur weglassen; dann gibt es einfach die Variablen **k1** und **k2**. Der Strukturtyp kann dann aber später im Programm – etwa als Typ eines Funktionsparameters oder Ergebnistyp einer Funktion – nicht mehr verwendet werden.

Die Namen der Komponenten einer Struktur sind *lokal zu der Struktur*, d.h. in unterschiedlichen Strukturen können dieselben Komponenten-Namen vorkommen. Die Komponenten dürfen fast jeden beliebigen Datentyp haben; einzige Ausnahme in C++ ist, daß eine Struktur nicht sich selbst als Komponente enthalten kann. Es sind aber bereits definierte Strukturen und Zeiger auf die eigene Struktur als Komponenten erlaubt. Wir werden in Abschnitt 14.2 darauf zurückkommen.

```
struct beispiel
{    char text[19];
     beispiel *zeiger;
```

```
        karteikarte karte;
  };
```

Struktur-Variablen kann man bei der Deklaration initialisieren. Dabei werden wie bei der Initialisierung von Vektoren wieder geschweifte Klammern { und } verwendet. Im folgenden wird eine Struktur definiert, die andere Strukturen und Vektoren als Komponenten enthält.

```
struct Feld
{  int v[4];
   char text[10];
};

struct Zeichen
{  char c1,
        c2,
        c3;
};

struct Kombi
{   int x;
    Feld f;
    float y;
    Zeichen s;
    Kombi *z;
};
```

Dann erhält die initialisierende Deklaration von **k1**

```
Kombi k0,
    k1={0,
        {{1,2,3,4},"Hurra"},
        12.34e5,{'A','B','C'},&k0
        };
```

die in Abbildung 11.3.2 angegebenen Anfangswerte.

```
Kombi k1 =

   { 0,
      { { 1,2,3,4},
        "Hurra" },
      12.34e5,
      { 'A',
        'B',
        'C' },
      &k0
   };
```

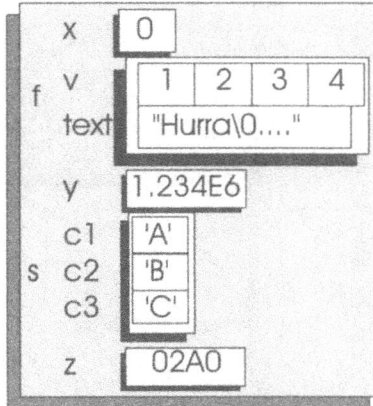

Abbildung 11.3.2

Ist die Zuordnung klar, kann man die Klammerpaare ganz oder teilweise weglassen. So liefert die Deklaration

```
Kombi k1={0,1,2,3,4,"Hurra",12.34e5,'A','B','C',&k0};
```

ebenfalls die in Abbildung 11.3.2 angegebenen Anfangswerte für **k1**.
Wird durch Klammern angezeigt, daß manche Komponenten *nicht* initialisiert werden sollen, so erhalten sie den Wert **0**, also für numerische Komponenten den Zahlenwert **0**, für Zeichenreihen die leere Zeichenreihe, für Komponenten vom Typ **char** das NUL-Byte (ASCII-Zeichen 0) und bei Zeigern den NULL-Zeiger. Nach der Deklaration

```
Kombi k2={-1,{{1,2},"Nanu"}};
```

hat die Variable die in Abbildung 11.3.3 angegebenen Anfangswerte.
Anders als bei Vektoren kann man Struktur-Variablen einander zuweisen.

Kombi k2 =

{ -1,

   { {1,2},

     "Nanu" }

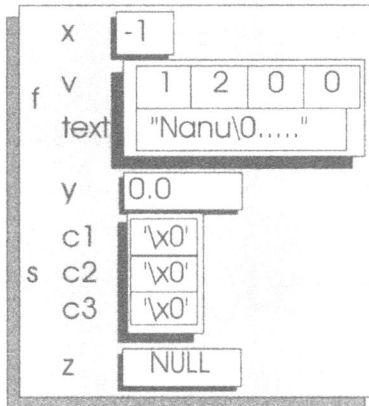

};

Abbildung 11.3.3

```
karteikarte k1,k2;
// ...
k1 = k2;
```

Hier erhält **k1** eine Kopie aller Komponenten von **k2**. Dies funktioniert sogar dann, wenn die Struktur Vektoren als Komponenten besitzt, wie es ja bei **karteikarte** der Fall ist.
Die Definition

```
karteikarte *zk;
```

führt einen Zeiger auf eine **karteikarte** ein. Danach kann man mit

```
(*zk).seiten
```

auf die **seiten**-Komponente der Struktur zugreifen, auf die **zk** momentan zeigt. Man beachte die Klammern, die wegen der Vorrangregeln (. hat Priorität vor *, siehe Abschnitt 5.1) notwendig sind. Eine kürzere und eingängigere Schreibweise hierfür ist

```
zk->seiten  // gleichwertig zu (*zk).seiten
```

Die Regeln der Adreß-Arithmetik von C, wie sie in Kapitel 7 angegeben wurden, gelten natürlich auch für Zeiger auf Strukturen. Das folgende Beispiel macht davon Gebrauch.

❑ *Beispiel 11.3.1 Zeiger auf Strukturen (kartei.cpp)*

```cpp
#include <iostream.h>

/////////////////////////
struct karteikarte    //
/////////////////////////
{   char autor[15];
    char titel[21];
    char art;
    char verlag[16];
    int jahr;
    unsigned seiten;
    float preis;
};

//**********************************
void karte_lesen(karteikarte& k)  // *
//**********************************
{   cout << "Autor:      ";
    cin  >> k.autor;
    cout << "Titel:      ";
    cin  >> k.titel;
    cout << "Art (B/Z): ";
    cin  >> k.art;
    cout << "Verlag :    ";
    cin  >> k.verlag;
    cout << "Jahr:       ";
    cin  >> k.jahr;
    cout << "Seiten:     ";
    cin  >> k.seiten;
    cout << "Preis:      ";
    cin  >> k.preis;
}

// Ausgabe der Autoren
//*****************************************
void autor_ausgeben(karteikarte* k)  //  *
//*****************************************
{   cout << "Autor  :    "
         << k->autor
         << '\n';
```

```
}

const N=2;

//****************
void main()  //  *
//****************
{  karteikarte kartei[N],*zk;
   cout << "Eingabe der Kartei-Karten:\n";
   for (int i=0;i<N;i++)
      karte_lesen(kartei[i]);
   zk=kartei;
   cout << "\nAusgabe der Autoren:\n";
   for (i=0;i<N;i++)
      autor_ausgeben(zk++);
}                                                          ■
```

11.4 Variante Strukturen

Bei Zeitschriften-Artikeln sind auf unserer Kartei-Karte Verlag, Gesamt-Seiten-zahl und Preis uninteressant; stattdessen brauchen wir Einträge für den Namen der Zeitschrift, die Heft-Nummer sowie Anfangs- und Endseite des Artikels. Diese Einträge sind *Alternativen* für die Einträge Verlag, Gesamt-Seitenzahl und Preis (siehe Abbildung 11.4.1). In einer Kartei mit Kartei-Blättern aus Papier würde man sicher alles daransetzen, daß die Kartei-Karten für Bücher und Zeit-schriften-Artikel alle die gleiche Größe haben. Allenfalls im Aufdruck und in der Farbe können sie variieren.

Auch beim Programmieren legt man großen Wert darauf, daß solche Daten-strukturen mit alternativen Einträgen gleich groß sind. Dadurch wird z.B. der Zugriff auf die einzelnen Kartei-Karten einfacher, wenn die Kartei etwa als Vek-tor von Kartei-Karten organisiert ist. In Abbildung 11.4.2 sind die unterschiedli-chen Einträge der beiden Kartei-Karten einander gegenübergestellt. Wir brau-chen also eine Datenstruktur, die *entweder* die Einträge **verlag**, **seiten** und **preis** hat *oder* die vier Einträge **zeitschrift**, **heft**, **AnfSeite** und **EndSeite**. Eine solche Datenstruktur mit Alternativen werden in C als varian-te Struktur mit dem Schlüsselwort **union** deklariert (siehe Syntax-Diagramm (11-3)). Diese variante Struktur wird dann eine Komponente unserer modifizier-ten Struktur **karteikarte**.

```
        union BuZei
        {  struct
              {  char verlag[15];
```

```
            unsigned seiten;
            float preis;
        }   Buch;
    struct
        {   char zeitschrift[15];
            unsigned heft;
            unsigned AnfSeite;
            unsigned EndSeite;
        } journal;
};

struct karteikarte
{   char autor[15];
    char titel[21];
    int jahr;
    char art;   // Kennung für Varianten
    BuZei bz;
};
```

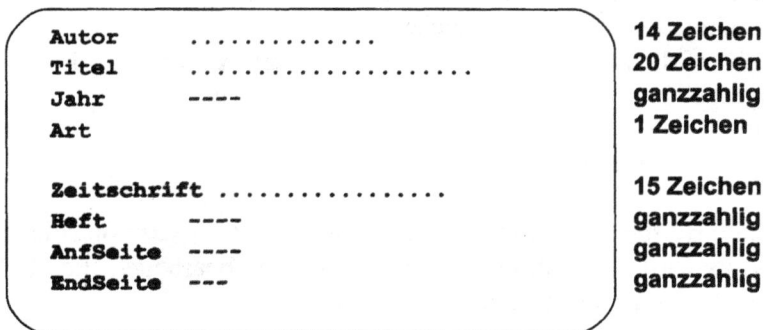

Autor	. . . .	14 Zeichen
Titel	. . . .	20 Zeichen
Jahr	----	ganzzahlig
Art		1 Zeichen
Zeitschrift	. . . .	15 Zeichen
Heft	----	ganzzahlig
AnfSeite	----	ganzzahlig
EndSeite	---	ganzzahlig

Abbildung 11.4.1

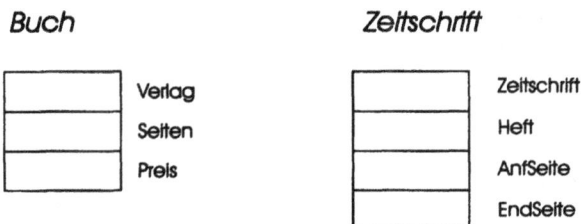

Buch   Zeitschrift

Verlag   Zeitschrift
Seiten   Heft
Preis   AnfSeite
            EndSeite

Abbildung 11.4.2

165

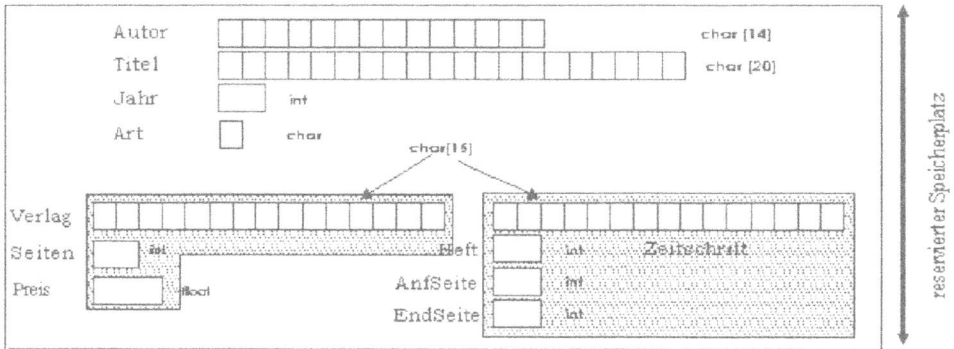

Abbildung 11.4.3

Eine Variable vom Typ **karteikarte** belegt dann so viel Speicherplatz, wie für die größte Variante notwendig ist (siehe Abbildung 11.4.3). Welche Variante momentan in einer Variablen vom Typ **karteikarte** gespeichert ist, muß vom Programmierer selbst verwaltet werden. In unserem Beispiel verwenden wir hierzu die Komponente **art**: Enthält sie ein **'B'** bzw. ein **'Z'**, so ist ein Buch bzw. eine Zeitschrift abgespeichert.

Der Zugriff auf die Anfangsseite eines Zeitschriften-Artikels, der in der Variablen **k** abgespeichert ist, erfolgt dann über den Ausdruck

k.bz.journal.AnfSeite

Das folgende Beispiel erläutert die Eingabe und die Ausgabe von solchen Kartei-Karten; es wird eine Kartei mit **N** Kartei-Karten bearbeitet, die als Vektor vom Elementtyp **karteikarte** realisiert ist.

❑ *Beispiel 11.4.1   variante Struktur (union.cpp)*

```
#include <iostream.h>
#include <ctype.h>
#include <stdlib.h>

//////////////
union BuZei  //
//////////////
{  struct
      {  char verlag[15];
         unsigned seiten;
         float preis;
```

166

```
        } Buch;
   struct
      { char zeitschrift[15];
        unsigned heft;
        unsigned AnfSeite;
        unsigned EndSeite;
      } journal;
};
```

```
/////////////////////
struct karteikarte  //
/////////////////////
{   char autor[15];
    char titel[21];
    int jahr;
    char art;  // Kennung für Varianten
    BuZei bz;
};
```

```
//********************************************
void lies_karteikarte(karteikarte &k)  //  *
//********************************************
{   cout << "Autor   :   "; cin >> k.autor;
    cout << "Titel   :   "; cin >> k.titel;
    cout << "Jahr    :   "; cin >> k.jahr;
    cout << "Art (B[uch],Z[eitschrift]) : ";
    cin >> k.art;
    switch (k.art)
    {  case 'b':
       case 'B': //  Buch
          cout << "Verlag  :  ";
          cin >> k.bz.Buch.verlag;
          cout << "Seiten  :  ";
          cin >> k.bz.Buch.seiten;
          cout << "Preis   :  ";
          cin >> k.bz.Buch.preis;
          break;
       case 'z':
       case 'Z': //  Zeitschriften-Artikel
          cout << "Zeitschrift :  ";
          cin >> k.bz.journal.zeitschrift;
          cout << "Heft        :  ";
          cin >> k.bz.journal.heft;
          cout << "Anfangsseite:  ";
          cin >> k.bz.journal.AnfSeite;
          cout << "Endseite    :  ";
```

```
                cin >> k.bz.journal.EndSeite;
                break;
        default:  cout << "Falsche Art";
                exit(1);
        }
}


//************************************************
void drucke_karteikarte(karteikarte k)   //  *
//************************************************
{  if ( (k.art=='B')||(k.art=='b') )
        cout << "\nnaechstes Buch:\n";
    else
        cout << "\nnaechster Artikel:\n";
    cout << k.autor << " : " << k.titel << ". ";
    cout << k.jahr  << ". ";
    if ( (k.art=='B')||(k.art=='b') )
        cout << k.bz.Buch.verlag << ".   "
             << k.bz.Buch.seiten << " Seiten\n"
             << k.bz.Buch.preis  << " DM\n";
    else
        cout << k.bz.journal.zeitschrift << ", "
             << k.bz.journal.heft << ", Seite "
             << k.bz.journal.AnfSeite << "-"
             << k.bz.journal.EndSeite << "\n";
}


const int N=3;


//*****************
void main()   //  *
//*****************
{  karteikarte k[N];
   for (int i=0;i<N;i++)
      lies_karteikarte(k[i]);
   for (i=0;i<N;i++)
      drucke_karteikarte(k[i]);
}
```

Im nächsten Beispiel wollen wir ein und denselben Speicherplatz mal als Zahl vom Typ **float**, mal als eine Folge von Bytes betrachten. Damit können wir sichtbar machen, wie das interne Format von **float**-Größen in C aussieht (siehe Abbildung 11.4.4).

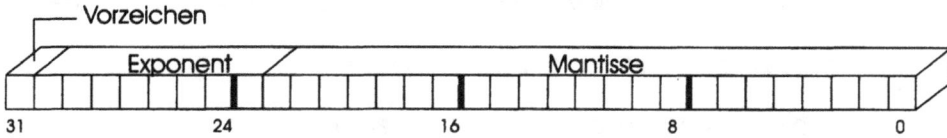

Abbildung 11.4.4

□ *Beispiel 11.4.2 float-Zahl intern (float1.cpp)*

```cpp
#include <iostream.h>

//////////////
union var1   //
//////////////
{    float f;
     unsigned long int i;
     char c[sizeof(float)];
};

//****************
void main()   //  *
//****************
{  var1 v;
   cout << "\tfloat-Zahl , intern , "
        << "Vorz. Exp. , Mantisse , Exp. norm.\n";
   while(1)
   {  cin >> v.f;
      if (v.f==0) break;
      cout << '\t' << v.f << " , " << hex;
      for (int i=sizeof(float)-1;i>=0;i--)
      cout << ((v.c[i]>>4)&0xF) << (v.c[i] & 0xF) << ' ';
      cout << " , ";
      long int Vorzeichen = v.i >> 31;
      unsigned long int Exponent = (v.i << 1) >> 24;
      unsigned long int Mantisse =
          (v.i & 0x7FFFFF1) | 0x800000L ;
      cout << Vorzeichen << " , " << Exponent << " , "
           << Mantisse << " , "
           << dec << (long int)(Exponent-127) << '\n';
   }
}
```

Das Programm liefert die folgende Ausgabe:

```
        float-Zahl , intern , Vorz. Exp. , Mantisse , Exp. norm.
1
        1 , 3f 80 00 00  , 0 , 7f , 800000 , 0
-128
        -128 , c3 00 00 00  , 1 , 86 , 800000 , 7
1023
        1023 , 44 7f c0 00  , 0 , 88 , ffc000 , 9
0.75
        0.75 , 3f 40 00 00  , 0 , 7e , c00000 , -1
47.11e15
        4.711e+16 , 5b 27 5e 4c  , 0 , b6 , a75e4c , 55          ■
```

11.5 Bit-Felder

In der Systemprogrammierung werden Informationen häufig in einzelnen Bits abgespeichert, die dann in einem 16 Bit-Wort oder einem 32 Bit-Doppelwort zusammengefaßt werden. Wir wollen wieder die interne Darstellung einer **float**-Zahl betrachten (siehe Abbildung 11.4.4). Dieses Format kann man in C unmittelbar als *Bit-Feld* definieren (siehe Syntax-Diagramm (11-6), untere Alternative):

```
struct FTyp
{   unsigned int man1 : 16;
    unsigned int man2 : 7;
    unsigned int exp  : 8;
    unsigned int Vz   : 1;
};
```

Die Deklaration eines Bit-Feldes ist ganz ähnlich aufgebaut wie eine Struktur-Definition. Hinter dem obligatorischen Doppelpunkt der Komponenten wird über eine Konstante die Anzahl der Bits angegeben, die maximal 16 auf 16 Bit-Systemen bzw. 32 auf 32 Bit-Systemen betragen darf. Deshalb mußte die Mantisse unterteilt werden: in einen 16 Bit breiten Teil **man1** und einen 7 Bit breiten Teil **man2**, insgesamt also wieder 23 Bit.
Die Bit-Felder werden im Borland C++-Compiler innerhalb eines Wortes *vom niederwertigen zum höherwertigen Bit* abgespeichert. Also müssen in der obigen Definition die Komponenten aus Abbildung 11.4.4 von *rechts nach links* hingeschrieben werden. Diese Festlegung der Reihenfolge ist in ANSI-C *nicht* festgeschrieben, ein anderer C- oder C++-Compiler könnte die Bit-Felder auch anders herum anordnen. Wenn man portable Programme schreiben will, sollte man daher keine Bit-Felder benutzen und die umständlichere Formulierung über logi-

sche und Schiebe-Operationen verwenden, wie wir es in Beispiel 11.4.2 getan haben. Der Name der Komponente eines Bit-Feldes kann auch fehlen; dann kann man auf des entsprechende Feld auch nicht zugreifen.

In einem Bitfeld sind nur die folgenden Deklarationsspezifizierer erlaubt:

- **char,**
- **unsigned char,**
- **int** und
- **unsigned int.**

Bit-Felder kommen meist als Komponenten von Strukturen oder Varianten vor wie im folgenden Beispiel, das eine modifizierte Form von Beispiel 11.4.2 ist.

❏ *Beispiel 11.5.1 Bit-Feld (float2.cpp)*

```
#include <iostream.h>

///////////////
struct FTyp //
///////////////
{ unsigned man1 : 16;
  unsigned man2 : 7;
  unsigned exp  : 8;
  unsigned Vz   : 1;
};

///////////////////////
union Gleitpunkt //
///////////////////////
{ float f;
  FTyp  b;
};

//****************
void main() // *
//****************
{ Gleitpunkt v;
  v.f=1.2e3;
  cout << "\tfloat-Zahl , Vorz. Exp. , "
       << "Mantisse , Exp. norm.\n";
  while(1)
  { cin >> v.f;
    if (v.f==0) break;
        cout << '\t' << v.f;

    cout << " , " << v.b.Vz << " , "
```

171

```
                << hex << v.b.exp << " , "
                << (((long int)v.b.man2<<16) | v.b.man1 |
                   0x800000L)
                << " , " << dec << (signed)(v.b.exp-127)
                << '\n';
    }
}
```

■

12 Klassen

Im vorigen Kapitel wurde gezeigt, wie man kompliziertere Datenstrukturen aus elementaren Datentypen zu Vektoren und Strukturen zusammensetzen kann. Dabei wird einfach über einen Namen auf die kompliziertere Datenstruktur zugegriffen. Einen analogen Mechanismus haben wir in Kapitel 8 für Anweisungsfolgen kennengelernt: Man benennt das Programmstück mit einem Namen und ruft es als Funktion oder Makro auf. Diese Zweiteilung in einen Datendefinitionsteil und einen Anweisungsteil hat zur Folge, daß man die Operationen, die man für die komplizierteren Datenstrukturen einführt, irgendwo im Programm – häufig weit entfernt von der Datendefinition – als Funktion definiert. Dadurch wird der logische Zusammenhang zwischen der Datenstruktur und den dazugehörenden Operationen verwischt, was fast zwangsläufig zu unsauberen oder sogar fehlerhaften Programmen führt.

Eines der Hauptziele der objektorientierten Programmierung ist es, die Datenstrukturen und die zugehörigen Operationen als Einheit zu betrachten. Diese *Kapselung* von Daten und Code erreicht man in C++ dadurch, daß neben Daten auch Funktionen als Komponenten erlaubt sind. Eine solche Datenstruktur aus Daten- und Funktionskomponenten heißt *Klasse*. Die Funktionskomponenten nennt man *Elementfunktionen* oder *Methoden* der Klasse. Eine ausgefeilte Technik der Zugriffsrechte auf Daten und Methoden garantiert eine sichere Benutzung von Klassen.

In Abschnitt 12.1 wird der Klassenbegriff eingeführt. Die Speicher-Organisation von Klassen wird in Abschnitt 12.2 genauer durchleuchtet, wo wir die sogenannten Konstruktoren und Destruktoren behandeln. Das sind Methoden, in denen man die Art der Speicherreservierung und -freigabe für die Klasse festlegen kann. Eine Klasse kann statische und konstante Elemente enthalten; dies wird in Abschnitt 12.3 besprochen.

Variablen werden in C meist durch Operatoren verknüpft. Wie man Operatoren für Klassen definieren kann, wird in Abschnitt 12.4 behandelt. Ein Operator mit besonderen Eigenschaften ist die Wertzuweisung, für die das Operatorzeichen = benutzt wird. Dieses Operatorzeichen wird auch für die Initialisierung von Variablen verwendet. In Abschnitt 12.5 wird der Unterschied zwischen Wertzuweisung und Initialisierung ausführlich diskutiert.

In C++ wird auch das Klammerpaar beim Funktionsaufruf als Operator betrachtet, den man für Klassen umdefinieren kann. Dieses Thema wird in Abschnitt 12.6 behandelt. Für Klassen kann man sich eigene Konvertierungen definieren; dies ist Thema von Abschnitt 12.7.

12.1 Klassen und Methoden

Eine Klasse wird wie eine Struktur definiert (vgl. Abschnitt 11.3), wobei als Element- Deklaration neben Datenkomponenten auch Funktionskomponenten zugelassen sind. Die Funktionskomponenten einer Klasse nennt man *Elementfunktionen* oder *Methoden*. Das folgende Syntax-Diagramm erweitert das Diagramm (11-5) um Methoden sowie Konstruktoren und Destruktoren, die wir in Abschnitt 12.2 besprechen.

ElementDeklaration	:	(12-1)

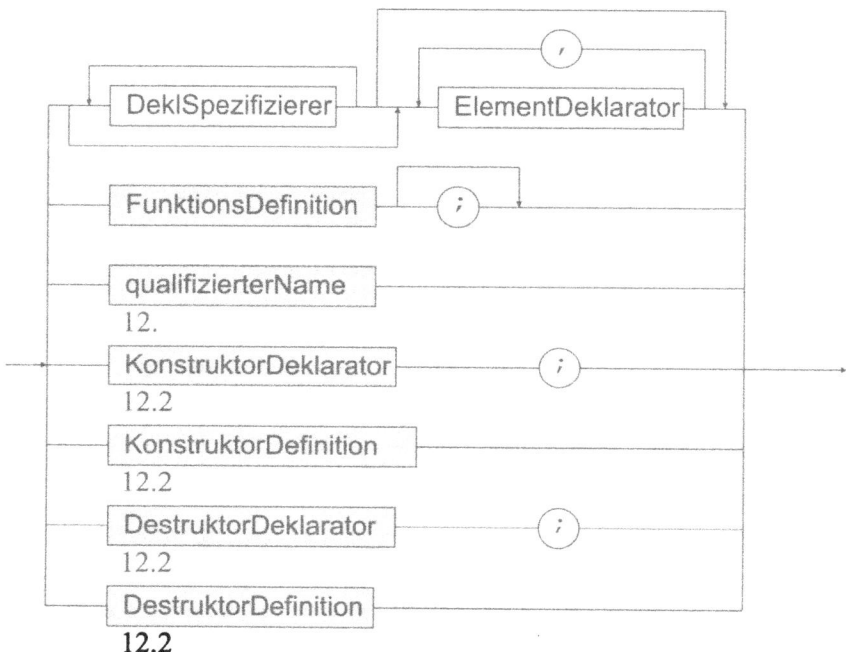

Die Zugriffsrechte auf die Komponenten einer Klasse kann man mit den drei folgenden Schlüsselwörtern steuern (siehe Syntax-Diagramm (11-4)).

ZugriffsSpez : (12-2)

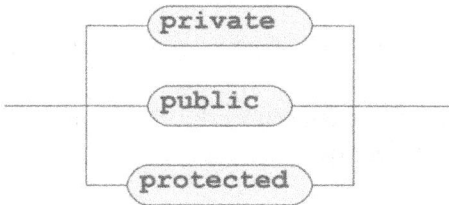

Die Datenkomponenten und Methoden einer Klasse, die hinter

public:

stehen, können von *jedem* Benutzer der Klasse benutzt werden. Dagegen können die Datenkomponenten und Methoden, die hinter

private:

stehen, *nur von Methoden der Klasse selbst* verwendet werden; von außerhalb der Klasse sind diese Komponenten unzugänglich. Dies gilt auch für Methoden, die im **private**-Bereich der Klasse definiert sind. Die Zugriffsspezifikation **protected** ist erst im Zusammenhang mit dem Vererbungsmechanismus interessant, der im nächsten Kapitel besprochen wird.

Eine Klasse kann durch eines der drei Schlüsselwörter **struct**, **class** oder **union** eingeleitet werden (vgl. Syntax-Diagramm (11-3)).

Der Unterschied zwischen den drei Schlüsselwörtern ist folgender:

- Die Komponenten einer **struct**-Klasse sind per Voreinstellung alle **public**, die privaten Komponenten müssen mit dem Schlüsselwort **private** explizit gekennzeichnet werden.
- Die Komponenten einer **class**-Klasse sind per Voreinstellung alle **private**, so daß man die öffentlich zugänglichen Komponenten explizit mit **public** kennzeichnen muß.
- Mit **union** werden variante Strukturen eingeleitet, für die man auch Methoden definieren kann. Hier sind alle Komponenten öffentlich zugänglich; diese Voreinstellung kann nicht geändert werden.

Es hat sich eingebürgert, daß ein C++-Programmierer Klassen immer mit dem Schlüsselwort **class** einleitet; dadurch ist er gezwungen, jede öffentliche Komponente explizit hinter das Schlüsselwort **public** hinzuschreiben.

Im folgenden Beispiel definieren wir eine Klasse **string** zusammen mit den wichtigsten Methoden:

* **lesen()** für die Eingabe über die Tastatur; Funktionswert ist die Anzahl der eingelesenen Zeichen,
* **schreiben()** für die Ausgabe auf dem Bildschirm; Funktionswert ist die Anzahl der geschriebenen Zeichen,
* **gib_laenge()** zeigt die aktuellen Länge der Zeichenreihe,
* **gib_element(int)** für den lesenden Zugriff auf die einzelnen Buchstaben der Zeichenreihe.

❑ *Beispiel 12.1.1 Klasse string (string.hpp)*

```
/////////////////
class string   //
/////////////////
{    char s[81];        // Vektor fuer Zeichenreihe
     int akt_lg;        // aktuelle Laenge der Zeichenreihe
public:
     inline int lesen();   // inline aussen definiert
     int schreiben();      // auf Bildschirm zeigen
     int gib_laenge()      // aktuelle Laenge
     {  return akt_lg; }   // inline-Methode
     char gib_element(int i)
                // Zugriff auf i-ten Buchstaben
     {  return s[i];  }    // inline-Methode
};
```

■

Das obige Beispiel zeigt den typischen Aufbau einer Klassen-Definition:
* Alle Datenkomponenten sind privat. Der Zugriff auf diese Komponenten erfolgt über öffentliche Methoden, im Beispiel über **gib_laenge** und **gib_element**. Damit kann man bei der Klassen-Definition festlegen, wie der Benutzer mit den Daten umgehen darf: Einzelne Buchstaben der Zeichenreihe und die aktuelle Länge können in obiger Klasse nur gelesen, aber nicht verändert (geschrieben) werden.
* Die Methoden sind fast immer öffentlich und beschreiben die Zugriffe auf die Daten und die zugehörigen Operationen.
* Die beiden trivialen Methoden **gib_laenge** und **gib_element** sind innerhalb der Klassen-Definition vollständig mit ihrem Rumpf beschrieben. Die anderen Methoden sind lediglich durch ihren Kopf angegeben. Ihre vollständige Definition erfolgt außerhalb der Klasse (siehe unten). Dadurch wird die Klassendefinition für den Benutzer der Klasse übersichtlicher: Er sieht nur die

Daten-Komponenten und die Signaturen der Methoden; die Rümpfe der Methoden brauchen den Benutzer nicht zu interessieren.

Bei der nachträglichen Definition der Methoden außerhalb der Klasse muß man die Klassen-Zugehörigkeit angeben. Dies geschieht dadurch, daß man vor den Methoden-Namen den Klassen-Namen gefolgt von : : angibt. Das zugehörige Syntax-Diagramm sieht folgendermaßen aus:

qualifizierterName : (12-3)

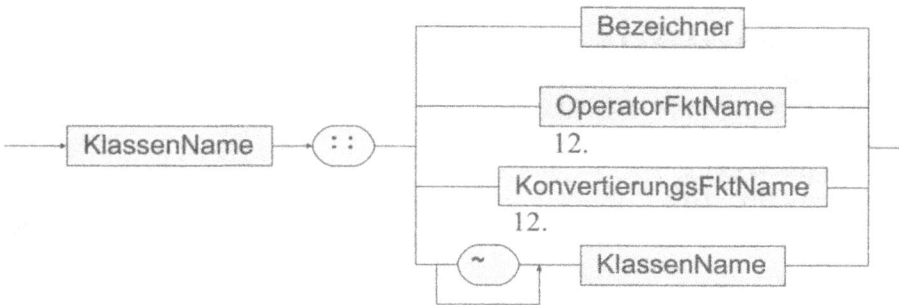

Die Methoden, die innerhalb der Klassendefinition vollständig definiert sind, werden vom C++-Compiler als **inline**-Funktion übersetzt (vgl. Abschnitt 8.6.1), ohne daß man das Schlüsselwort **inline** verwenden muß. Die außerhalb definierten Methoden werden wie gewöhnliche Funktionen übersetzt. Durch Verwendung des Schlüsselwortes **inline** kann man aber auch hier veranlassen, daß die Methoden als **inline**-Funktionen behandelt werden. Der Compiler kopiert dann den Funktionsrumpf direkt an die Aufrufstelle der Methode. Deshalb muß die **inline**-Definition textuell in dem Modul zur Verfügung stehen, in dem sie aufgerufen wird.

Im folgenden Beispiel werden die restlichen Methoden von Beispiel 12.1.1 definiert. Die Methode **lesen** wird dabei explizit als **inline**-Methode vereinbart; sie steht in einer separaten Quelldatei und wird im Hauptprogramm explizit eingelesen.

❑ *Beispiel 12.1.2 Methoden zur Klasse string (inl-strg.cpp, string.cpp)*

Die Datei **inl-strg.cpp** enthält die Definition der **inline**-Funktion **lesen**.

```
//*****************************
inline int string::lesen() //  *
//*****************************
{  cin >> s;
```

177

```
    akt_lg=strlen(s);
    return akt_lg;
}
```

Die folgende Datei **string.cpp** enthält die Definition der Methode **schreiben**; sie wird als separates Modul übersetzt und über ein Projekt ins Hauptprogramm eingebunden.

```
#include <conio.h>
#include "string.hpp"

//*************************
int string::schreiben()// **
//*************************
{   for (int i=0;i<akt_lg;i++)
        putch(s[i]);
    return akt_lg;
}                                               ■
```

Variablen mit dem Datentyp einer Klasse definiert man in gewohnter Weise. Die Definition

```
        string Ueberschrift,Zeile;
```

führt zwei Variablen vom Typ **string** ein. Variablen eines Klassentyps nennt man *Instanzen* oder *Objekte*.

Auf die Komponenten einer Klasse greift man wie bei Strukturen mit dem Punkt-Operator zu. Dies gilt auch für den Zugriff auf Methoden.

❑ *Beispiel 12.1.3   Testprogramm für Klasse string*
                 (str-hp1.cpp, str-hp1.prj)

Das folgende Hauptprogramm bildet zusammen mit den Programm-Texten aus den beiden obigen Beispielen ein vollständiges C++-Programm.

```
//****************
void main()   // **
//****************
{   string Ueberschrift,Zeile;
    cout << "Ueberschrift einlesen : ";
    Ueberschrift.lesen();
    cout << "\nLaenge von ";
    Ueberschrift.schreiben();
```

```
cout << " ist "
     << Ueberschrift.gib_laenge();
cout << "\nZeile einlesen : ";
Zeile.lesen();
cout << "\n3. Buchstabe von Zeile ist "
     << Zeile.gib_element(3);
}
```

Die Aufrufe von **lesen** haben beide keine Parameter. Trotzdem führen sie verschiedene Aktionen aus; der Aufruf

    Ueberschrift.lesen()

führt die Methode **lesen** für die Variable **Ueberschrfit** aus, d.h. es wird in die Variable **Ueberschrift** – genauer in deren Komponente **s** – eingelesen. Der obige Aufruf bedeutet also: *Lies in das Objekt **Ueberschrift** ein.* Ganz entsprechend heißt

    Zeile.lesen()

daß man in das Objekt **Zeile** einliest. Der Objekt-Name, den man vor den Methoden angibt, wirkt also auf die Methode wie ein Parameter. Ist eine Methode mit Parametern definiert worden, muß sie natürlich auch mit den entsprechenden Parametern aufgerufen werden. So bedeutet

    Zeile.gib_element(3)

liefere das 3. Element von **Zeile**.   ■

Wie bei anderen Datentypen kann man Vektoren von Klassen, Klassen als Elemente von anderen Strukturen oder Klassen sowie Zeiger auf Klassen definieren. Im folgenden Beispiel definieren wir einen Textbildschirm, der aus 25 Zeilen besteht, als Vektor von 25 Elementen des Typs **string**.

❑ *Beispiel 12.1.4 Vektor vom Typ string (screen1.cpp,screen1.prj)*

Das folgende Beispiel bildet wieder zusammen mit den Programm-Texten aus den Beispielen 12.1.1 und 12.1.2 ein vollständiges C++-Programm.

```
#include <iostream.h>
#include "string.hpp"  // Klassen-Definition
#include "inl-strg.cpp"// Methoden-Definition
```

```
const int N=25;

//****************
void main()   // **
//****************
{   string TextBildschirm[N],
            *Zeile;   // Zeiger auf eine Bildschirmzeile
    int i;
    for (i=0;i<N;i++)
    {   cout << i << " : ";
        TextBildschirm[i].lesen();
    }
    Zeile=TextBildschirm; //Zeiger auf 1. Bildschirmzeile
    for (i=0;i<N;i++)
    {   cout << i << ": ";
        Zeile->schreiben();
        cout << endl;
        Zeile++;
    }
    int lg=0;
    Zeile=TextBildschirm;
            // Zeiger auf 1. Zeile zuruecksetzen
    for (i=0;i<N;i++)
    lg+=(Zeile++)->gib_laenge();
    cout << "\nGesamtlaenge : " << lg;
}
```

In der ersten Schleife werden alle Zeilen des Vektors **TextBildschirm** eingelesen. Die zweite Schleife gibt diese Zeilen wieder auf dem Bildschirm aus;
dabei wird der Zeiger **Zeile** verwendet. Eine analoge Konstruktion wird in der
dritten Schleife verwendet, in der die Gesamtzahl der in **TextBildschirm**
enthaltenen Buchstaben berechnet wird.   ∎

12.2   Konstruktor und Destruktor

Die Klasse **string** hat noch einige schwerwiegende Mängel:
- Die Länge eines Strings, die in der Komponente **akt_lg** abgespeichert ist,
  enthält vor dem Einlesen über **lesen()** einen Phantasiewert. Trotzdem kann
  man mit der Methode **schreiben()** eine Zeichenreihe mit dieser Phanta-
  sielänge ausgeben.
- Jeder **string** belegt immer 81 Byte; längere Strings sind nicht möglich und
  kürzere verschwenden Speicherplatz.

- Wie bei den bisherigen Variablen sollte man auch Klassen-Variablen initialisieren können.

Für die Standard-Datentypen werden solche Initialisierungen direkt an der Vereinbarungsstelle ausgeführt. Der Compiler weiß auch genau, wie er die Initialisierungen vornehmen muß; für Vektoren und Strukturen haben wir dies im vorigen Kapitel genau besprochen. Für Benutzer-definierte Datentypen wie Klassen
kann der Compilerschreiber keine Initialisierung vorsehen, da er den Datentyp ja
nicht kennt. Der Klassenbeschreiber muß die Initialisierung seiner Datentypen
selbst definieren. Hierzu stellt C++ spezielle Methoden – die *Konstruktoren* –
zur Verfügung. Ein Konstruktor trägt denselben Namen wie seine Klassse. Er
wird an der Vereinbarungsstelle eines Objekts automatisch aufgerufen.

| KonstruktorDefinition | : | (12-4) |

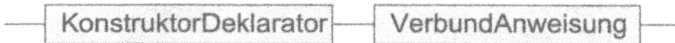

| KonstruktorDeklarator |—| VerbundAnweisung |

| KonstruktorDeklarator | : | (12-5) |

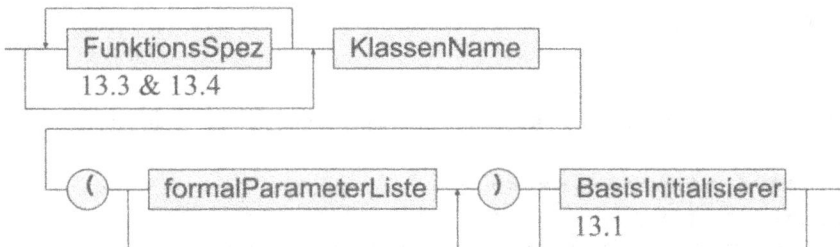

| FunktionsSpez |
13.3 & 13.4

| KlassenName |

(| formalParameterListe |) | BasisInitialisierer |
13.1

Ein Konstruktor kann Parameter haben, liefert aber keinen Ergebniswert zurück,
da man diesen an der Vereinbarungsstelle nicht auswerten könnte. Deshalb darf
beim Konstruktor kein Ergebnistyp – auch nicht **void** – angegeben werden.
Eine KonstruktorDefinition gibt innerhalb der Klassen-Definition den vollständigen Konstruktor an, während der KonstruktorDeklarator nur die Signatur des
Konstruktors enthält, der Konstruktor wird dann wie die Methoden in Beispiel
12.1.2 außerhalb der Klassse definiert.
Konstruktoren können auch überladen werden und Parameter mit Vorgabewerten haben. Da Konstruktoren an den Definitionsstellen aufgerufen werden, müssen hier auch die aktuellen Parameter übergeben werden. Dazu modifizieren wir
die Klassen-Definition aus dem vorigen Beispiel.

□ *Beispiel 12.2.1 Konstruktoren für Klasse string*
(string2.hpp, string2.cpp,str-hp2.prj)

```
/////////////////
class string  //
/////////////////
{   char *s;                   // Zeiger auf Zeichenreihe
    unsigned int res_lg;
    // reservierte L„nge f r Zeichenreihe
    unsigned int akt_lg;
    // aktuelle L„nge der Zeichenreihe
public:
    string(int);               // Konstruktor f r String
    string(char *t,int reserve=0);
    // Konstruktor mit vorbelegtem String
    // reserve legt Platz f r sp„tere Verl„ngerung fest
    int lesen();               // einlesen
    int schreiben();           // auf Bildschirm zeigen
    int gib_laenge()           // aktuelle L„nge
    {   return akt_lg;   }
    int gib_res_laenge()
    // lesender Zugriff auf reservierte L„nge
    {   return res_lg;   }
    char gib_elem(int i)
    // lesender Zugriff auf i-ten Buchstaben
    {   return s[i];   }
};
```

Die Klasse **string** hat zwei Konstruktoren. Der erste ist wie folgt definiert:

```
//***********************
string::string(int n)  // *
//***********************
{   s=new char [n+1]; res_lg=n; akt_lg=0; }
```

Dieser Konstruktor wird bei der Objekt-Definition

```
        string s1(20);
```

aufgerufen. Das Objekt **s1** kann bis zu 20 Zeichen sowie das abschließende NUL-Byte aufnehmen.
Der zweite Konstruktor hat folgende Definition:

```
//*****************************************
string::string(char *text,int reserve)  // *
```

```
//*********************************************
{   akt_lg=strlen(text);
    s=new char[akt_lg+1+reserve];
    strcpy(s,text);
    res_lg=akt_lg+reserve;
}
```

Dieser Konstruktor initialisiert ein **string**-Objekt mit dem angegebenen ersten Parameter. Im zweiten Parameter kann man angeben, für wie viele *zusätzliche* Zeichen Platz reserviert werden soll. Der Vorgabewert ist **0**. Nach der Definition

```
        string s2("Hallo");
```

belegt die Komponente **s** von **s2** gerade 6 Byte, während nach der Definition

```
        string s3("Hugo",10);
```

die Komponente **s** von **s3** 15 Byte lang sind, nämlich 5 Byte für den Text **Hugo** zuzüglich dem NUL-Byte sowie weitere 10 Byte. ∎

Das Gegenstück zum Konstruktor ist der *Destruktor*, der beim Verlassen des Gültigkeitsbereiches eines Objekts automatisch aufgerufen wird. Ein Destruktor beschreibt also die Aufräumarbeiten; er bekommt den Namen der Klasse mit einer führenden Tilde (~) und ist immer ohne Parameter. Auch der Destruktor hat keinen Ergebnistyp.

DestruktorDefinition : (12-6)

——— DestruktorDeklarator ——— Verbundanweisung ———

DestruktorDeklarator :   (12-7)

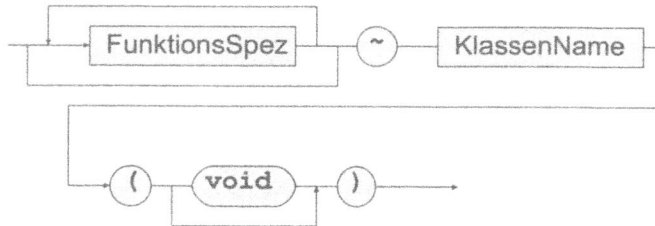

❑ *Beispiel 12.2.2   Konstruktor und Destruktor für Klasse string*
                    (Ko-De-0.cpp)

Die folgende Variante der Klasse **string** protokolliert jeden Konstruktor- und
Destruktor-Aufruf.

```
///////////////////
class string   //
///////////////////
{  char s[81];    // Vektor fuer Zeichenreihe
   int akt_lg;    // aktuelle Laenge der Zeichenreihe
public:
    string();         // Konstruktor
    ~string();        // Destruktor
    int lesen();      // einlesen
    int gib_Laenge()// aktuelle Laenge
    {  return akt_lg;  }
};

//*********************
string::string()  //  *
//*********************
{  cout << "Konstruktor-Aufruf\n";  }

//*********************
string::~string() //  *
//*********************
{  cout << "Aufraeumen eines strings\n";  }

//************************
int string::lesen()  //  *
//************************
{  cout << ": ";cin >> s;
```

```
      return akt_lg=strlen(s);
}

//****************
void main()  //  *
//****************
{   string s;
    s.lesen();
    cout << "Laenge von s nach Einlesen : "
         << s.gib_Laenge() << '\n';
}
```

Wenn Sie dieses Programm ablaufen lassen, werden Sie sehen, daß an der Definitionsstelle von **s** der Konstruktor der Klasse **string** für **s** aufgerufen wird. Der Destruktor meldet sich an der schließenden Klammer von **main**. ■

In Beispiel 12.2.1 wurde ein **string**-Objekt dynamisch erzeugt, der im Konstruktor reservierte Speicherplatz aber nicht mehr freigegeben. Die folgende Verbesserung der Klassse **string** enthält eine Lesefunktion **lesen**, die zunächst in einen Eingabe-Puffer von der Tastatur einliest, sich dann den nötigen Speicherplatz reserviert und schließlich die eingegebene Zeichenreihe auf diesen Platz umkopiert. Vor der Neu-Reservierung des Speicherplatzes wird der alte Speicherbereich ordnungsgemäß freigegeben. Anstelle eines **char**-Vektors fester Länge wird ein **char**-Zeiger eingeführt, der im Konstruktor mit **NULL** initialisiert wird.

❑ *Beispiel 12.2.3 verbesserte Version der Klasse string (string3.cpp)*

```
#include <iostream.h>
#include <string.h>

////////////////
class string  //
////////////////
{   char *s;           // Zeiger auf Zeichenreihe
    int akt_lg;        // aktuelle Laenge der Zeichenreihe
public:
    string();          // Konstruktor fuer String
     ~string();        // Destruktor fuer String
    int lesen();       // einlesen
    int schreiben();   // ausgeben
//  ...
};
```

```
//*********************
string::string()  // *
//*********************
{  s=NULL;akt_lg=-1;  }

//*********************
string::~string()  // *
//*********************
{  delete s;          // Speicher freigeben und
   s=NULL;akt_lg=-1; // string als frei kennzeichnen
}

//***********************
int string::lesen() // *
//***********************
{  char h[128];
       // max. Eingabelaenge unter DOS:127 Zeichen
       // Einlesen in Hilfspuffer h
   cout << ": ";cin >> h;
       // alten Speicherplatz freigeben
   delete s;
       // neuen Speicherplatz holen
   s = new char [strlen(h)+1];
       // Hilfspuffer h nach s kopieren
   strcpy(s,h);
   akt_lg=strlen(h);
   return akt_lg;
}

//***************************
int string::schreiben()  // *
//***************************
{  cout << s;   return akt_lg;  }

//*****************
void main()  // **
//*****************
{  string s;
   s.lesen();
   s.schreiben();
}                                                    ■
```

Zu Beginn dieses Abschnitts wurde gesagt, daß ein Konstruktor automatisch an der Definitionsstelle eines Objekts aufgerufen wird. Ist für die Klasse kein Konstruktor definiert, erzeugt sich der Compiler einen parameterlosen Konstruktor mit leerem Rumpf, der dann aufgerufen wird. Ein parameterloser Konstruktor heißt Standard-Konstruktor.

Im folgenden werden die Regeln zusammengestellt, nach denen die impliziten Aufrufe der Konstruktoren und Destruktoren erzeugt werden.

Allgemeine Regel

Werden mehrere globale Objekte oder innerhalb eines Blockes mehrere lokale Objekte definiert, so werden
* die Konstruktoren in der Reihenfolge der Aufschreibung,
* die Destruktoren in der umgekehrten Reihenfolge aufgerufen.

Für ein globales Objekt wird

* der Konstruktor zu Beginn der Lebensdauer des Objektes, also *vor* **main**,
* der Destruktor hinter der schließenden Klammer von **main** aufgerufen.

Für ein lokales Objekt wird

* der Konstruktor an der Definitionsstelle des Objekts,
* der Destruktor am Ende des Blocks, in dem das Objekt definiert ist, aufgerufen.

Für ein statisches Objekt wird

* der Konstruktor beim *ersten Durchlaufen* der Definitionsstelle des statischen Objektes aufgerufen. Wird die Funktion, in der das statische Objekt definiert ist, ein weiteres Mal durchlaufen, wird der Konstruktor nicht mehr aufgerufen;
* der Destruktor am Ende des Programms aufgerufen.

Für ein dynamisches Objekt wird

* der Konstruktor beim Aufruf von **new**,
* der Destruktor beim Aufruf von **delete** für den zugehörigen Zeiger aufgerufen.

Für ein Objekt mit Klassen-Komponenten

Ist eine Klasse Komponente einer anderen Klasse, werden Konstruktor und Destruktor sowohl für die Komponente wie auch für die umfassende Klasse aufgerufen, und zwar in folgender Reihenfolge:
* Der Konstruktor der Komponenten wird *vor* dem Konstruktor der umfassenden Klasse aufgerufen.
* Am Ende der Lebensdauer des Objekts werden die Destruktoren in der umgekehrten Reihenfolge aufgerufen.

Für ein Vektor-Objekt mit Klassen-Elementen

* Bei der Definition eines Vektors mit Klassen-Elementen wird für jedes Vektor-Element der Konstruktor aufgerufen, beginnend beim Element mit Index 0.

- Am Ende der Lebensdauer des Vektors wird für jedes Vektor-Element der Destruktor aufgerufen, und zwar in der umgekehrten Reihenfolge wie bei den Konstruktoren.

Sie sollten sich jetzt zu allen angegebenen Fällen selbst kleine Beispiele erstellen. Wenn Sie die Konstruktoren und Destruktoren ähnlich implementieren wie in Beispiel 12.2.2, können Sie deren Aufrufe verfolgen. Wollen Sie sich die Tiparbeit sparen, finden Sie in der Beispielsammlung vorbereitete Programme im Verzeichnis k12\KoDe.

12.3 Statische und konstante Klassen-Elemente

Eine Klasse definiert einen Datentyp mit Datenkomponenten und Methoden. Jede Definition einer Instanz erhält eigene Kopien für alle Datenkomponenten der Klasse. Den Code für die Methoden gibt es dagegen *pro Klasse einmal*. Manchmal kann es zweckmäßig sein, wenn alle Instanzen einer Klasse einen bestimmten Speicherplatz gemeinsam benutzen. Einen solchen Speicherplatz definiert man als **static**-Komponente der Klasse. Wenn man z.B. für eine Klasse die Anzahl der Instanzen zählen will, wird man eine solche **static**-Komponente verwenden.
Man kann entsprechend auch statische Methoden definieren.

```
class screen
{  // ...
    static int Anzahl;
public:
    screen(char c);
    static int gib_Anzahl();
    // ...
};

screen s1('1'),s2('A');
```

Da das statische Element **Anzahl** und die statische Methode **gib_Anzahl()** keiner speziellen **screen**-Instanz gehört, gibt es für den Zugriff auf diese Elemente zwei Möglichkeiten:
- Man greift wie üblich über einen Instanzen-Namen zu, etwa
          i=s2.Anzahl
- Man greift über den Klassen-Namen zu, z.B. **i=screen::Anzahl**.

In beiden Fällen greift man auf dieselbe Speicherzelle **Anzahl** zu. Man kann sogar auf ein statisches Daten-Element schon zugreifen, wenn noch keine Instanz für die Klasse definiert wurde; in diesem Fall muß man dann natürlich über den Klassen-Namen zugreifen.

Die Initialisierung von statischen Datenkomponenten muß man außerhalb der Klasse schreiben:

```
int screen::Anzahl=0;
```

Genau genommen ist dies die eigentliche Definition des Speicherplatzes für die statische Komponente **Anzahl** der Klasse **screen**. Hier darf das Schlüsselwort **static** *nicht* wiederholt werden. Vergißt man diese Definition völlig, erhält man eine Fehlermeldung vom Binder:

```
Linker Error: Undefined symbol screen::Anzahl in module ...
```

Im folgenden Beispiel wird die Klasse **screen** vollständig beschrieben. Die statische Komponente **Anzahl** enthält die Anzahl der geöffneten Bildschirme; wir nehmen an, daß nicht mehr als 3 Bildschirme gleichzeitig bearbeitet werden können – etwa weil der Speicher nicht ausreicht. Um die Testausgabe etwas übersichtlicher zu gestalten, hat im Beispiel ein **screen** lediglich 10 Zeilen. Will man die Konstante **ZEILEN** in der Klasse **screen** verankern, muß man eine Aufzählung verwenden, da Konstanten-Definitionen innerhalb von Klassen syntaktisch nicht erlaubt sind.

❑ *Beispiel 12.3.1   statische Komponente (screen2.cpp)*

```
#include <string.h>
#include <iostream.h>
#include <mem.h>
#include <conio.h>

//////////////
class Zeile  //
//////////////
{  char line[81];
public:
   void besetzen(char *t) {  strcpy(line,t);  }
   void zeigen()          {  cout << line << '\n';  }
};

const int SCREEN_ANZ=2;
```

```
//////////////
class screen  //
//////////////
{ Zeile *z;
  static int Anzahl;
  enum zeilen {ZEILEN = 10 }; // eigentlich 25
public:
  screen(char c)  // screen mit c vorbesetzen
  { if (Anzahl>SCREEN_ANZ)
    { cout << "Mehr als " << SCREEN_ANZ+1
           << " Bildschirme nicht moeglich\n";
      z=NULL;  // kein Speicherplatz reserviert
      return;
    }
    Anzahl++;
    z=new Zeile[ZEILEN];//Speicherplatz wird reserviert
    char t[81];
      // besetze 40 Elemente von t mit dem Buchstaben c
    memset(t,c,40);
    t[40]='\0';
    for (int i=0;i<ZEILEN;i++)
      z[i].besetzen(t);
  }

  ~screen()
  { delete [] z; Anzahl--;  }

  void zeigen()
  { if (z==NULL)
      cout <<
        "Bildschirm konnte nicht installiert werden\n";
    else
    for (int i=0;i<ZEILEN;i++)
      z[i].zeigen();
  }

  static int gib_Anzahl()
  { return Anzahl; }
};

int screen::Anzahl=0;

//****************

void main()  // **
//****************
```

```
{  screen s1('1');
   cout << "Derzeit sind(ist) "
        << screen::gib_Anzahl()     // Klassen-Bezug
        << " Bildschirm(e) aktiv\n";
   screen s2('A');
   s1.zeigen();
   getch();   // warte
   s2.zeigen();
   screen s3('X');
   getch();   // warte
   s3.zeigen();
   cout << "Derzeit sind(ist) "
        << s1.gib_Anzahl() // Objekt-Bezug
        << " Bildschirm(e) aktiv\n";
   screen s4('?');  // das war zu viel
}                                                    ■
```

Wie bei anderen Standard-Datentypen kann man auch für Klassen Konstanten definieren:

```
const string konstString("Hallo Leute");
```

Für ein solches konstantes Objekt dürfen nur konstante Methoden aufgerufen werden; das sind Methoden, deren Funktionskopf mit dem Schlüsselwort **const** abgeschlossen wird, wie z.B.

```
int string::schreiben() const
{  // ....
}
```

Diese Methode muß dann auch innerhalb der Klassen-Definition mit dem Schlüsselwort **const** versehen sein.

Wird für ein konstantes Objekt eine nicht-konstante Methode aufgerufen, die in der Klasse definiert ist, so gibt der C++-Compiler lediglich eine Warnung aus und verwendet die angegebene nicht-konstante Methode.

Im folgenden Beispiel wird die Klasse **string** erneut modifiziert und ein konstantes und ein variables Objekt dieser Klasse bearbeitet. Dabei sieht man, daß man die konstante Methode **lesen** und die nicht-konstante Methode **lesen** überladen kann; der Modifizierer **const** genügt also bereits, überladene Funktionen zu unterscheiden.

□ *Beispiel 12.3.2   Methoden für konstante Objekte (KonstKl.cpp)*

```cpp
#include <string.h>
#include <conio.h>
#include <iostream.h>

/////////////////
class string  //
/////////////////
{  char *s;               //Zeiger auf Zeichenreihe
   unsigned int akt_lg;//aktuelle Laenge der Zeichenreihe
public:
   string(char *t);   //Konstruktor mit vorbelegtem String
   int lesen();        // einlesen
   int lesen() const;
     // einlesen auf Konstante:Fehlermeldung
   int schreiben() const; // auf Bildschirm zeigen
   int gib_Laenge() const // aktuelle Laenge
   {  return akt_lg;  }
};

//*****************************
string::string(char *text)  //  *
//*****************************
{  int lg=strlen(text);
   s=new char[lg+1];
   strcpy(s,text);
   akt_lg=lg;
}

//*****************************
inline int string::lesen()  //  *
//*****************************
{  char t[81];
   cout << ": ";cin >> t;
   if (strlen(t)>akt_lg)
      cout << "Eingabe zu lang\n";
   else
   {  strcpy(s,t); akt_lg=strlen(s); }
   return akt_lg;
}

//**********************************
inline int string::lesen() const //  *
//**********************************
{  cout <<
     "Wer wird denn in eine Konstante einlesen?\n";
```

```
      return 0;
}

//********************************
int string::schreiben() const  // *
//********************************
{  for (int i=0;i<akt_lg;i++) putch(s[i]);
   return akt_lg;
}

//*****************
void main()  //  **
//*****************
{  const string konstString("Hallo\n\r");
   konstString.schreiben();
   konstString.lesen();
   cout << "Laenge = "
        << konstString.gib_Laenge() << '\n';

   string String("Nanu\n\r");
   String.lesen();
   cout << "Laenge = " << String.gib_Laenge()
        << '\n';
   String.schreiben();
}
```

Es sei noch einmal erwähnt:
• Ein konstantes Klassen-Objekt darf *nur* konstante Methoden aufrufen.
• Ein variables Klassen-Objekt kann konstante und nicht-konstante Methoden aufrufen. ∎

Schreibt man innerhalb einer konstanten Methode eine Zuweisung an eine Klassen-Komponente, meldet der Compiler einen Fehler. Falls man allerdings auf eine etwas hinterlistige Weise eine Komponente verändert – etwa durch Zuweisung an s[0] – passiert dies die Compilierung ohne Beanstandung.
Da ein Konstruktor die Komponenten der Klasse besetzt, kann und darf ein Konstruktor *nicht* als konstant definiert werden.

12.4 Überladen von Operatoren

In Pascal beschreibt man das Aneinanderhängen der Zeichenreihen **z1** und **z2** einfach mit **z1+z2**; der +-Operator ist dort auf Zeichenreihen ausgedehnt worden. In C++ kann man dies selber tun, indem man den **+**-Operator für diesen Datentyp definiert. Tatsächlich behandelt C++ einen Operator als spezielle Form einer Methode; der Name einer Operator-Methode ist das Schlüsselwort **operator**, gefolgt von dem Operator-Zeichen. Hierbei dürfen nur die Operator-Zeichen benutzt werden, die es in C++ schon gibt. Die folgenden Syntax-Diagramme beschreiben den formalen Aufbau einer Operator-Definition.

OperatorFktName :   (12-8)

(operator) — | Operator |

| Operator | :   (12-9)

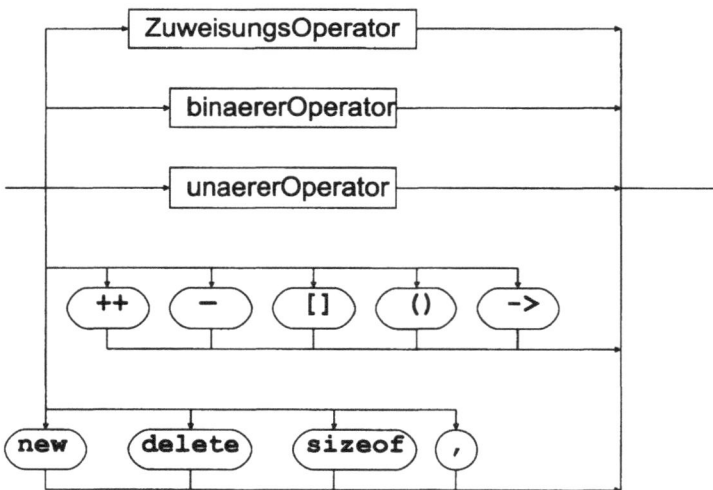

In C++ wird auch die Indizierung **[]** als Operator betrachtet. Die runden Klammern **()** bezeichnen den Operator "Funktionsaufruf", der in Abschnitt 12.6 behandelt wird.

194

❑ *Beispiel 12.4.1   Operatoren für die Klasse string (str1-Opt1.cpp)*

Wir wollen die Klasse **string** um Operatoren erweitern. In diesem Beispiel werden eingeführt:

- Der binäre Operator + als Aneinanderhängen von **string**s bzw. als Anhängen einer Zeichenreihe an einen **string**.
- Der Index-Operator [] als "sicherer" Element-Zugriff auf Buchstaben, der den Index auf Zulässigkeit überprüft. Dieser Operator liefert eine Referenz zurück, damit er wie der Index-Operator bei C-Vektoren auch auf der linken Seite einer Wertzuweisung verwendet werden kann. Für unsere Implementierung der Methode **elem** (vgl. Beispiel 12.1.1) war dies nicht der Fall.

```
#include <iostream.h>
#include <string.h>
#include <conio.h>

////////////////
class string  //
////////////////
{  char s[81];  // Zeichenreihe
   int akt_lg;  // aktuelle Laenge der Zeichenreihe
public:
   string();        // Konstruktor
   string(int);     // Konstruktor
   ~string();       // Destruktor
   int lesen();     // einlesen
   int schreiben(); // auf Bildschirm zeigen
   int gib_Laenge() const;// aktuelle Laenge

//  die neuen Methoden -----------
   string operator+(const string&);
   // strings aneinanderhaengen
   string operator+(const char *);
   // Zeichenreihe an string anhaengen
   char& operator[](int);
   // indizierter Zugriff (lesend und schreibend)
};

//**************************************************
string string::operator+ (const string &z)  // *
//**************************************************
{  int l1=akt_lg,l2=z.gib_Laenge();
   string res(l1+l2);
   int l=0;
   for (int i=0;i<l1;i++)
```

195

```
        res.s[l++]=s[i];
    for (i=0;i<=l2;i++)
        res.s[l++]=z.s[i];
    res.akt_lg=l1+l2;
    return res;
}


//**********************************************
string string::operator + (const char* z)  // *
//**********************************************
{   int l1=akt_lg,l2=strlen(z);
    string res(l1+l2);
    int l=0;
    for (int i=0;i<l1;i++)
        res.s[l++]=s[i];
    for (i=0;i<=l2;i++)
        res.s[l++]=z[i];
    res.akt_lg=l1+l2;
    return res;
}


//********************************************
char& string::operator [] (int index)  // *
//********************************************
{   if ((index<0) || (index>akt_lg))
    {   cout << "\n\n\007FEHLER: Index falsch\n\n";
        return s[0];
    }
    return s[index];
}


#include "str-opt1.in1"
// hier stehen die restlichen Methoden

//*****************
void main()  //  **
//*****************
{   string zeile1,zeile2;
    cout << "Zeile 1:";
    int eincount=zeile1.lesen();
    cout << "Zeile 2:";
    eincount+=zeile2.lesen();
// Anwendung des Operators +
// -------------------------
    string text;
    text = zeile1+"\n"+zeile2;
```

```
    text = text+"\nHallo";
    int auscount=text.schreiben();
    cout << "\nZeichen eingelesen: " << eincount
         << "  geschrieben: " << auscount << "\n";
// Anwendung des Index-Operators []
// ------------------------------
    int nr;
    cout << "Der wievielte Buchstabe vom obigen Text "
         << "soll geaendert werden? ";
    cin >> nr;
    cout << "Der " << nr << ". Buchstabe ist "
         << text[nr] << "\n";
    cout << "Neuer Buchstabe: ";
    cin >> text[nr];
    text.schreiben();
    getch();    // in user-screen warten
}
```

In C++ können die im Syntax-Diagramm (12-9) angegebenen Operatoren überladen werden. Das sind alle in C++ definierten Operatoren mit Ausnahme von ., .*, :: und der bedingten Anweisung ? :. Man kann die Auswertungsrichtung und die Priorität der Operatoren nicht ändern; es gelten auch für die überladenen Operatoren die in Abschnitt 5.1 angegebenen Festlegungen. Man kann also nicht einen binären Operator ! oder einen unären Operator < einführen. Ebensowenig kann man ein neues Operator-Symbol – etwa @ – in die Sprache einführen.

Man beachte, daß man beim Überladen eines Operators seine alte Bedeutung überschreibt. Auch verliert man dabei die mathematischen Zusammenhänge wie etwa die, daß die Negation des Operators == der Operator != ist. Gegebenenfalls muß man beide Operatoren programmieren und dabei auf diesen Zusammenhang selbst achten.

□ *Beispiel 12.4.2   unärer Operator für die Klasse string (str-opt2.cpp)*

Wir wollen das obige Beispiel um den unären Operator + erweitern; dieser Operator soll alle kleinen Buchstaben der Zeichenreihe (einschließlich der deutschen Umlaute) in Großbuchstaben umwandeln.

```
///////////////
class string  //
///////////////
{  char s[81];      // Zeichenreihe
   int akt_lg;      // aktuelle Laenge der Zeichenreihe
public:
```

```
    // ....
#include "str-opt2.in1"   // <<--------
    string operator+(const string&);
    // strings aneinanderhaengen
    string operator+(const char *);
    // Zeichenreihe an string anhängen

//   neue Methode -----------
    string operator+ ();
    // Wandeln in Großbuchstaben
};
// Definition der Methoden
#include "str-opt2.in2"   // <<--------
//*****************************
string string::operator+() // **
//*****************************
{  string res(akt_lg);
    for (int i=0;i<akt_lg;i++)
    switch (s[i])
    {  case 'ä' : res[i]='Ä'; break;
        case 'ö' : res[i]='Ö'; break;
        case 'ü' : res[i]='Ü'; break;
        default  : res[i]=toupper(s[i]); break;
    }
    return res;
}


//*****************
void main()  //  **
//*****************
{  string Zeile1,Zeile2;
    cout << "Zeile 1:"; Zeile1.lesen();
    cout << "Zeile 2:"; Zeile2.lesen();

// Anwendung des binaeren und unaeren Operators +
// -----------------------------------------------
    string gross;
    gross=+Zeile1+"\n1: "+Zeile1+"\n2: "+(+Zeile2)+"\n";
    gross.schreiben();
}
```

Das folgende ist ein typisches Protokoll eines Programm-Ablaufes

```
Zeile 1:hallöle
Zeile 2:gänseblümchen
HALLÖLE
```

```
1: hallöle
2: GÄNSEBLÜMCHEN                                               ■
```

Woran erkennt der C++-Compiler, ob es sich um einen binären oder unären Operator handelt? Zur Beantwortung dieser Frage wollen wir den Operator + als Funktion **operator+** aufrufen, was in C++ alternativ zur direkten Verwendung des Operators erlaubt ist. Anstelle von

```
gross = Zeile1 + Zeile2;
```

schreibt man dann

```
gross = Zeile1.operator+(Zeile2);
```

Für

```
gross = +Zeile1;
```

sieht die alternative Schreibweise so aus:

```
gross = Zeile1.operator+();
```

Damit ist klar, daß der C++-Compiler die verschiedenen Varianten des Operators + an der Anzahl und den Typen der aktuellen Parameter unterscheidet, wie wir es bereits in Kapitel 8 für überladene Funktionen besprochen haben. Ferner sehen wir, daß der linke Operand *immer* vom Klassentyp der zugehörigen Klasse sein muß.

Ein weiteres Problem werfen die Operatoren **++** und **--** auf: Beide Operatoren gibt es als Präfix- und Postfix-Operatoren (vgl. Abschnitt 5.8).

In C++ wird zwischen der Präfix- und Postfix-Operation folgendermaßen unterschieden:

• Die Präfix-Version wird als parameterloser Operator definiert, also

```
ErgTyp    operator++();        // Präfix
ErgTyp    operator--();        // Präfix
```

• Die Postfix-Version des Inkrement- und Dekrement-Operators wird mit einem **int**-Argument definiert, also

```
ErgTyp    operator++(int);     // Postfix
ErgTyp    operator--(int);     // Postfix
```

Das **int**-Argument wird beim Aufruf als Operator *nicht* benötigt, es zeigt lediglich an, daß diese Definition dann aufzurufen ist, wenn der Operator als Postfix-Operator verwendet wird.

Im folgenden Beispiel verwenden wir den unären Operator **++** für die Klasse **string**.

☐ *Beispiel 12.4.3   Inkrementoperator für Klasse string (str-opt3.cpp)*

Der Operator **++** wird für die Klasse **string** wie folgt festgelegt:

* Die Präfix-Version von **++** verschiebt alle ASCII-Zeichen im Bereich zwischen 0 und 127 um 128 nach oben, d.h. sie haben danach eine Wert zwischen 128 und 255. Die Zeichen aus dem Bereich zwischen 128 und 255 bleiben unverändert.
* Die Postfix-Version von **++** verschiebt alle ASCII-Zeichen im Bereich zwischen 128 und 255 um 128 nach unten, d.h. sie haben danach eine Wert zwischen 0 und 127. Die Zeichen aus dem Bereich zwischen 0 und 127 bleiben unverändert.

```
/////////////////
class string  //
/////////////////
{  char s[81];      // Zeichenreihe
   int akt_lg;      // aktuelle Laenge der Zeichenreihe
public:
   string();              // Konstruktor
   ~string();             // Destruktor
   int lesen();           // einlesen
   int schreiben();       // auf Bildschirm zeigen
   void operator++();     // Praefix, low -> high
   void operator++(int);  // Postfix, high -> low
};

// Definition der ersten vier Methoden
#include "str-opt3.in1"

//****************************
void string::operator++()  // *
//****************************
{  for (int i=0;i<akt_lg;i++)
      if (s[i]>0)
         // ueber 127 sind die Zeichen negativ
      s[i]+=128;
}
```

```
//********************************
void string::operator++(int)   // *
//********************************
{ for (int i=0;i<akt_lg;i++)
     s[i]-=(s[i]<0)?-128:0;
}


//*****************
void main()   //  **
//*****************
{   string Zeile;
    cout << "\n\nGib ein Wort ein  : ";
    Zeile.lesen();
// Anwendung des Praefix-Operators ++
// --------------------------------
    cout << "Praefix-Operation : ";
    ++Zeile;
    Zeile.schreiben();

// Anwendung des Postfix-Operators ++
// --------------------------------
    cout << "\nPostfix-Operation : ";
    Zeile++;
    Zeile.schreiben();
}                                          ■
```

Die Definition des Operators ++ verändert implizit den Inhalt der Komponente
s der Klasse. Es wäre schön, wenn der Operator ++ anstelle von **void** diese
geänderte Klasse vom Typ **string** als Ergebnis zurückliefern würde. Man
müßte also die aktuelle Klasse selbst als Ergebnis angeben können. Hierzu gibt
es in C++ das Schlüsselwort **this**, das eine vordefinierte lokale Variable einer
Klasse ist (vgl. Syntax-Diagramm (5-15)). **this** enthält einen Zeiger auf das jeweilige Objekt der Klasse. Mit dem Ausdruck

```
    return *this;
```

wird von einer Methode also der aktuelle Wert des Objekts zurückgegeben. Dies
verwenden wir in den folgenden modifizierten Definitionen des Operators ++.
Da statische Methoden nicht an ein Objekt gebunden sind, darf man dort das
Schlüsselwort **this** nicht verwenden.

❏ *Beispiel 12.4.4   Das Schlüsselwort this (str-opt4.cpp)*

Die geänderten Operator-Definitionen sehen wie folgt aus:

```
//******************************
string string::operator++()  // *
//******************************
{   for (int i=0;i<akt_lg;i++)
        if (s[i]<=127)
            s[i]+=128;
    return *this;
}

//********************************
string string::operator++(int)  // *
//********************************
{ for (int i=0;i<akt_lg;i++)
        s[i]-=(s[i]>127)?-128:0;
    return *this;
}
```

Jetzt kann man die Ausgaben der veränderten Strings einfach so schreiben:

```
        (++Zeile).schreiben();
        // ...
        (Zeile++).schreiben();
```

Wenn man hier die funktionale Schreibweise verwendet, muß man beim Postfix-Operator einen beliebigen aktuellen **int**-Parameter angeben, also

```
 Zeile.operator++().schreiben(); //(++Zeile).schreiben();
 // ...
 Zeile.operator++(0).schreiben();//(Zeile++).schreiben();
```
■

12.5   Zuweisungsoperator und Initialisierung

In C++ ist die Zuweisung zwischen Struktur-Variablen erlaubt, wenn die beiden Variablen vom selben Typ sind. Dabei werden die Komponenten der Struktur-Variablen, die auf der rechten Seite stehen, an die entsprechenden Komponenten der auf der linken Seite stehenden Struktur-Variablen kopiert. Diese standardmäßig festgelegte Zuweisung kann zu beträchtlichen Problemen führen, wie das folgende Beispiel zeigt.

❏ *Beispiel 12.5.1   Problem bei Zuweisung (zuweis1.cpp)*

Wir betrachten wieder die Klasse **string**.

```cpp
#include <iostream.h>

/////////////////
class string  //
/////////////////
{   char *s;          // Zeiger auf Zeichenreihe
    int akt_lg;       // aktuelle Laenge der Zeichenreihe
public:
    string(int);      // Konstruktor
    ~string();        // Destruktor
};

//************************
string::string(int n)  //  *
//************************
{   s = new char [n+1];
    for (int i=0;i<n;i++)  s[i]='_';
    s[n]='\0';
    akt_lg=n;
    cout << "\nKonstruktor mit Laenge " << akt_lg;
}

//*********************
string::~string()  //  *
//*********************
{   cout << "\nDestruktor mit Laenge " << akt_lg;
    delete s;
}

//****************
void main()  //  *
//****************
{   string s1(20),s2(40);
    s1=s2;
}
```

Um die Aufrufe des Konstruktors und Destruktors leichter verfolgen zu können, enthalten Konstruktor und Destruktor Testausgaben. Da die beiden **string**-Variablen verschiedene Längen haben, kann man an der Ausgabe der Länge erkennen, welcher String gerade bearbeitet wird. Das Programm liefert folgende Ausgabe:

203

```
Konstruktor mit Länge 20
Konstruktor mit Länge 40
Destruktor mit Länge 40
Destruktor mit Länge 40
```

In der Wertzuweisung werden die Komponenten von **s2** nach **s1** kopiert. Danach zeigt der Zeiger **s** von **s1** auf dieselbe Zeichenreihe wie **s2**, nämlich auf die mit den 40 Zeichen. Auf die Zeichenreihe mit den 20 Zeichen kann man jetzt nicht mehr zugreifen, da kein Zeiger mehr darauf zeigt. Beide Variablen **s1** und **s2** zeigen also auf dieselbe Zeichenreihe.
An der Ausgabe des Programms erkennt man dies auch: Die Zeichenreihe der Länge 40 wird zweimal, die der Länge 20 überhaupt nicht freigegeben; das kann zu Problemen beim Programm-Ablauf führen. ■

Dieses Problem kann man dadurch lösen, daß man für die Klasse **string** einen speziellen Zuweisungsoperator definiert. Er vereinigt in sich die Wirkung von Destruktor – der alte Speicherplatz wird freigegeben – und Konstruktor – der neue Speicherplatz wird reserviert und initialisiert.

❑ *Beispiel 12.5.2 Zuweisungsoperator für Klasse string (zuweis-2.cpp)*

```
//*************************************************
string& string::operator=(const string& z)  //  *
//*************************************************
{ if (this==&z)
     return *this;   // Zuweisung auf sich selbst
  delete s;
  akt_lg=z.gib_Laenge();
  s=new char [akt_lg+1];
  strcpy(s,z.s);
  return *this;
}
```

Die Initialisierung von Variablen wird in C ebenfalls mit dem Gleichheitszeichen beschrieben. Wir modifizieren unser obiges Hauptprogramm leicht:

```
//****************
void main()  //  *
//****************
{ string s2(20);
  string s1=s2;
}
```
■

Wenn Sie dieses Programm ablaufen lassen, werden Sie feststellen, daß der Zuweisungsoperator *nicht* aufgerufen wird. Das ist auch gut so: Der Zeiger **s** von **s1** ist an der Definitionsstelle noch nicht definiert und zeigt somit irgendwohin, und beim Löschen mit

```
delete s;
```

würde folglich irgendein Speicherbereich freigegeben, was katastrophale Folgen haben könnte.

Der C++-Compiler unterscheidet streng zwischen einer Zuweisung und einer Variablen-Definition mit Initialisierung, die beide mit dem Zeichen = geschrieben werden.

Die Initialisierung haben wir in Abschnitt 12.2 als Parameter des Konstruktors bereits kennengelernt. Im obigen Beispiel brauchen wir einen Konstruktor, der als Parameter einen Zeiger auf die eigene Klasse enthält. Ein solcher Konstruktor heißt *Kopier-Konstruktor*: Er "konstruiert" eine Variable und kopiert die Initialisierung in die einzelnen Komponenten.

❑ *Beispiel 12.5.3 Kopier-Konstruktor für Klasse string (zuweis3.cpp)*

In unserem **string**-Beispiel hat er folgendes Aussehen:

```
/////////////////////////////
string::string(string& z)   //
/////////////////////////////
{  lg=z.gib_Laenge(); s=new char [lg+1];
   strcpy(s,z.s);
}                                           ∎
```

Wir sehen also, daß Zuweisung und Initialisierung zwei unterschiedliche Operationen sind, auch wenn man in C und C++ hierfür dasselbe Symbol benutzen kann. In C++ kann man die Initialisierung auch als Parameter für den Konstruktor schreiben, im obigen Beispiel also

```
string s2(s1);
```

12.6   Funktionsaufruf als Operator

Der Funktionsaufruf wird in C und C++ durch einen Bezeichner, gefolgt von einem Klammerpaar, beschrieben. Innerhalb des Klammerpaares können abhängig von der Funktionsdefinition kein oder mehrere Parameter stehen. Das Klammerpaar () dient gewissermaßen als Operator, ähnlich wie die eckigen Klammern [] den Operator Index-Zugriff beschreiben.

Dieser Operator () kann in C++ in einer Klasse überladen werden. Dieses Überladen macht dann Sinn, wenn es für eine Klasse eine sehr dominante Operation gibt, die man einfach als Funktionsaufruf – allerdings mit einer speziellen Bedeutung – formuliert.

Nach Syntax-Diagramm (12-9) hat die zugehörige Methoden-Definition folgenden Aufbau:

```
ErgebnisTyp  operator() (typ1 fpar1,
                         typ2 fpar2,typ3 fpar3)
```

Dabei bedeutet das erste Klammerpaar *Umdefinition des Aufrufoperators* (), im zweiten Klammerpaar sind die formalen Parameter mit ihren Datentypen aufgelistet. Hier sind drei formale Parameter angegeben, man kann diesen Operator aber – je nach Aufgabe – mit beliebig vielen Parametern definieren. Wird der Operator auf eine Instanz **Zeile** der Klasse **string** angewendet, so sieht das folgendermaßen aus:

```
Zeile.operator() (apar1,apar2,apar3);
```

wobei **apar1, apar2, apar3** die aktuellen Parameter sind. Dies kann man auch kürzer schreiben:

```
Zeile(apar1,apar2,apar3);
```

Der Variablen-Name wird dabei wie ein Funktionsname verwendet. Der Funktionsaufruf-Operator ist übrigens der einzige Operator, der mehr als einen Parameter haben kann.

Im folgenden Beispiel wollen wir zwei dominante Operationen für die Klasse **string** einführen und durch einen speziellen Funktionsaufruf implementieren:

- Ein Funktionsaufruf mit zwei Parametern **(von,bis)** liefert den Teilstring einer Zeichenreihe vom Index **von** bis zum Index **bis**.
- Der einparametrige Funktionsaufruf mit einem **char**-Parameter liefert die Position des im Parameter angegebenen Zeichens im **string**.

❏ *Beispiel 12.6.1 Operator Funktionsaufruf für Klasse string*
        (Fkt-opt.cpp)

Die in Abschnitt 12.1 besprochene Klasse **string** erweitern wir um zwei
Funktionsaufruf-Operatoren.

```
#include <iostream.h>
#include <string.h>

/////////////////
class string  //
/////////////////
{   char s[81];  // Zeichenreihe
    int akt_lg;  // aktuelle Laenge der Zeichenreihe

public:
//  Konstruktoren, Destruktor und
//  Methoden (vgl. Abschnitt 12.1)
#include "fkt-opt1.in"
    string();
    string(int);
    string operator()(int anf,int ende);
        // berechnet den Teilstring von anf bis ende
    int operator()(char such);
        // liefert die Position von such im string
        //           -1 falls nicht gefunden
};
```

Der erste Funktionsaufruf-Operator mit den zwei **int**-Parametern soll den Teilstring zwischen den angegebenen Parametern zurückliefern. Falls die Parameter
außerhalb der Zeichenreihe liegen, werden sie auf den zulässigen Bereich angepaßt; d.h. ein Parameter **ende**, der größer als die aktuelle Länge ist, wird auf
diese gestutzt. Entsprechend wird ein negativer Parameter **anf** auf 0 gesetzt.

```
//*********************************************
string string::operator()(int anf,int ende)  //  *
//*********************************************
{   // Ueberpruefen und Anpassen der Grenzen
    if (anf<0)     anf=0;
    if (ende>akt_lg)  ende=akt_lg-1;
    if (anf>ende)
    {   int t=anf; anf=ende; ende=t; }
    string res(ende-anf+1);  // Ergebnisvariable
    int lg=0;
    for (int i=anf;i<=ende;i++)
```

```
      res.s[lg++]=s[i];
   res.s[lg]='\0';
   return res;
}
```

Der zweite Funktionsaufruf-Operator mit einem **char**-Parameter liefert die Position im **string**, an der der im Parameter angegebene Buchstabe zum ersten Mal vorkommt. Falls er nicht vorkommt, soll der Wert −1 zurückgegeben werden.

```
//****************************************
int string::operator()(char such)   //  *
//****************************************
{  for (int i=0;i<akt_lg;i++)
      if (s[i]==such)   return i;
   return -1;
}
```

Im folgenden Hauptprogramm werden beide Operatoren aufgerufen.

```
//****************
void main()   //  *
//****************
{  string Zeile;
   cout << "\n\nZeile: ";
   Zeile.lesen();
// Teilstring-Operation
// --------------------
   cout << "Teilstring 3 .. 12 : ";
   Zeile(3,12).schreiben();
   cout << "\n";
// Buchstaben in string suchen
// ---------------------------
   char search;
   cout << "Suchzeichen : ";
   cin  >> search;
   cout << "\"" << search << "\""
        << " wurde auf Position "
        << Zeile(search)
        << " gefunden\n";
}
```

Der Aufruf

```
        Zeile(3,12).schreiben();
```

soll zur Verdeutlichung noch einmal in der funktionalen Schreibweise aufgeschrieben werden:

```
( Zeile.operator()(3,12) ).schreiben();
```

In verbaler Form heißt dies: *Wende auf* **Zeile** *den Funktionsaufruf-Operator*
mit den Parametern **3** *und* **12** *an; der sich daraus ergebende* **string** *wird*
dann mit der Methode **schreiben** *ausgegeben.*   ∎

12.7 Konvertierungsoperatoren

In Kapitel 5 wurde besprochen, wie sich Daten von einem Standard-Datentyp in
einen anderen umwandeln lassen. Damit die Benutzer-definierten Datentypen
möglichst genauso benutzt werden können wie die Standard-Datentypen, brauchen wir auch hier Festlegungen für die Typ-Konvertierung.

Für Klassen haben wir bereits eine Typ-Konvertierung kennengelernt: Beim
Konstruktor können Parameter angegeben werden. Wenn ein Konstruktor genau
einen Parameter hat, so wird an der Definitionsstelle dieser eine Parameter in
den Klassentyp umgewandelt.

In Beispiel 12.2.1 hatte die Klasse **string** einen Konstruktor

```
string::string(int n);
```

Die Definition einer String-Variablen hat folgendes Aussehen:

```
string beispiel = 30;
```

Damit wird eine **string**-Variable **beispiel** angelegt, die für 30 Zeichen
Platz bietet. Diese implizite Typwandlungsfunktion ist in C++ derart verallge-
meinert worden, daß man diese "Zuweisung" auch in Anweisungen verwenden
darf. So ist etwa

```
beispiel = 50;
```

zulässig; es wird an dieser Stelle automatisch der Konstruktor **string::**
string(50) aufgerufen. Die ganze Zahl 50 wird also in den Datentyp
string konvertiert.

Dieses Beispiel ist zwar formal richtig, verschwendet i.a. aber viel Speicherplatz. Betrachten wir hierzu noch einmal den Rumpf des Konstruktors, wie er in Beispiel 12.2.1 definiert ist:

```
string::string(int n)
{ s = new char [n+1]; res_lg=n; akt_lg=0; }
```

Der Konstruktor reserviert sich neuen Speicherplatz. Bei der obigen Zuweisung müßte zuvor jedoch der alte Speicherplatz freigegeben werden, wie wir es bei **operator=** gemacht haben. Auf der anderen Seite darf der Konstruktor dies aber nicht tun, wenn er an einer Definitionsstelle aufgerufen wird. Schon an diesem Beispiel sieht man, daß man in C++ bei Zuweisungen mit Typ-Konvertierung besonders sorgfältig vorgehen muß.

Die Klasse **string** bearbeitet Zeichenreihen aus Buchstaben des 8 Bit-ASCII-Codes, wie er für die PC-Familie definiert wurde. Beim Datenaustausch mit anderen Systemen kann man sich nur auf die international festgelegte erste Hälfte dieses Zeichensatzes verlassen. Wir werden eine zweite Klasse **string7** einführen, die speziell auf 7 Bit-ASCII-Zeichenreihen ausgerichtet ist. Damit stellt sich sofort die Frage nach der Konvertierung zwischen diesen beiden Klassen.

❑ *Beispiel 12.7.1   nochmals Klasse string (string8.hpp)*

Die Klasse **string** enthält die folgenden Methoden:

```
////////////////
class string  //
////////////////
{   char *s;        // Zeiger auf Zeichenreihe
    int akt_lg;     // aktuelle Laenge der Zeichenreihe
public:
    string(int);    // Konstruktor fuer integer
    string(char *); // Konstruktor fuer Zeichenreihen
    string(string&);   // Kopier-Konstruktor
    ~string();         // Destruktor

    string operator=(string&);
    char& operator[](int i)  {  return s[i];  }
    int schreiben()
    {  cout << s << '\n';
       return akt_lg;
    }
    int gib_Laenge() { return akt_lg; }
};
```

Die Methoden können direkt aus den früheren Beispielen übernommen werden. Unsere neue Klasse **string7** ist zunächst genauso aufgebaut wie die Klasse **string**, d.h. im obigen Text ist **string** durch **string7** zu ersetzen. Zusätzlich soll diese neue Klasse einen Konstruktor für die Typ-Konvertierung von **string** nach **string7** enthalten. In der Klasse steht also noch

```
string7(string);     // Typwandlungskonstruktor
```

Die Aufgabe dieses Konstruktors ist die Umwandlung von 8 Bit-ASCII-Strings in 7 Bit-ASCII-Strings. Dazu müssen wir zunächst festlegen, was mit den ASCII-Zeichen größer 127 geschehen soll. Für deutsche Texte stellen sich hier besondere Wünsche: Die Umlaute und das scharfe s (ß) liegen in diesem Bereich. Eine naheliegende Umwandlung wäre, Umlauten in Vokalpaare, also ä nach **ae** usw. umzuwandeln. Entsprechend sollte **ß** in **ss** gewandelt werden. Die anderen Zeichen sollen durch ein Ersatzzeichen, im Beispiel _, dargestellt werden. Die folgende Definition des Konstruktors beschreibt diese Konvertierung.

❏ *Beispiel 12.7.2   Konvertierung über Konstruktor (string7.cpp)*

```
const char ERSATZ = '_';
//*****************************
string7::string7(string s8)  // *
//*****************************
{ char help[255];
  int ind=0;
  for (int i=0;i<=s8.laenge();i++)
  switch (s8[i])
  { case 'ä' :  help[ind++]='a';help[ind++]='e';
                break;
    case 'Ä' :  help[ind++]='A';help[ind++]='e';
                break;
// usw. für die anderen Umlaute

    case 'ß' :  help[ind++]='s';help[ind++]='s';
                break;
    case 0   :  help[ind]='\0';
                break;
    default  :  if (s8[i]>=0) // wegen signed char
                   help[ind++]=s8[i];
                else
                   help[ind++]=ERSATZ;
                break;
  } // switch
```

```
akt_lg = strlen(help);
s=new char[akt_lg+1];
strcpy(s,help);
}
```                                                                      ■

Die umgekehrte Konvertierung kann man natürlich analog in die Klasse **string** einbauen. Wenn man diese Klasse aber nicht als C++-Quelle vorliegen hat, ist dieser Weg versperrt. Falls der Datentyp, in den man konvertieren will, ein *Standardtyp* ist, kann man hierfür natürlich keine Konstruktoren schreiben. Für diese Fälle kann man in C++ einen **cast**-Operator definieren, der die Konvertierung in den angegebenen Datentyp erzwingt. Formal ist ein **cast**-Operator eine **operator**-Definition, in der anstelle des Operatorzeichens der Ziel-Datentyp angegeben ist.

| KonvertierungsFktName | : | (12-10) |

◻ *Beispiel 12.7.3   Konvertierungsoperator für string nach string7*
                    (string7.cpp)

Die Konvertierung von **string7** in den 8 Bit-**string** sieht dann folgendermaßen aus:

```
const char ZURUECK='|';

//*****************************
string7::operator string()  // *
//*****************************
{ string res(s);  // kopiert Zeichenreihe nach res
  for (int i=0;i<akt_lg;i++)
     if (s[i]==ERSATZ)
        res[i]=ZURUECK;
  // Rest ist schon kopiert
  return res;
}                                                          ■
```

13 Vererbung

In diesem Kapitel werden wir eines der mächtigsten Sprachmittel der objektorientierten Programmierung besprechen: die *Vererbung*. Dabei kann man eine neue Klasse einführen, die zunächst alle Bestandteile – also Datenkomponenten und Methoden – von einer anderen Klasse erbt; zusätzlich kann man nun neue Komponenten hinzufügen sowie bestehende Methoden umdefinieren. In C++ kann eine neue Klasse gleichzeitig die Eigenschaften von mehreren anderen Klassen erben. Diese *Mehrfach-Vererbung* werden wir in Abschnitt 13.2 besprechen, nachdem in Abschnitt 13.1 die einfache Vererbung behandelt wurde. In Abschnitt 13.3 besprechen wir virtuelle Funktionen, die bei der Vererbung eine wichtige Rolle spielen. Abstrakte Klassen beschreiben allgemeine Verfahren, aus denen dann spezielle Anwendungen abgeleitet werden können. Sie werden in Abschnitt 13.4 besprochen. Wie sich nicht-verwandte Klassen Zugriff auf die privaten Komponenten verschaffen können, wird in Abschnitt 13.5 behandelt, wo wir das Schlüsselwort **friend** kennenlernen werden. Der abschließende Abschnitt 13.6 behandelt **template**-Klassen, bei denen Datentypen als Parameter auftreten.

13.1 Einfache Vererbung

In C++ kann man die Komponenten einer Klasse direkt an eine andere Klasse vererben. Die Klasse, von der geerbt wird, nennt man *Basisklasse*; die neue Klasse, die die Komponenten der Basisklasse erbt, heißt *abgeleitete Klasse*. Im Klassenkopf der abgeleiteten Klasse (siehe Syntax-Diagramm (11-3)) wird in BasisSpez der Name der Basisklasse angegeben.

| BasisSpez | : | (13-1) |

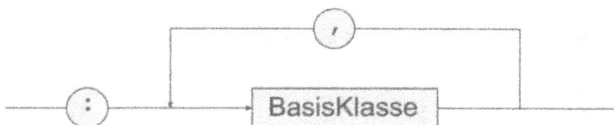

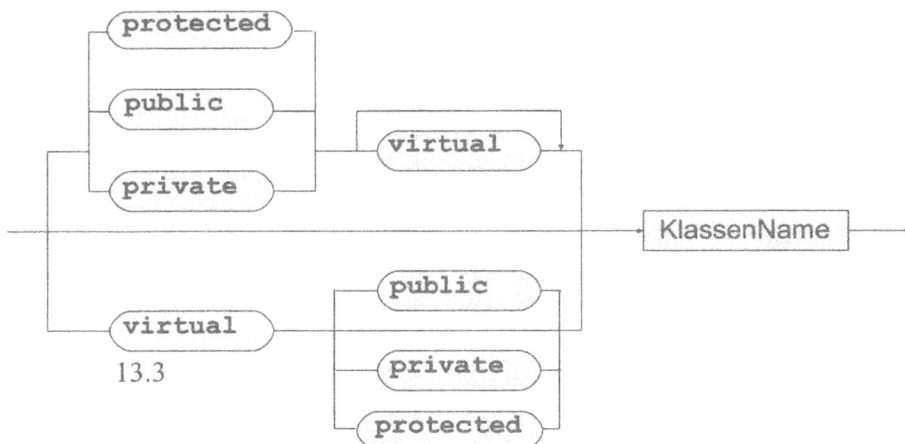

Im Rest dieses Kapitels werden die verschiedenen Aspekte der Vererbung an einem Beispiel zur Verwaltung von Texten besprochen. Wir wollen Texte beliebig am Bildschirm plazieren können. Dazu wird eine Klasse **Position** eingeführt.

❑ *Beispiel 13.1.1   Klasse Position (Position.hpp,Position.cpp)*

```
/////////////////
class Position //
/////////////////
{   int Zeile,Spalte;
public:
    Position(int z=1,int s=1);  // Konstruktor
    int gib_Zeile()  const {  return Zeile;  }
    int gib_Spalte() const {  return Spalte; }
    void bewegen(int,int);         // bewegen
    void positionieren(int,int); // positionieren
};

//**********************************
Position::Position(int z,int s)  // *
//**********************************
{   Zeile=z;
    Spalte=s;
}
```

```
//*****************************************
void Position::bewegen(int dz,int ds) // *
// Bewegung von aktueller Position um    *
// dz Zeilen und ds Spalten              *
//*****************************************
{   Zeile+=dz;
    Spalte+=ds;
}


//***********************************************
void Position::positionieren(int z,int s) // *
// absolute Position neu festlegen             *
//***********************************************
{   Zeile=z;
    Spalte=s;
}                                              ■
```

Diese Klasse ist so allgemein gehalten, daß man sie zum Positionieren und Bewegen von beliebigen Objekten auf dem Bildschirm verwenden kann. Im nächsten Beispiel wird daraus die Klasse **Pos_Text** abgeleitet. Als Grundlage dazu dient eine etwas abgespeckte Version der Klasse **string**, die im vorigen Kapitel besprochen wurde.

❑ *Beispiel 13.1.2   String mit Position (Pos_Stri.hpp)*

```
#include "position.hpp"

/////////////////////////////////////////
class Pos_String : public Position   //
/////////////////////////////////////////
{   char *s;
    int lg;
public:
    // Konstruktoren
    Pos_String(int,int,char *);
    Pos_String(int,int);
    // Destruktor
    ~Pos_String();
    int gib_Laenge() const {   return lg; }
    void lesen();              // Eingabe
    void schreiben() const; // Ausgabe
};                                              ■
```

Durch die Klassen-Definiton erbt die Klasse **Pos_String** alle Komponenten und Methoden der Klasse **Position**. Die einzigen Methoden, die nicht weitervererbt werden können, sind:

- Konstruktoren und Destruktor, da diese den Klassen-Namen tragen und deshalb für jede Klasse neu definiert werden müssen.
- Der Zuweisungsoperator, der ja eine Kombination aus Destruktor und Konstruktor ist.

Beim Aufruf eines Konstruktors für **Pos_String** muß natürlich auch die Basisklasse entsprechend initialisiert werden. Hierzu gibt es eine spezielle Aufruf-Form für die Konstruktoren der Basisklasse: die Basis-Initialisierer (vgl. auch Syntax-Diagramm (12-5)):

| BasisInitialisierer | :   (13-3)

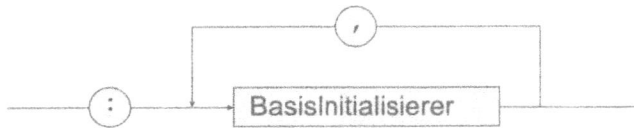

| ElementInitialisierer | :   (13-4)

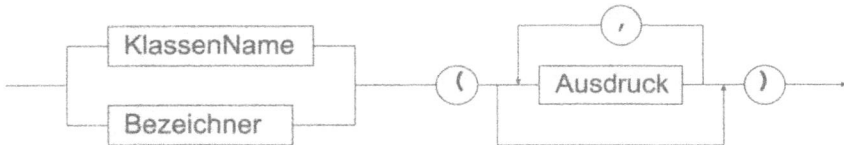

Wir können eine Instanz vom Typ **Pos_String** wie folgt vereinbaren:

```
Pos_String p1(10,10,"Hallo");
```

Dabei geben die ersten beiden Parameter an, an welcher Position der Text **Hallo** erscheinen soll; sie müssen an den Konstruktor der Basisklasse **Position** weitergereicht werden. Dies geschieht nach den obigen Syntax-Diagrammen folgendermaßen:

```
Pos_String::Pos_String(int zl,int sp,char *t)
    :  Position(zl,sp)
{  // Rumpf des Konstruktors
}
```

Der Konstruktor **Position** wird *vor* dem Rumpf des Konstruktors **Pos_String** aufgerufen.

❑ *Beispiel 13.1.3   Methoden von Pos_String*
                     (Pos_Stri.cpp, Pos1̄-hp.cpp, Pos1-hp.prj)

```cpp
#include <string.h>
#include <iostream.h>
#include <conio.h>
#include "Pos_Stri.hpp"

//************************************************
Pos_String::Pos_String(int zl,int sp,char *t)   // *
   :  Position(zl,sp)                            // *
//************************************************
{  lg=strlen(t);
   s = new char[lg+1];
   strcpy(s,t);
}


//*******************************************
Pos_String::Pos_String(int zl,int sp)  // *
//*******************************************
   :  Position(zl,sp)
{  lg=-1;
   s=NULL;
}


//*****************************
Pos_String::~Pos_String()  // *
//*****************************
{  delete s;
   lg=-1;
}


//**************************
void Pos_String::lesen() // *
//**************************
{  char h[1024];
   gotoxy(gib_Spalte(),gib_Zeile());
   cin >> h;
   delete s;
   lg=strlen(h);
   s=new char [lg+1];
   strcpy(s,h);
}
```

```
//****************************************
void Pos_String::schreiben() const   // *
//****************************************
{   gotoxy(gib_Spalte(),gib_Zeile());
    cout << s;
}
```

Das folgende Hauptprogramm verwendet zwei Instanzen vom Typ
Pos_String:

```
#include <conio.h>
#include "Pos_Stri.hpp"

//****************
void main()   // **
//****************
{   Pos_String p1(10,10,"Hallo"),p2(20,20);
    p2.lesen();
    clrscr();
    p1.schreiben();
    p2.schreiben();
}                                                   ■
```

Die Klasse **Position** wurde an die Klasse **Pos_String** mit der Zugriffsspezifikation **public** weitervererbt. Dadurch vererben sich sämtliche Zugriffsrechte auf Komponenten der Basisklasse **Position** an die abgeleitete Klasse.
Also ist im Hauptprogramm die Methode **bewegen** auch für Instanzen der
Klasse **Pos_String** verfügbar.

Wird die Basisklasse mit dem Schlüsselwort **private** angegeben, so erhalten
in der abgeleiteten Klasse *alle* Komponenten der Basisklasse das Zugriffsrecht
private. Bei der Klassenvererbung **protected** (siehe unten) werden die
public-Komponenten der Vorgängerklasse mit dem Zugriffsrecht **protected** weitervererbt.

Nach Syntax-Diagramm (13-2) kann bei der Vererbung das Schlüsselwort **private, protected** bzw. **public** auch fehlen. Dann gilt folgendes: Ist die abgeleitete Klasse mit **class** (bzw. **struct**) definiert, wird die Vererbung als
private (bzw. **public**) behandelt.

In den Methoden **lesen** und **schreiben** wird zunächst an die Koordinaten
Zeile und **Spalte** positioniert. Da diese Komponenten in der Klasse **Position** private Komponenten sind, kann man in der Klasse **Pos_String** nicht
direkt darauf zugreifen; wir haben die entsprechenden öffentlichen Zugriffs-
funktionen **gib_Zeile()** und **gib_Spalte()** verwendet. Eine abgeleitete

Klasse steht in einem sehr viel engeren Verhältnis zur Basisklasse als ein gewöhnlicher externer Benutzer der Klasse. Deshalb kennt C++ – speziell für Verwandte – ein besonderes Zugriffsrecht, das mit dem Schlüsselwort **protected** gekennzeichnet wird: Auf die so gekennzeichneten Komponenten darf die abgeleitete Klasse "von außen" zugreifen, für alle anderen Benutzer sind diese Komponenten privat; sie können also von außen nicht darauf zugreifen.

Die folgende Tabelle faßt die Vererbung von Zugriffsrechten zusammen:

Klassen-Vererbung → Zugriffsrechte auf Komponenten ↓	private	protected	public
private	private	private	private
protected	private	protected	protected
public	private	protected	public

❑ *Beispiel 13.1.4   Klasse Position mit protected (Pos2-hp.cpp)*

Die Einführung des Zugriffsspezifizierers **protected** erlaubt eine elegantere Schreibweise der Methoden **lesen** und **schreiben**.

```
/////////////////
class Position  //
/////////////////
{
protected:    //   <<<----
    int Zeile,Spalte;
public:
    // ...
};


//**************************
void Pos_String::lesen() // *
//**************************
{   char h[128];
    gotoxy(Spalte,Zeile);   // <<<----
    // ...
}


//************************************
void Pos_String::schreiben() const  // *
//************************************
{   gotoxy(Spalte,Zeile);   // <<<---
```

```
    cout << s;
}                                                              ■
```

Unser Beispiel hat noch einen Mangel: Beim Bewegen des Strings bleibt der Text an der alten Stelle stehen und erscheint *zusätzlich* an der neuen Position. Die Klasse **Pos_String** soll entsprechend verbessert werden. Dazu müssen wir lediglich eine Löschfunktion einführen und diese beim Bewegen aufrufen.

In der klassischen Programmierung würde man nun den Quelltext verändern, was bei größeren Programmen meist dazu führt, daß dann überhaupt nichts mehr funktioniert – auch nicht die alte eingeschränkte Leistung! Wir werden hier die Verbesserung über den Vererbungsmechanismus in unser Programm einbringen. Damit ist gewährleistet, daß zumindest der alte Leistungsumfang des Programms unverändert läuft und etwaige Probleme in der neuen Klasse zu suchen sind. Mit diesem Vorgehen lassen sich Programme selbst dann modifizieren, wenn man nur über den Objektcode und nicht über den Quelltext verfügt.

❑ *Beispiel 13.1.5   Verbesserung von Pos_String*
                 (Posstr2.cpp mit Pos3-Hp.cpp)

```
/////////////////////////////////////////////
class Pos_String2 : public Pos_String  //
/////////////////////////////////////////////
{
public:
   Pos_String2(int z,int s,char *x)
      :  Pos_String(z,s,x)   {  };
   Pos_String2(int z,int s)
      :  Pos_String(z,s)   {  };

   void loeschen()
   {   gotoxy(Spalte,Zeile);
       for (int i=0;i<gib_Laenge();i++)
          putch(' ');
   }

   void bewegen(int dz,int ds)
   {   loeschen();
       Pos_String::bewegen(dz,ds);
       Pos_String::schreiben();
   }
};
```

Bei der neuen Definition von **bewegen** kann man nach dem Löschen auf die Methode **bewegen** der Basisklasse zurückgreifen. Dazu haben wir einen qualifizierten Namen verwendet (vgl. Syntax-Diagramm (12-3)). ∎

13.2 Mehrfach-Vererbung

In den Beispielen des vorigen Abschnitts wurde der Quelltext der Klasse **string** aus Kapitel 12 bearbeitet. Eigentlich wäre es einfacher und sicherer gewesen, die Eigenschaften der beiden Klassen **string** und **Position** an eine neue Klasse zu vererben. Tatsächlich kennt C++ die *Mehrfach-Vererbung*, bei der eine Klasse von zwei oder mehr Basisklassen abgeleitet wird. Dazu muß man lediglich eine durch Kommata getrennte Liste von Basisklassen bei der Definition der abgeleiteten Klasse angeben. Im folgenden Beispiel werden wir die Klasse **Position_String** aus der Klasse **Position**, wie sie in Beispiel 13.1.1 angegeben wurde, und der Klasse **string** aus Beispiel 12.3.1 ableiten.

❏ *Beispiel 13.2.1 Mehrfachvererbung (Mehrtst.cpp, Mehrtst.prj)*

```
////////////////////////////////////////////////////////////
class Position_String : public Position, public string //
////////////////////////////////////////////////////////////
{
public:
    Position_String(int,int,char*);
    Position_String(int,int);
    Position_String();
    ~Position_String();
    void bewegen(int,int);
    void schreiben();
    void lesen();
};
```

Die Methoden werden wie folgt definiert:

```
Position_String::Position_String(int zl,int sp,char *t)
    : Position(zl,sp), string(t) { }

Position_String::Position_String(int zl,int sp)
    : Position(zl,sp)  { }

Position_String::Position_String()
    : Position(2,2)  { }
```

```
Position_String::~Position_String()   {   }

//***********************************************
void Position_String::bewegen(int dz,int ds) // *
//***********************************************
{   gotoxy(Spalte,Zeile);
    for (int i=0;i<gib_Laenge();i++)
       putch(' ');
    Position::bewegen(dz,ds);
    schreiben();
}


//*********************************
void Position_String::schreiben()// *
//*********************************
{   gotoxy(Spalte,Zeile);
    String::schreiben();
}


//*******************************
void Position_String::lesen() // *
//*******************************
{   gotoxy(Spalte,Zeile);
    String::lesen();
}
```

Der Aufruf eines Konstruktors **Position_String** ruft vor den eigenen An-
weisungen automatisch die Konstruktoren der Basisklassen auf, und zwar in der
Reihenfolge, die bei der Definition der Klasse angegeben wurde. In unserem
Beispiel werden also an der Deklarationsstelle einer **Position_String**-
Variablen folgende Konstruktoren aufgerufen:

```
Position_String
        Konstruktor von Position
        Konstruktor von string
 Anweisungen des Rumpfes von Position_String
```
(Im Beispiel enthält dieser Rumpf keine Anweisungen).

Beim ersten Konstruktor

```
        Position_String(int zl,int sp,char* t)
```

werden die Konstruktoren **Position** und **string** explizit aufgerufen. Bei den beiden anderen Konstruktor-Versionen tritt nur der Konstruktor **Position** explizit auf. Für die Konstruktor-Aufrufe gelten folgende Regeln:

- Werden für die Basisklassen keine Konstruktor-Aufrufe explizit angegeben, so wird der Standard-Konstruktor (das ist der parameterlose Konstruktor) für die Basisklasse aufgerufen.
- Will man an den Konstruktor einer Basisklasse Parameter übergeben, so muß man explizit einen Aufruf beim Konstruktor der abgeleiteten Klasse angeben.

Wie oben bereits erwähnt, werden die Konstruktoren der Basisklassen in genau der Reihenfolge aufgerufen, in der die Basisklassen bei der Definition der abgeleiteten Klasse angegeben sind. Diese Reihenfolge kann man auch nicht dadurch ändern, daß man die expliziten Aufrufe der Konstruktoren für die Basisklassen vertauscht!

Die Aufrufe der Destruktoren erfolgen spiegelbildlich. Das folgende abstrakte Beispiel veranschaulicht diesen Sachverhalt.

❑ *Beispiel 13.2.2   Konstruktor- und Destruktoraufrufe bei*
Mehrfachvererbung (mehrfach.cpp)

Im folgenden Programm wird die Klasse **C** von den beiden Klassen **A** und **B** abgeleitet. Man beachte, daß die expliziten Konstruktor-Aufrufe in der Klasse **C** in einer anderen Reihenfolge aufgeschrieben sind als die Basisklassen bei der Klassen-Definition. Trotzdem wird zuerst der Konstruktor für **A** und erst dann der für **B** aufgerufen.

```
#include <iostream.h>
int count=0;

//////////
class A  //
//////////
{ int ident;
public:
  A()
  {  ident=count++;
     cout << "Konstruktor fuer A mit ident = "
          << ident << "\n";
  }
  ~A()
  {  cout << "Destruktor fuer A mit ident = "
          << ident<< "\n";
  }
```

```
};

///////////
class B  //
///////////
{ int ident;
public:
  B()
  {  ident=count++;
     cout << "Konstruktor fuer B mit ident = "
          << ident << "\n";
  }
  ~B()
  {  cout << "Destruktor fuer B mit ident = "
          << ident << "\n";
  }
};

/////////////////////////
class C : public A,B  //
/////////////////////////
{ int ident;
public:
  C() : B(), A()
  {  ident=count++;
     cout << "Konstruktor fuer C mit ident = "
          << ident << "\n";
  }
  ~C()
  {  cout << "Destruktor fuer C mit ident = "
          << ident << "\n";
  }
};

//*****************
void main()  //  **
//*****************
{  cout << "Deklaration A a1\n";
   A a1;
   cout << "Deklaration C v[2]\n";
   C v[2];
   cout << "Deklaration B b[2]\n";
   B b[2];
   cout << "Hier ist das Hauptprogramm\n";
}
```

Die Ausgabe des Programms, die in **Courier-Schrift** angegeben ist, wird in *Kursiv-Schrift* kommentiert.

```
Deklaration A a1
Konstruktor für A mit ident = 0
Deklaration C v[2]
Konstruktor für A mit ident = 1
Konstruktor für B mit ident = 2
Konstruktor für C mit ident = 3
Konstruktor für A mit ident = 4
Konstruktor für B mit ident = 5
Konstruktor für C mit ident = 6
Deklaration B b[2]
Konstruktor für B mit ident = 7
Konstruktor für B mit ident = 8
Hier ist das Hauptprogramm
Destruktor für B mit ident = 8
Destruktor für B mit ident = 7
Destruktor für C mit ident = 6
Destruktor für B mit ident = 5
Destruktor für A mit ident = 4
Destruktor für C mit ident = 3
Destruktor für B mit ident = 2
Destruktor für A mit ident = 1
Destruktor für A mit ident = 0
```

für jedes Vektorelement von C wird der Konstruktor aufgerufen, der seinerseits die Konstruktoren für A und B aufruft.

zwei Vektorelemente für B

Freigabe der beiden Vektorelemente für B

zweites Element von Vektor v (spiegelbildlich)

erstes Element von Vektor v (spiegelbildlich) Element a1 ∎

Mit Hilfe der Klasse **Position_String** wollen wir ein Menü-System entwickeln, das an bestimmten Stellen Zeichenreihen auf dem Bildschirm anzeigt und Text einliest. Dabei sollen bestimmte Felder auf dem Bildschirm ausgegeben werden, über andere Felder kann Text vom Bildschirm eingelesen werden.

Einige Texte können durch rechteckige Einrahmung auf dem Bildschirm hervorgehoben werden. Im folgenden Beispiel wird eine Klasse **RahmenText** eingeführt, die direkt von der Klasse **Position_String** abgeleitet wird. Die Vererbungshierarchie ist in Abbildung 13.2.1 dargestellt.

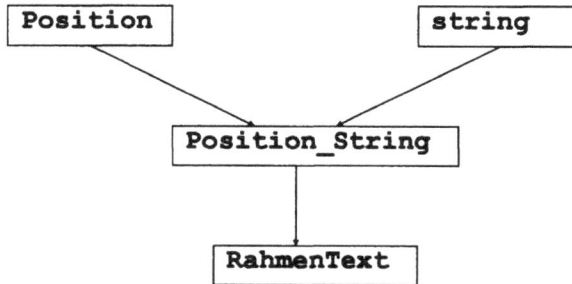

Abbildung 13.2.1

❑ *Beispiel 13.2.3 Text mit Rahmen (Rahmen.hpp, Rahmen.cpp)*

```
#include "posstring.hpp"
// enthaelt Definition der Klasse Position_String

/////////////////////////////////////////////////
class RahmenText : public Position_String   //
/////////////////////////////////////////////////
{   char Rahmenzeichen[7];
    void Rahmen_zeichnen();
public:
    RahmenText(int zl,int sp,char* txt="",
               char* frame="123456");
    void schreiben();
    void Rahmen_setzen(char*);
    void loeschen();
    void bewegen(int,int);
};
```

In der Komponente **Rahmenzeichen** werden die 6 Zeichen für den Rahmen abgespeichert, und zwar die Zeichen für die Stellen
• links oben,
• rechts oben,
• links unten,
• rechts unten,
• waagrecht und
• senkrecht.

Da diese Zeichen als Zeichenreihe abgespeichert werden sollen, braucht man ein weiteres Zeichen für das NUL-Byte.

Die Klasse **RahmenText** enthält eine private Methode **Rahmen_Zeichnen**,
die lediglich einen Rahmen um den dargestellten Text zeichnet. Der folgende
Programm-Text enthält die Definitionen der Methoden:

```cpp
#include "rahmen.hpp"
#include <conio.h>
#include <iostream.h>
#include <String.h>

//**********************************************************
RahmenText::RahmenText(int zl,int sp,char* txt,       // *
          char* frame) :  Position_String(zl,sp,txt) // *
//**********************************************************
{  strcpy(Rahmenzeichen,frame);   }

//************************************
void RahmenText::Rahmen_zeichnen() // *
//************************************
{  gotoxy(Spalte-1,Zeile-1);
   cout << Rahmenzeichen[0];
   for (int i=1;i<=gib_Laenge();i++)
      cout << Rahmenzeichen[4];
   cout << Rahmenzeichen[1];
   gotoxy(Spalte-1,Zeile);
   cout << Rahmenzeichen[5];
   gotoxy(Spalte+gib_Laenge(),Zeile);
   cout << Rahmenzeichen[5];
   gotoxy(Spalte-1,Zeile+1);
   cout << Rahmenzeichen[2];
   for (i=1;i<=gib_Laenge();i++)
      cout << Rahmenzeichen[4];
   cout << Rahmenzeichen[3];
}


//*******************************************
void RahmenText::Rahmen_setzen(char* r) // *
//*******************************************
{  strcpy(Rahmenzeichen,r);
   Rahmen_zeichnen();
}
//****************************
void RahmenText::schreiben()// *
//****************************
{  Rahmen_zeichnen();
   Position_String::schreiben();
}
```

```
//*****************************
void RahmenText::loeschen() // *
//*****************************
{   for (int i=0;i<=2;i++)
    {   gotoxy(Spalte-1,Zeile-1+i);
        for (int j=0;j<gib_Laenge()+2;j++)
            putch(' ');
    }
}


//********************************************
void RahmenText::bewegen(int dz,int ds) // *
//********************************************
{   loeschen();
    Position_String::bewegen(dz,ds);
    // Zeile,Spalte auf sichere Werte setzen
    if (Zeile>22)
        Zeile=22;
    if (Spalte+gib_Laenge()>79)
        Spalte=79-gib_Laenge();
}
```

Die Klasse **RahmenText** wird im folgenden Programm verwendet, in dem ein kleines Menü realisert wird.

```
#include "posstrin.hpp"
#include "rahmen.hpp"
#include <conio.h>

char* const einfach ="------";
char* const nichts  ="       ";
char* const primitiv="++++-|";

//*****************
void main()  // **
//*****************
{ clrscr();
   Position_String ename    ( 8,25,"-------"),
                   evorname(12,25,"_____"),
                   ewohnort(16,25,".......");
   RahmenText titel  ( 5,20,"Menue fuer Programm",
                        einfach),
              name    ( 8,10,"Name      :  ",einfach),
           vorname(12,10,"Vorname   :  ",nichts),
           wohnort(16,10,"Wohnort   :  ",primitiv);
```

```
      titel.schreiben();
      name.schreiben();
      vorname.schreiben();
      wohnort.schreiben();
      ename.schreiben();
      evorname.schreiben();
      ewohnort.schreiben();
      ename.lesen();
      evorname.lesen();
      ewohnort.lesen();

      clrscr();
      titel.schreiben();
      name.schreiben();
      vorname.schreiben();
      wohnort.schreiben();
      ename.schreiben();
      evorname.schreiben();
      ewohnort.schreiben();
      getch();
}
```
■

Ein Menü besteht aus einer Menge von Ein- und Ausgabe-Feldern. Wir wollen die einzelnen Menü-Teile in einer geeigneten Struktur zusammenfassen, um das gesamte Menü als Einheit z.B. einfach verschieben zu können. Das Problem dabei ist, daß die Komponenten unseres Menüs unterschiedliche Datentypen haben: Die Ausgabe-Felder sind alle vom Typ **RahmenText**, die Eingabe-Felder vom Typ **Pos_String**. Nun ist aber **Position_String** die Basisklasse von **RahmenText** und enthält daher alle Komponenten, die auch in **Rahmen-Text** vorkommen. Wegen der *Spezialisierung* durch die weiteren Komponenten zur Behandlung des Rahmens kann man auch sagen, daß **RahmenText** ein spezieller **Position_String** ist. Deshalb ist etwa eine Wert-Zuweisung vom spezielleren Typ (also **RahmenText**) an den allgemeineren Typ (also **Position_String**) durchaus sinnvoll, da ja allen Komponenten von **Pos_Text** von einer **RahmenText**-Variablen ein Wert zugewiesen werden kann. Man darf also an allen Stellen, an denen der Datentyp einer abgeleiteten Klasse vorkommen kann, auch die Basisklasse verwenden. Die entsprechende Typ-Verträglichkeit gilt auch bei Zeigern. Damit können wir unser Menü in folgendem Zeiger-Vektor zusammenfassen:

```
Position_String *menue[] =
        {   &titel,
```

```
        &name,&vorname,&wohnort,      // Ausgabefelder
        &ename,&evorname,&ewohnort   // Eingabefelder
   };
```

Jetzt läßt sich z.B. die Ausgabe des gesamte Menüs auf dem Bildschirm als einfache Schleife schreiben:

```
for (int i=0;i<=6;i++)
   menue[i]->schreiben();
```

Ändert man das obige Programm in dieser Form, wird man verwundert feststellen, daß sämtliche Ausgaben *ohne* Rahmen erscheinen. Warum dies so ist und wie man das Problem löst, ist Thema des folgenden Abschnitts.

13.3   Virtuelle Funktionen und virtuelle Basisklassen

Im obigen Beispiel des Menü-Vektors wurde die Methode **schreiben** für alle Elemente indirekt über den Zeiger aufgerufen. Dabei wird stets die Methode der Basisklasse verwendet. Der Grund für dieses Verhalten ist einfach: Wenn das Programm übersetzt wird, steht noch nicht eindeutig fest, auf welches Objekt ein Element des Vektors **menue** zur Laufzeit zeigt; die Wertzuweisung an die **menue**-Elemente könnte man etwa durch Eingaben steuern, die natürlich erst zur Laufzeit stattfinden, z.B.

```
        cout << "E Eingabe,A Ausgabe :";
        cin  >> wahl;
        if (wahl == 'E')
        {   menue[0]=&ename;
            menue[1]=&evorname;
            menue[2]=&ewohnort;
        }
        else
        {   menue[0]=&name;
            menue[1]=&vorname;
            menue[2]=&wohnort;
        }
```

Der Compiler kann also nur die Methoden für den allgemeinsten Fall, also die Klasse **Position_String**, aufrufen. C++ sieht eine Möglichkeit vor, die Entscheidung, welche spezielle Methode aufzurufen ist, erst zur Laufzeit zu treffen. Dazu muß man die Methoden, für die diese späte Entscheidung getroffen werden soll, lediglich mit dem Schlüsselwort **virtual** versehen (vgl. Syntax-Diagramm (8-3)). Diese sogenannte *späte Bindung* benötigt bei der Ausführung mehr Zeit als der erste Fall, den man auch *frühe Bindung* nennt. Unser Problem wird also einfach dadurch gelöst, daß man die Methoden **schreiben** und **bewegen** mit dem Schlüsselwort **virtual** versieht.

❏ *Beispiel 13.3.1 virtuelle Methoden (pstr-vir.hpp)*

Die neue Definition der Klasse **Position_String** sieht folgendermaßen aus:

```
/////////////////////////////////////////////////////////////
class Position_String : public Position,public string   //
/////////////////////////////////////////////////////////////
{
public:
    Position_String(int,int,char*);
    Position_String(int zl,int sp);
    Position_String();
    ~Position_String();
    virtual void bewegen(int,int);      // <<==
    virtual void schreiben();           // <<==
    void lesen();
};
```

In der Klasse **RahmenText** sind nach dieser Definition die beiden Methoden **bewegen** und **schreiben** automatisch virtuell, da sich die Eigenschaft, virtuell zu sein, von der Basisklasse an die abgeleitete Klasse vererbt. Man darf aber das Schlüsselwort **virtual** in der Klasse **RahmenText** wiederholen, was auch die Lesbarkeit erhöht.

Außerhalb einer Klassen-Definition darf das Schlüsselwort **virtual** nicht benutzt werden, auch nicht bei der Definition von **bewegen** und **schreiben**. Man kann also direkt die Methoden-Definitionen aus den Beispielen 13.2.1 und 13.2.3 übernehmen. Mit diesen Definitionen liefert das Programm aus dem vorigen Abschnitt das Gewünschte.   ■

Ein Konstruktor wird automatisch an den Definitionsstellen aufgerufen. Zu diesem Zeitpunkt ist natürlich der Datentyp der Variablen eindeutig bestimmt. Anders sieht es aber beim Destruktor aus. Einer Klassen-Variablen kann inzwischen der Wert eines abgeleiteten Klassen-Typs zugewiesen worden sein. Dann müßte man bei der Freigabe der Variablen auch den zugehörigen Destruktor aufrufen. Wenn die Destruktoren virtuell sind, wird automatisch der richtige Destruktor aufgerufen.

❑ *Beispiel 13.3.2 virtuelle Destruktoren (Leute.cpp)*

Im folgenden Programm werden aus der Klasse **Leute** die Klassen **Vater**, **Mutter** und **Kind** abgeleitet.

```cpp
#include <iostream.h>
#include <string.h>

//////////////
class Leute  //
//////////////
{
protected:
    char name[15];
public:
    Leute(char *n)
    { strcpy(name,n);
      cout << "Konstruktor : " << name
           << '\n';
    }
    virtual ~Leute()
    {  cout << "~Leute()  fuer " << name << '\n';  }
};


///////////////////////////////
class Vater : public Leute  //
///////////////////////////////
{
public:
    Vater(char *n): Leute(n) { }
    virtual ~Vater()
    {  cout << "~Vater()  fuer " << name << '\n'; }
};
///////////////////////////////
class Mutter : public Leute  //
///////////////////////////////
{public:
    Mutter(char *n) : Leute(n) { }
    virtual ~Mutter()
    {  cout << "~Mutter() fuer " << name << '\n'; }
};
```

```
/////////////////////////////
class Kind : public Leute  //
/////////////////////////////
{public:
    Kind(char *n) : Leute(n) { }
    virtual ~Kind()
    {  cout << "~Kind()    fuer " << name << '\n'; }
};


//****************
void main()  // **
//****************
{  Leute *familie[] = { new Vater("Vater"),
                        new Mutter("Mutter"),
                        new Kind("Tochter"),
                        new Kind("Sohn"),
                        new Kind("Baby")
                      } ;

// eigentliches Programm ...

    for (int i=0;i<5;i++)
        delete familie[i];
}
```

In der letzten Schleife wird für jedes Element zunächst der Destruktor für die eigentliche Klasse – also **Vater, Mutter, Kind** – aufgerufen und danach der für die Basisklasse **leute**. Werden die Destruktoren *nicht* als virtuell vereinbart, werden nur die Destruktoren für die Klasse **Leute** aufgerufen. Dadurch werden die Komponenten des Vektors **familie** nicht korrekt gelöscht. ∎

Im obigen Beispiel haben die Elemente des Vektor **familie** verschiedene Typen. Um die aktuellen Elemente korrekt bearbeiten zu können, muß man zur Laufzeit die aktuellen Typen der Vektor-Elemente kennen. Dazu wurden in C++ Sprachmittel zur Laufzeit-Typidentifikation (RTTI = run time type information) aufgenommen. Mit dem neuen Operator **typeid** kann man sich zur Laufzeit über den Typ informieren. Der Operator **typeid** wird wie folgt benutzt:

typeid(TypeName) bzw. typeid(ausdruck)

Dieser Aufruf liefert eine Referenz auf die Klasse **typeinfo**, die in der Definitionsdatei **typeinfo.h** definiert ist und für die folgenden Methoden und Operatoren zur Verfügung stehen.

Methoden und Operatoren für die Klasse typeinfo	
`const char* name() const;`	Methode
• liefert den Namen des aktuellen Datentyps in druckbarer Form.	
`int before(typeinfo&);`	Methode
• liefert den Wert 1, wenn der Typ, mit dem **before** aufgerufen wird, lexikographisch vor dem Typ kommt, auf den er angewendet wird; andernfalls liefert die Methode den Wert 0.	
`int operator==(typinfo&) const;`	Operator
• liefert 1, wenn die beiden Operanden vom selben Typ sind; liefert sonst 0.	
`int operator!=(typeinf&) const;`	Operator
• liefert 1, wenn die beiden Operanden von verschiedenem Typ sind; liefert sonst 0.	

❑ *Beispiel 13.3.3 RTTI für Klasse Leute (leute2.cpp)*

Im folgenden Beispiel werden die Datentypen des Vektors **leute** untersucht. Die Klassen-Definitionen werden aus Beispiel 13.3.2 übernommen.

```
//****************
void main()  // **
//****************
{ Leute *familie[] = { new Vater("Vater"),
                       new Mutter("Mutter"),
                       new Kind("Tochter"),
                       new Kind("Sohn"),
                       new Kind("Baby")
                     } ;
    int i;

// eigentliches Programm ...
    for (i=0;i<5;i++)
      cout << "aktueller Typ von *familie[" << i << "] = "
           << typeid(*familie[i]).name() << endl;

// zum Sortieren der aktuellen Typen typeinfo::before(..)
    cout << "Reihenfolge : ";
    cout << typeid(*familie[1]).name()
```

```
       << (typeid(*familie[1]).before(typeid(*familie[2]))
          ?  " vor " :  " nach ")
       << typeid(*familie[2]).name() << endl;

   cout << "Die aktuellen Datentypen von "
        << "*familie[1] und *familie[2] sind ";
   if (typeid(*familie[1])!=typeid(*familie[2]))
      cout << "un";
   cout << "gleich\n";
   for (i=0;i<5;i++)
        delete familie[i];
}                                                          ■
```

In der BasisSpez (siehe Syntax-Diagramm (13-1)) darf der Name einer Basisklasse nicht mehrfach auftreten. Allerdings kann eine Klasse indirekt doppelt an
eine abgeleitete Klasse weitervererbt werden.

□ *Beispiel 13.3.4   Problem bei Mehrfach-Vererbung*
              (Problem0.cpp bzw.Problem1.cpp)

Die Vererbungshierarchie des folgenden Beispiels ist in Abbildung 13.3.1 dargestellt.

```
#include <iostream.h>

///////////////////////
class Darstellung  //
///////////////////////
{  // irgendwelche privaten Daten
protected:
   int x;
public:
```

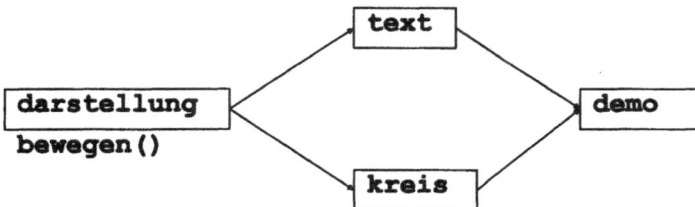

Abbildung 13.3.1

235

```
    Darstellung() { x=1; }
    void bewegen()
    {  cout << "Aufruf von 'bewegen'\n";  }
    int gib_x() { return x;  }
};

////////////////////////////////////
class Text: public Darstellung  //
////////////////////////////////////
{  public:
    Text() { x=11; }
    // irgendwelche Daten und Methoden
};

////////////////////////////////////
class Kreis: public Darstellung  //
////////////////////////////////////
{  // irgendwelche Daten und Methoden
protected:
    int x;
public:
    Kreis() { x=111; }
    int gib_x() { return x;  }
};

//////////////////////////////////////
class Demo:public Kreis,public Text  //
//////////////////////////////////////
{  // irgendwelche Daten und Methoden
};

//****************
void main()  // **
//****************
{  Demo d1;
    d1.bewegen();
    cout << d1.gib_x() << endl;
    cout << ((Text)d1).gib_x() << endl;
}
```

Bei den Aufrufen

```
        d1.bewegen();
        ... d1.gib_x()...
```

gibt es Probleme, da der Compiler nicht weiß, ob er die Methode über den Verer-
bungsweg **Kreis** oder **Text** aufrufen soll. Man erhält für **bewegen** etwa die
Fehlermeldung

```
Member is ambiguous:'Darstellung::bewegen' and 'Darstellung::bewegen'
```

Wenn man die Vererbung von **Darstellung** als virtuell kennzeichnet, wird
diese Klasse an **Demo** nur *einmal* weitervererbt. Der Klassenkopf von **Kreis**
muß also lauten

```
class Kreis : virtual public Darstellung
```

Die Klasse **Darstellung** ist dann eine virtuelle Basisklasse von **Kreis**. Das
Schlüsselwort **virtual** kann nach Syntax-Diagramm (13-2) auch hinter dem
Schlüsselwort **public** stehen, so daß man den Klassenkopf von **Text** folgen-
dermaßen schreiben kann:

```
class Text : public virtual Darstellung
```

Schauen Sie sich genau an, auf welches **x** die beiden Aufrufe von **gib_x()** zugreifen.   ∎

13.4 Abstrakte Klassen und pur virtuelle Funktionen

Die Komponenten einer Basisklasse werden alle an die abgeleitete Klasse vererbt. Häufig möchte man in der Basisklasse bereits *alle wesentliche* Methoden
aufführen, auch wenn man die konkrete Implementierung erst in den abgeleiteten Klassen beschreiben kann. Dadurch wird für die Basisklasse und alle daraus
abgeleiteten Klassen eine einheitliche Benutzerschnittstelle festgelegt. Wenn
man die Implementierung der noch offenen Methoden vergißt, zeigen die Instanzen dieser Klasse ein unerwünschtes Verhalten. In C++ gibt es die Möglichkeit,
das Definieren einer Methode in der abgeleiteten Klasse zu erzwingen: Man vereinbart die Methode in der Basisklasse einfach als *pur virtuell*, indem man den
Methodenrumpf quasi mit 0 vorbesetzt:

```
virtual void abstrakteMethode(..Parameter..) = 0;
```

Eine Klasse, die mindestens eine pur virtuelle Methode besitzt, heißt *abstrakte
Klasse*, die folgende Eigenschaften hat:
• Man kann keine Objekte einer abstrakten Klasse bilden.

- Eine abstrakte Klasse kann nicht als Wertparametertyp einer Funktion oder Methode verwendet werden.
- Man kann aber für eine abstrakte Klasse Zeiger und Referenzparameter vereinbaren.

In irgendeiner abgeleiteten Klassen müssen schließlich alle abstrakten Methoden definiert sein. Andernfalls erbt die Unterklasse die pur virtuelle Methode und bleibt abstrakt. Abstrakte Klassen verwendet man in der Praxis dazu, allgemeine Eigenschaften einer Menge von Klassen zu beschreiben, wobei einige Methoden bereits vollständig definiert sind, die dann weitervererbt werden können, andere dagegen als pur virtuell spezifiziert sind und in den abgeleiteten Klassen nachdefiniert werden *müssen*.

❑ *Beispiel 13.4.1   abstrakte Klasse (purvirt.cpp)*

Im folgenden Beispiel definieren wir eine abstrakte Klasse **Objekt**, die ein Objekt auf dem Bildschirm zeigen, verbergen und verschieben kann. Diese Klasse ist noch zu allgemein, als daß man schon hier genau festlegen kann, *wie* ein Objekt gezeigt oder wieder verborgen wird; diese Methoden müssen also für die abgeleiteten Klassen nachdefiniert werden. Wir definieren sie folglich als pur virtuell.

Dagegen kann man das Verschieben schon vollständig beschreiben: Man verbirgt das Objekt, ändert die Koordinaten des Bezugspunktes entsprechend den Verschiebe-Parametern und zeigt das Objekt an der neuen Stelle wieder. Man beachte, daß wir hier die pur virtuellen Methoden **verbergen** und **zeigen** bereits aufrufen.

```
#include <iostream.h>
#include <string.h>
#include <conio.h>

///////////////
class Objekt  //
///////////////
{
protected:
    int Zeile,Spalte;
public:
    Objekt(int z,int s)
    {   Zeile=z; Spalte=s;  }
    virtual void zeigen()   =0;
    virtual void verbergen()=0;
    void verschieben(int v,int h)
```

```
   {   verbergen();
       Zeile+=v;
       Spalte+=h;
       zeigen();
   }
};

//////////////////////////////////
class Pos_Text:public Objekt   //
//////////////////////////////////
{   char Text[81];
public:
   Pos_Text(char *t,int z,int s)
     : Objekt(z,s)
   {   strcpy(Text,t);   }
   // Definition der pur virtuellen Methoden
   void zeigen()
   {   gotoxy(Spalte,Zeile);
       cout << Text;
   }
   void verbergen()
   {   gotoxy(Spalte,Zeile);
       for (int i=0;i<strlen(Text);i++)
          putch(' ');
   }
};

//////////////////////////////////
class Rechteck:public Objekt   //
//////////////////////////////////
{   int Breite,Hoehe;
   void malenn(char *Rahmen)
   { gotoxy(Spalte-1,Zeile-1);
     cout << Rahmen[0];
     for (int i=1;i<=Breite;i++)
        cout << Rahmen[4];
     cout << Rahmen[1];
     for (i=0;i<Hoehe;i++)
     {   gotoxy(Spalte-1,Zeile+i);
         cout << Rahmen[5];
         gotoxy(Spalte+Breite,Zeile+i);
         cout << Rahmen[5];
     }
     gotoxy(Spalte-1,Zeile+Hoehe);
     cout << Rahmen[2];
     for (i=1;i<=Breite;i++)
```

```
            cout << Rahmen[4];
          cout << Rahmen[3];
       }
public:
    Rechteck(int z,int s,int b,int h)
       :  Objekt(z,s)
    { Breite=b; Hoehe=h;  }
    void zeigen()
    { malenn("++++-|"); }
    void verbergen()
    { malenn("        "); }
};

void main()
{ Pos_Text  t1("Das ist ein Text",8,14),
            t2("Das ist der zweite Text",11,14);
    Rechteck r(7,13,40,6);

    clrscr();
    t1.zeigen(); t2.zeigen();
    r.zeigen();
    gotoxy(1,1);
    cout << "Weiter mit einer Taste";getch();
    int vert=6,hor=-4;
    // 6 nach unten, 4 nach links
    r.verschieben(vert,hor);
    t1.verschieben(vert,hor);
    t2.verschieben(vert,hor);
    getch();
}
```

Der Compiler meldet einen Fehler, falls eine der Methoden **zeigen** oder **verbergen** in den beiden abgeleiteten Klassen nicht definiert wurde. ∎

13.5 friend-Methoden und friend-Klassen

Eine Klasse **K** kann mit dem Schlüsselwort **friend** einer Funktion oder einer Methode einer anderen Klasse erlauben, auf alle Elemente von **K** zuzugreifen. Eine **friend**-Methode hat dieselben Zugriffsrechte wie eine Methode der Klasse **K**, sie kann also auch auf die **private-** und **protected**-Elemente von **K** zugreifen. Die Freundschaft mit dem Schlüsselwort **friend** muß der Methode von der Klasse **K** angeboten werden.

Im folgenden Beispiel wollen wir den Operator **<<** für die Ausgabe einer **Position_String**-Variablen definieren. Dieser Operator ersetzt dann die Methode **zeigen()**.

In Abschnitt 5.3.2 haben wir besprochen, daß der linke Operand von **<<** die Variable **cout** vom Datentyp **ostream&** ist; das Ergebnis der Operation ist ebenfalls vom Typ **ostream&**.

❑ *Beispiel 13.5.1 Ausgabe-Operator << für Position_String (posstrng.hpp,posstrng.cpp,posstrng.prj)*

```
/////////////////////////////////////////////////
class Position_String : public Position    //
/////////////////////////////////////////////////
{  char *s;
   int akt_lg;
public:
  // Konstruktoren
  Position_String(int,int,char*);

  friend ostream& operator<<(ostream&,Position_String);
// =========================================================
};

//*********************************************************
Position_String::Position_String(int zl,int sp,     // *
                                 char* t)            // *
   :  Position(zl,sp)                                // *
//*********************************************************
{  akt_lg=strlen(t);
   s = new char[akt_lg+1];
   strcpy(s,t);
}

//*********************************************************
ostream& operator << (ostream& str,Position_String s)// *
//*********************************************************
{  gotoxy(s.Spalte,s.Zeile);
   str << s.s;
   return str;
}
```

Jetzt kann man nach der Definition

```
        Position_String p1(10,10,"Hallo C++-Gemeinde");
```

diesen Text einfach durch

```
cout << p1;
```

an der im Konstruktor angegebenen Position ausgeben.   ∎

Wie wir gesehen haben, erklärt die Klasse die Freundschaft an den Operator <<;
die Klasse bestimmt also selbst, wer auf ihre privaten Daten zugreifen darf.
Man kann auch eine Methode einer anderen Klasse als **friend**-Methode
vereinbaren. Typische Beispiele hierfür sind Methoden, die verschiedene Klassen als Parametertypen haben.
Im folgenden Beispiel soll die relative Position eines Textes in einem Rechteck
berechnet werden.

❑ *Beispiel 13.5.2   relative Position eines Textes in einem Rechteck*
              (friendCL.cpp)

In Beispiel 13.4.1 wurde ein Text vom Typ **Pos_Text** in einen Rahmen vom
Typ **Rechteck** geschrieben. Für **Pos_Text** definieren wir eine neue Methode **gib_relativePosition**, die die relative Position des Textanfangs in einem Rechteck ausgibt. Der Bezugspunkt ist die linke obere Ecke des Rechtecks,
weches als Parameter übergeben wird.

```
////////////////
class Objekt  //
////////////////
{
protected:
   int Zeile,Spalte;
public:
   // ...
};

class Rechteck; // Vorab-Deklaration
//-------------

/////////////////////////////////////
class Pos_Text:public Objekt  //
/////////////////////////////////////
{  char text[81];
public:
   // ...
   void gib_relativePosition(Rechteck r);
```

```
};

//////////////////////////////////
class Rechteck:public Objekt   //
//////////////////////////////////
{  int Breite,Hoehe;
public:
   // ...
   friend void Pos_Text::gib_relativePosition
                          (Rechteck r);
// ================================================
};

//*********************************************
void Pos_Text::gib_relativePosition      // *
                            (Rechteck r)  // *
//*********************************************
{  gotoxy(1,1);  // hier wird's ausgegeben
   cout << "Zeile : "
        << (Zeile-r.Zeile+1)
        << ",  Spalte : "
        << (Spalte-r.Spalte+1);
}

//****************
void main()  // **
//****************
{  Pos_Text t1("Das ist ein Text",8,14);
   Rechteck r1(7,13,40,6),r2(3,3,30,10);

   clrscr();
   t1.zeigen();
   r1.zeigen(); r2.zeigen();

   t1.gib_relativePosition(r1);
   cout << "  in r1";
   getch();
   t1.gib_relativePosition(r2);
   cout << "  in r2";
   getch();
}
```

Die *Vorab-Deklaration*

```
        class Rechteck;
```

gibt an, daß **Rechteck** eine Klasse ist, die erst später endgültig definiert wird. Dies ist notwendig, damit der Typ **Rechteck** in der Klasse **Pos_Text** bereits verwendet werden kann. ∎

Eine Klasse **A** kann eine andere Klasse **B** komplett zum Freund erklären. Danach können dann alle Methoden von **B** auf alle Daten und Methoden von **A** zugreifen.

❑ *Beispiel 13.5.3 Klassen-Freundschaft (friend2.cpp)*

```cpp
#include <iostream.h>

int count=1;
class B;

class A
{ int i;
  void i_wert()
  {   cout << "i = " << i << '\n';   }
  friend class B;
public:
  A()   { i=count++; }
};

class B
{ int k;
public:
  B()   { k=count++; }
  void werte(A x)
  {   cout << "k = " << k << ",   i = " << x.i << '\n';
      cout << "i_wert: ";
      x.i_wert();
  }
};

void main()
{   A a1,a2;
    B b1,b2;
    b1.werte(a1);
    b2.werte(a2);
}
```
∎

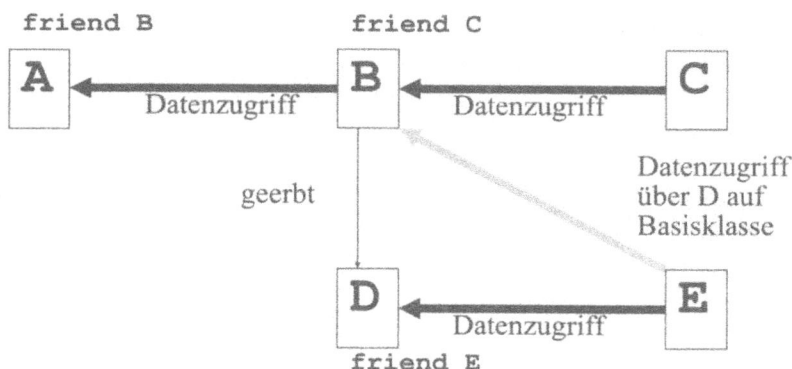

friend B   friend C

A ← Datenzugriff ← B ← Datenzugriff ← C

geerbt

Datenzugriff über D auf Basisklasse

D ← Datenzugriff ← E

friend E

Abbildung 13.5.1

Freundschaften sind in C++ nicht transitiv sind, d.h. der Freund meines Freundes ist nicht automatisch mein Freund. Freundschaften werden auch nicht weitervererbt; die Freunde der Basisklasse sind nicht automatisch auch Freunde der daraus abgeleiteten Klassen. Allerdings kann ein Freund einer abgeleiteten Klasse auf die Komponenten der vererbten Komponenten der Basisklassen zugreifen. Abbildung 13.5.1 veranschaulicht die Abhängigkeiten von Freundschaften.

13.6   Templates und generische Klassen

Die Elemente eines Vektors kann man der Größe nach sortieren. Dabei spielt der Datentyp der Vektor-Elemente keine Rolle; die einzige Voraussetzung ist, daß es für die Vektor-Elemente eine Kleiner-Relation gibt. So kann man z.B. **int**-Vektoren ebenso der Größe nach sortieren wie **float**-Vektoren. Selbst bei Zeichenreihen kann man als Kleiner-Relation die lexikographische Ordnung heranziehen, wie sie in Lexika verwendet wird. Wenn wir eine Klasse **vektor** definieren wollen, deren Elemente nach einer bestimmten Methode sortiert werden, so müssen wir – nach unserem bisherigen Wissensstand – für jeden Datentyp der Elemente eine eigene Klasse definieren. Das Sortierverfahren kommt dann in jeder dieser Klassen vor, wobei der Code bis auf den Datentyp der zu sortierenden Elemente identisch ist. Was wir brauchen, ist eine Klasse, bei welcher der Datentyp einer Komponente parametrisiert werden kann. Mit dem Schlüsselwort **template** definiert man in C++ den Datentyp-Parameter einer Klasse.

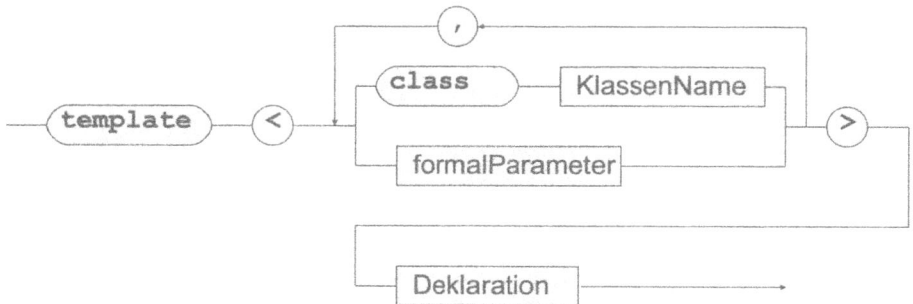

templateDeklaration : (13-5)

Die Deklaration muß hier eine Funktion oder Klasse definieren. Der in den spitzen Klammern mit dem Schlüsselwort **template** angegebene Platzhalter für einen Parameter wird in der Definition wie ein normaler Datentyp verwendet.

❑ *Beispiel 13.6.1 template-Klasse geordnet (template.hpp)*

Im folgenden wird eine Klasse **geordnet** definiert, deren Elemente man einlesen, ausgeben und ordnen kann. Die Klasse enthält einen Vektor **elem**, dessen Elemente vom Datentyp **class EL** sind. Dieser Datentyp wird mit dem Schlüsselwort **template** als Datentyp-Parameter der Klasse gekennzeichnet.

```
const int MAX = 5;

//**********************
template <class EL>    // *
class geordnet         // *
//**********************
{  int anz;       // Anzahl benutzter Elemente
   EL elem[MAX];
   int kleinstes_finden(int,int);
   void vertauschen(int,int);
public:
   geordnet()
   {  anz=0;   }
   void lesen();
   void sortieren();
   void zeigen();
};
```

Bei der Definition einer Instanz der Klasse **geordnet** muß der *aktuelle* Datentyp als Parameter angegeben werden. Diese Typ-Parameter werden in spitzen Klammern eingeschlossen.

templateKlassenName :   (13-6)

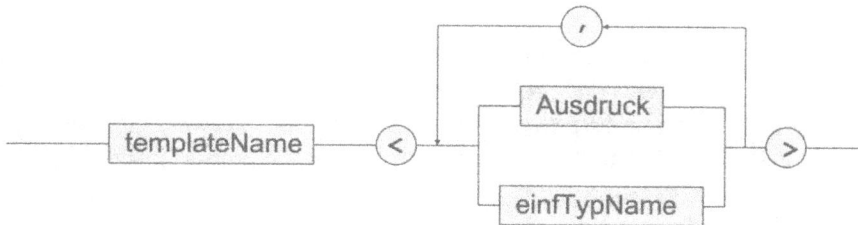

Ein Typ-Parameter ist alo entweder ein Schlüsselwort für einen Standard-Datentyp, ein über **typedef** eingeführter Bezeichner oder ein Klassen-Name (siehe Syntax-Diagramm (4-12)). Die Verwendung von Ausdrücken, die *konstante* Ausdrücke sein müssen, wird am Ende des Abschnitts behandelt.
Damit können wir z.B. folgende Instanzen definieren:

```
geordnet<int>   ganz;
geordnet<float> reell;
```

Wir definieren nun die Methoden der Klasse. Die beiden privaten Methoden **kleinstes_finden** und **vertauschen** werden von der Methode **sortieren** aufgerufen. Für die Methoden, die man außerhalb der Klassen-Definition vereinbart, muß man ebenso wie bei der Klassen-Definition angeben, daß ein Datentyp als Parameter übergeben wird. Dabei wird dieselbe Schreibweise wie bei der Klassen-Definition verwendet. Vor dem Funktionsnamen wird der Klassen-Name gefolgt von : : angegeben; hierbei wird der formale Typ-Parameter wiederholt. Das Schlüsselwort **class** kann an dieser Stelle auch weggelassen werden.

❑ *Beispiel 13.6.2   Methoden zu geordnet (template.cpp)*

Die Methode **lesen** liest ein Element über die Tastatur ein und hängt es hinten an den Vektor an. Falls der Vektor voll ist, erfolgt eine Fehlermeldung.

```
//****************************
template <class EL>        // *
void geordnet<EL>::lesen() // *
//****************************
```

247

```
{  if (anz>=MAX)
   {  cout << "Vektor voll!!\n\n";
      return;
   }
   cout << "neues Element Nr. " << anz << ": ";
   cin >> elem[anz++];
}
```

Die Methode **sortieren** erledigt zusammen mit den privaten Methoden **kleinstes_finden** und **vertauschen** die Sortierung der Vektor-Elemente. Das hier verwendete Sortier-Verfahren ist die *Auswahl-Sortierung*, die bereits in Abschnitt 9.3 besprochen wurde. Hier noch einmal kurz die Arbeitsweise der Auswahl-Sortierung:

- Die Methode **kleinstes_finden** liefert das kleinste Element des Vektors.
- Dieses kleinste Element wird mit dem letzten Vektor-Element vertauscht, was die Methode **vertauschen** erledigt. Das letzte Element hat also schon seinen endgültigen Platz im sortierten Vektor gefunden.
- Jetzt muß nur noch der Vektor bis zum vorletzten Element sortiert werden, wobei das obige Verfahren wieder angewendet wird. Dies wird solange wiederholt, bis der gesamte Vektor sortiert ist.

```
//**************************************
template <class EL>                 // *
int geordnet<EL>::kleinstes_finden  // *
                      (int u,int o)  // *
//**************************************
{  int min=u;
   for (int i=u+1;i<o;i++)
      if (elem[i] < elem[min])
         min=i;
   return min;
}


//**************************************
template <class EL>                 // *
void geordnet<EL>::vertauschen      // *
                      (int a,int b)  // *
//**************************************
{  EL h;
   h=elem[a];
   elem[a]=elem[b];
   elem[b]=h;
}


//**************************************
```

```
template <class EL>              // *
void geordnet<EL>::sortieren()   // *
//********************************
// Auswahl-Verfahren
{  int min;
   for (int i=0;i<anz-1;i++)
   {  min=kleinstes_finden(i,anz);
      vertauschen(i,min);
   }
}
```

Die Methode **zeigen** gibt die Vektor-Elemente zeilenweise aus.

```
//********************************
template <class EL>            // *
void geordnet<EL>::zeigen()   // *
//********************************
{  for (int i=0;i<anz;i++)
      cout << elem[i] << "\n";
}
```                                                  ■

Mit der in den Beispielen 13.6.1 und 13.6.2 angegebenen Klassen-Definition kann man z.B. **int**- und **float**-Vektoren definieren und sortieren lassen.

❏ *Beispiel 13.6.3 Zahlenvektorn sortieren (temp-t1.cpp)*

```
// hier gehören Beispiele 13.6.1 und 13.6.2 hin

//****************
void main()  // *
//****************
{  geordnet<int>     ganz;
   geordnet<float>   reell;
   int i;
   cout << "Jetzt die Instanz \"ganz\"\n";
   for (i=0;i<MAX;i++)
      ganz.lesen();
   ganz.sortieren();
   ganz.zeigen();
   cout << "\nJetzt die Instanz \"reell\"\n";
   for (i=0;i<MAX;i++)
      reell.lesen();
   reell.sortieren();
   reell.zeigen();
}
```                                                  ■

Bei der Behandlung von Vektoren für Zeichenreihen ergeben sich Probleme. Wenn wir das folgende Programm übersetzen, gibt der Compiler Fehlermeldungen aus.

❏ *Beispiel 13.6.4   Probleme bei Strings (temp-pr.cpp)*

```
// hier gehören Beispiele 13.6.1 und 13.6.2 hin
///////////////////
class string  //
///////////////////
{  char zr[80];
   // eventuell einige Methoden
};


//****************
void main()  // **
//****************
{  geordnet<string> worte;
   int i;
   cout << "\nJetzt die Instanz \"worte\"\n";
   for (i=0;i<MAX;i++)
      worte.lesen();
   worte.sortieren();
   worte.zeigen();
}
```

Der Compiler meldet dreimal

```
        illegal structure operator
```

und zwar an den Stellen, an denen einer der Operatoren **<**, **<<** oder **>>** verwendet wird. Der Grund hierfür ist auch einleuchtend: Die gemeldeten Operatoren sind für die Klasse **string** nicht definiert. Im folgenden Beispiel wird die Klasse **string** um die fehlenden Operatoren ergänzt. Wie im vorigen Abschnitt erklärt, müssen die Operatoren **<<** und **>>** als **friend**-Operatoren definiert werden.

❏ *Beispiel 13.6.5   neue Methoden für Kasse String (String.cpp)*

```
///////////////////
class string  //
///////////////////
{  char zr[80];
public:
```

```
    int operator<(string s)
    {   int erg=strcmp(zr,s.zr);
        return (erg<0);
    }
    friend istream& operator>>(istream&,string&);
    friend ostream& operator<<(ostream&,string);
};

//*********************************************
istream& operator>>(istream& f,string& s) // *
//*********************************************
{   f >> s.zr;
    return f;
}


//*********************************************
ostream& operator<<(ostream& f,string s) // *
//*********************************************
{   f << s.zr;
    return f;
}                                              ■
```

Beim Test der drei Variablen **ganz** und **reell** in den obigen Beispielen mußte
für jede Variable eine eigene Einlese-Schleife, der Sortier-Aufruf und die Ausgabe geschrieben werden. Es liegt nahe, diesen stereotypen Code in eine Funktion zu packen und dann nur noch diese Funktion für jeden Variablen-Test aufzurufen. Als Parameter braucht diese Funktion eine Klassen-Variable und einen
Text für die Überschrift. Da der Datentyp des ersten Parameters eine **template**-Klasse ist, definieren wir eine **template**-Funktion.

❑ *Beispiel 13.6.6 template-Funktion (temp-t2.cpp)*

```
//*********************************
template <class X>               // *
void testen(X elem,char *text)   // *
//*********************************
{   int i;
    cout << "\nJetzt die Instanz \"" << text << "\"\n";
    for (i=0;i<MAX;i++)
        elem.lesen();
    elem.sortieren();
    elem.zeigen();
}
```

Das Testprogramm erhält damit folgende einfache Form:

```
//****************
void main()   // **
//****************
{   geordnet<int>      ganz;
    geordnet<float>    reell;
    geordnet<string>   worte;

    testen(ganz,"ganz");
    testen(reell,"reell");
    testen(worte,"worte");
}
```

Nach Syntax-Diagramm (13-5) kann eine template-Klasse mehrere Typ-Parameter haben, darunter sogar konstante Ausdrücke. Mit dieser letzten Alternative soll unser Beispiel von geordneten Vektoren verbessert werden: Bisher hatten wir immer einen Vektor fester Länge **MAX**, der für alle Instanzen gleich war. Durch die Einführung eines zweiten Typ-Parameters, der die Länge des Vektors für eine Instanz anzeigt, wird die Klasse flexibler.

❑ *Beispiel 13.6.7   mehrere Datentyp-Parameter*
                    (templat2.cpp,temp-t3.cpp)

```
//*********************************************
template <class EL,const int Groesse>  // *
class geordnet                          // *
//*********************************************
{   int anz;      // Anzahl benutzter Elemente
    EL elem[Groesse];
    int kleinstes_finden(int,int);
    void vertauschen(int,int);
public:
    geordnet() {   anz=0;   }
    int gib_Groesse()   {   return Groesse; }
    //------------------------------------------
    void lesen();
    void sortieren();
    void zeigen();
};


//*********************************************
template <class EL,int Groesse>      // *
void geordnet<EL,Groesse>::lesen()  // *
```

```
//**********************************
{  if (anz>=Groesse)
   {  cout << "Vektor voll!!\n\n";
      return;
   }
   cout << "neues Element Nr. " << anz << ": ";
   cin >> elem[anz++];
}
// die weiteren Methoden entsprechend anpassen

//**********************************
template <class EL>              // *
void testen(EL elem,char *text)  // *
//**********************************
{  int i;
   cout << "\nJetzt die Instanz \"" << text << "\"\n";
   for (i=0;i<elem.gib_Groesse();i++)
      elem.lesen();
   elem.sortieren();
   elem.zeigen();
}


//***************
void main()  // *
//***************
{  geordnet<int,4>     ganz;
   geordnet<float,7>   reell;
   geordnet<string,2>  worte;
   testen(ganz,"ganz");
   testen(reell,"reell");
   testen(worte,"worte");
}                                          ■
```

Bei der Definition der Instanzen wird also die Konstante für die jeweilige Vektor-Länge angegeben. Diese Programmier-Technik sollte man genau unterscheiden von der Technik, über den Konstruktor Vektoren unterschiedlicher Länge zu definieren (vgl. etwa Beispiel 12.2.1). Bei der **template**-Implementierung ist die Vektor-Länge der Instanz zur Übersetzungszeit bekannt; wenn man dagegen beim Konstruktor die Vektor-Länge angibt, wird diese Länge erst zur Laufzeit – etwa über eine Tastatureingabe – eingegeben. Im ersten Fall hat der Compiler die Chance, besseren Code zu erzeugen als im (flexibleren) zweiten Fall. Man sollte sich also jeweils genau überlegen, welche Anforderung das Problem stellt, um das effizienteste Verfahren zu wählen!

Wichtiger Hinweis zu templates und Modularisierung

Abschließend noch ein Wort zur Modularisierung im Zusammenhang mit **template**-Klassen: An der Aufrufstelle einer Methode einer **template**-Klasse generiert der Compiler die entsprechende Methode für den aktuellen Typ. Deshalb muß der komplette Quellcode aller Methoden einschließlich derjenigen für Konstruktor und Destruktor zur Verfügung stehen; man liest ihn i.a. über eine **include**-Anweisung ein. Die **template**-Definitionen sind lediglich Schablonen, die erst durch Angabe eines aktuellen Typ-Parameters an der Aufrufstelle einen vollständigen C++-Quellcode ergeben. Es genügt also nicht, die Methoden einer **template**-Klasse als eigenes Modul zu übersetzen; für die **template**-Klasse, die ja noch einen formalen Typ-Parameter hat, kann noch kein ausführbarer Code erzeugt werden. Wenn Sie dies dennoch versuchen, meldet der Linker für alle verwendeten Methoden mit einem aktuellen Typ einen Fehler.

14 Rekursion

In Mathematik und Technik kommt es häufig vor, daß man einen Begriff *durch sich selbst* definiert. Solche Selbstaufrufe nennt man *Rekursionen*; sie werden im nächsten Abschnitt behandelt. Das einfachste Standard-Beispiel für eine rekursive Definition ist die Fakultät:

$$n! = \begin{cases} 1 & \text{für } n = 0 \\ n * (n-1)! & \text{für } n > 0 \end{cases}$$

Neben rekursiven Funktionen spielen *rekursive Datenstrukturen* eine wichtige Rolle. Diese werden in Abschnitt 14.2 besprochen.

14.1 Rekursive Funktionen

Wenn wir die oben angegebene Definition der Fakultät nach C++ übersetzen, sieht das folgendermaßen aus:

```
long fakultaet(int n)
{   if (n==0)   return 1;
    else        return (n*fakultaet(n-1));
}
```

An diesem Beispiel erkennt man schon die wesentlichen Eigenschaften einer rekursiven Funktion:

- Es gibt (mindestens) einen Parameter-Wert, für den das Ergebnis direkt – also ohne Verwendung der Rekursion – berechnet wird. Im Beispiel hat hier der Parameter den Wert 0. Dies wollen wir den *einfachen Fall* der rekursiven Funktion nennen.
- Bei jedem rekursiven Aufruf wird der Parameter *einfacher*, im Beispiel wird der Parameter immer kleiner, bis er schließlich den Wert 0 erreicht und die Rekursion abbricht.
- Die "Übersetzung" von der rekursiven Definition in die rekursive C++-Funktion ist trivial; man muß die Definition nur an die C++-Syntax anpassen.

Bei der obigen Definition von **fakultaet** tritt noch ein Problem auf: Wir haben nicht berücksichtigt, daß das Argument der Fakultät nicht negativ sein darf. Falls die Funktion **fakultaet** mit einer negativen ganzen Zahl aufgerufen wird, ist die mittlere Bedingung nicht mehr erfüllt, daß die rekursiven Aufrufe einfachere Parameter haben: Der negative Parameter läuft bei jedem Aufruf weiter von 0 weg.

❑ *Beispiel 14.1.1 Fakultät (Fakultae.cpp)*

```
#include <iostream.h>

//*************************
long fakultaet(int n)   // *
//*************************
{  if (n==0) return 1;
   else return (n*fakultaet(n-1));
}

//****************
void main()  // **
//****************
{  int zahl;
   cout << "Gib Zahl ein : ";
   cin  >> zahl;
   if (zahl<0)
      cout << "Achtung: Parameter negativ!!\n";
   else
      cout << zahl << "! = "
           << fakultaet(zahl);
}
```

Wird die Funktion mit einem negativen Parameter aufgerufen, so erhalten wir die Warnung

Achtung: Parameter negativ!!

und das Programm wird beendet. ∎

Am folgenden Beispiel soll das Prinzip des rekursiven Funktionsaufrufs demonstriert werden.

❏ *Beispiel 14.1.2   Veranschaulichung der Rekursion (Rekurs.cpp)*

```cpp
#include <iostream.h>

//**************************
void rekursion(int n)   // *
//**************************
{   cout << "vorher: " << n << '\n';
    if (n>0)   rekursion(n-1);
    cout << "   nachher: " << n << '\n';
}

//****************
void main()   // **
//****************
{   rekursion(2);   }
```

Die Funktion **rekursion** wird rekursiv aufgerufen. Zur Veranschaulichung des dynamischen Ablaufs verwenden wir einen Stapel Karteikarten [Ro87]. Alle Aktivitäten, die wir noch zurückstellen müssen, weil ein rekursiver Aufruf dazwischenkommt, notieren wir zusammen mit dem aktuellen Parameter auf der Karteikarte.

Beim 1. Aufruf **rekursion(2)** wird

vorher: 2

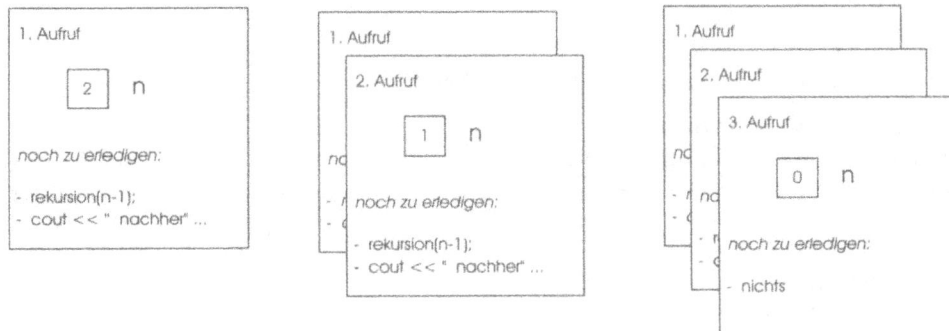

Abbildung 14.1.1

ausgegeben. Jetzt kommt der rekursive Aufruf gefolgt von der zweiten Ausgabe; beides notieren wir auf die erste Karteikarte. Als nächstes wird **rekursion(n-1)** aufgerufen – mit dem momentanen Wert **n=2**. Dieser 2. Aufruf lautet also **rekursion(1)**, der

vorher: 1

auf dem Bildschirm ausgibt. Den rekursiven Aufruf und die zweite Ausgabe notieren wir auf einer zweiten Karteikarte und legen sie auf die erste. Der dritte Aufruf **rekursion(n-1)** für **n=1** liefert schließlich die Ausgabe

vorher: 0

Es erfolgt *kein* rekursiver Aufruf mehr, und wir haben die Situation, die in Abbildung 14.1.1 rechts dargestellt ist. In dieser Situation werden die Karteikarten von oben nach unten abgearbeitet, was folgende Ausgabe liefert:

```
nachher: 0
nachher: 1
nachher: 2
```

Wie bei den Karteikarten werden im Rechner die relevanten Informationen der angefangenen Funktionen in einem sogenannten *Stapelspeicher* (auch *Keller* oder *Stack* genannt) abgespeichert. Die zuletzt abgespeicherte Funktion wird dann als erste beendet: Die Zahlen werden jetzt in der umgekehrten Reihenfolge ausgegeben. Diese Tatsache machen wir uns im nächsten Beispiel zunutze, in dem eine Zahl gesperrt ausgegeben wird, d.h. zwischen den Ziffern wird jeweils ein Zwischenraum gedruckt.

❑ *Beispiel 14.1.3   Zahl gesperrt ausgeben (Gesperrt.cpp)*

```cpp
#include <iostream.h>
void gesperrt(long int);
//---------------------

//****************
void main()  // **
//****************
{ long int zahl;
  cout << "Gib eine Zahl ein: ";
  cin  >> zahl;
  gesperrt(zahl);
}
```

```
//*****************************
void gesperrt(long int z)  // *
//*****************************
{  long int k;
   if (z<0)
   {  z = -z;  cout << "- ";  }
   if ((k=z/10)!=0)
      gesperrt(k);  // <-- rekursiver Aufruf
   cout << " " << z%10;
}
```

Die Zahlen werden fortgesetzt durch 10 dividiert. Anschließend werden die Reste in umgekehrter Reihenfolge ausgegeben. ■

In den obigen Beispielen hatten sich die Funktionen selbst aufgerufen. Wenn eine Funktion erst eine andere Funktion aufruft, die dann – eventuell über Aufrufe von weiteren Funktionen – schließlich wieder die erste aufruft, spricht man von einer *indirekten Rekursion*. Ein Compiler ist im wesentlichen ein Menge von indirekt rekursiven Funktionen. Wir wollen im folgenden ein Programm schreiben, das arithmetische Ausdrücke erkennt und im Fehlerfall eine entsprechende Meldung ausgibt. Man nennt ein solches Programm einen *Parser*, den wir anhand von Syntax-Diagrammen entwerfen werden. Zur Unterscheidung von den Syntax-Diagrammen, die die Sprache C++ beschreiben, erhalten die folgenden Syntax-Diagramme eine andere Numerierung.

❑ *Beispiel 14.1.4   Parser für einfache arithmetische Ausdrücke*
                    (Ausdruck.cpp)

Die folgenden drei Syntax-Diagramme definieren den Aufbau einfacher arithmetischer Ausdrücke. Die beiden binären Operatoren + und * können leicht um weitere Operatoren ergänzt werden. Prioritäten werden nicht berückichtigt.

ausdruck : (i)

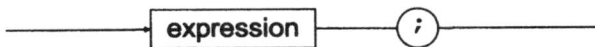

expression : (ii)

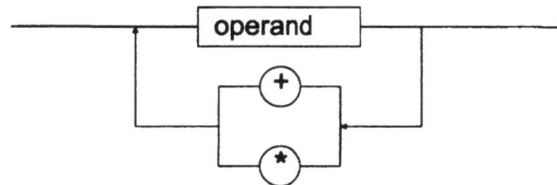

operand : (iii)

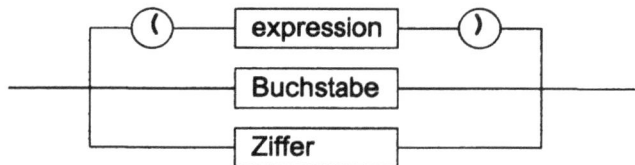

Das folgende Programm realisiert einen Syntax-Prüfer für diese Grammatik. Für jedes Syntax-Diagramm gibt es eine Funktion. Zur Erkennung von Buchstaben und Ziffern gibt es zwei weitere Funktionen. Alle diese Funktionen liefern im Fehlerfall den Wert 0, sonst den Wert 1 zurück. Es wird ein (korrekter oder fehlerhafter) arithmetischer Ausdruck komplett über die Tastatur eingegeben. Tritt ein Fehler auf, wird an der Stelle, an der der Syntax-Fehler erkannt wurde, ein Zeiger und ein Fehlertext ausgegeben.

```
#include <iostream.h>
// Signaturen
// -----------
int ausdruck();        // Syntax-Diagramm (i)
int expression();      // Syntax-Diagramm (ii)
int operand();         // Syntax-Diagramm (iii)
int ist_Buchstabe(char);   // siehe (iii)
int ist_Ziffer(char);      // siehe (iii)
// Hilfsmethoden
// -------------
void lies();           // liest naechstes Zeichen
void error(char*);     // Ausgabe von Fehlermeldung

char next;
int stelle=0;
//*****************
void main()  // **
//*****************
```

```
{   int erg;
    cout << endl; lies();
    erg = ausdruck();
    cout << "Der eingegebene Ausdruck war";
    if (!erg)
        cout << " NICHT";
    cout  << " korrekt\n";
}


//******************
int ausdruck()  // *
//******************
// realisiert Syntax-Diagramm (i)
{   int erg=expression();
    if (next!=';')
        error("Operator oder ';' erwartet");
    return (erg && (next==';'));
}


//********************
int expression()  // *
//********************
// realisiert Syntax-Diagramm (ii)
{   int erg = operand();
    while ((next=='+') || (next=='*'))
    {   lies();
        erg &= operand();
    }
    return erg;
}


//*****************
int operand()  // *
//*****************
// realisiert Syntax-Diagramm (iii)
{   if (next=='(')
    {   lies();
        if ( expression() && (next==')') )
        {   lies();
            return 1; //  OK
        }
        else
        {   error("')' oder Operator erwartet");
            return 0;
        }
    }
```

```
      else
      if (ist_Buchstabe(next))
      { lies();
        return 1;
      }
      else
      if (ist_Ziffer(next))
      { lies();
        return 1;
      }
      else
      { error("Buchstabe oder Ziffer erwartet");
        return 0;
      }
}

//****************************
int ist_Buchstabe(char c)   // *
//****************************
{  if ( (('a'<=c)&&(c<='z'))
      || (('A'<=c)&&(c<='Z')) )
      return 1;
    else
      return 0;
}

//*************************
int ist_Ziffer(char c)   // *
//*************************
{  if (('0'<=c)&&(c<='9')) return 1;
   else                     return 0;
}

//***************
void lies()  // *
//***************
{  cin >> next; stelle++; }

//***********************
void error(char* msg)   // *
//***********************
{  for (int i=0;i<stelle-1;i++)
      cout << ' ';
   cout << "^\007\nFEHLER: " << msg << '\n';
}
```

14.2 Rekursive Datenstrukturen

14.2.1 Einfach gekettete Liste

Häufig arbeitet man mit Datenmengen, deren Anzahl erst zur Laufzeit des Programms feststeht. Ein typisches Beispiel hierfür ist eine Datenbank, bei der man Datensätze anfügen, löschen, suchen und ausgeben will. Hierzu braucht man eine flexible Datenstruktur, bei der man zur Laufzeit Speicherplatz anfügen und wieder freigeben kann. Eine solche Datenstruktur ist eine *einfach gekettete Liste*. Abbildung 14.2.1 zeigt ein Beispiel für eine solche Liste. Die Elemente einer Liste haben als Inhalt immer dieselbe Datenstruktur – in der Abbildung 14.2.1 ist dies ein **int**-Wert – , die Elemente einer anderen Liste können aber von einem anderen Datentyp sein, etwa **float**, eine komplette Struktur oder eine Klasse. Deshalb werden wir für die Komponente **Inhalt** einen generischen Datentyp mit der **template**-Konstruktion verwenden. Im folgenden Beispiel wird ein Listen-Element mit den zugehörigen Methoden definiert.

❏ *Beispiel 14.2.1 Listen-Element (ListEl.cpp)*

```
#include <iostream.h>

///////////////////////////
template <class ELEM>   //
struct ListEl            //
///////////////////////////
{   ELEM Inhalt;
    ListEl* next;
```

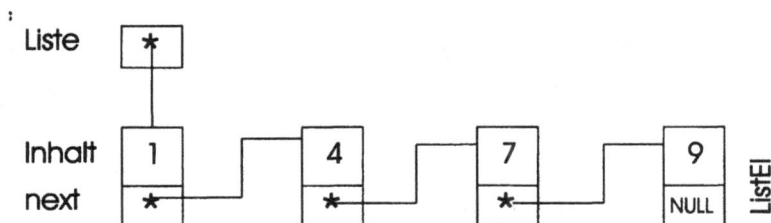

Abbildung 14.2.1

263

```
   ListEl(ELEM);
   void ausgeben();
};

// ****** Methoden fuer ListEl ********

//*******************************
template <class ELEM>        // *
ListEl<ELEM>::ListEl(ELEM e)  // *
//*******************************
{  Inhalt=e;
   next=NULL;
}


//*********************************
template <class ELEM>          // *
void ListEl<ELEM>::ausgeben()  // *
//*********************************
{  cout << Inhalt << ", ";  }
```

Die Komponente **next** enthält i.a. einen Zeiger auf das nächste Element der Liste; beim letzten Element wird der Wert **NULL** eingetragen. Dies ist auch der vom Konstruktor zugewiesene Anfangswert für **next**. Für die Zuweisung an die Komponente **Inhalt** wird der Zuweisungsoperator für den Datentyp **ELEM** verwendet. Handelt es sich hierbei um eine komplexe Datenstruktur, muß man den **operator=** entsprechend implementieren. Entsprechend muß der Ausgabeoperator **<<** implementiert sein, der in **ausgeben** verwendet wird. ∎

Eine komplette Liste wird im Programm durch den Zeiger auf das erste Listen-Element repräsentiert. Wir werden die Datenstruktur **Liste** entsprechend definieren. Neben dem Konstruktor und Destruktor brauchen wir noch Methoden zum Anfügen, Löschen und Suchen eines Elementes sowie zur Ausgabe der gesamten Liste.

❑ *Beispiel 14.2.2 Liste (Liste.cpp)*

```
///////////////////////////
template <class ELEM>  //
class Liste            //
///////////////////////////
{  ListEl<ELEM>* kopf;
public:
   Liste();
```

```
    ~Liste();
    void ausgeben();
    void anfuegen(ELEM);
    int loeschen(ELEM);
    int suchen(ELEM);
};
```

Wenn wir eine Variable vom Typ **Liste** definieren, soll die zugehörige Liste anfangs keine Elemente besitzen. Der Konstruktor erledigt dies.

```
//************************
template <class ELEM>  // *
Liste<ELEM>::Liste()   // *
//************************
{   kopf=NULL;   }
```

Der Destruktor hat die Aufgabe, den von den einzelnen Listen-Elementen belegten Speicherplatz freizugeben. Man beachte, daß man hierzu zwei Zeiger benötigt: **q** zeigt auf das zu löschende Element, **p** auf den Anfang der übriggebliebenen Liste.

```
//************************
template <class ELEM>  // *
Liste<ELEM>::~Liste()  // *
//************************
{   ListEl<ELEM> *p, *q;
    p=q=kopf;
    while (p)
    {   p=p->next;
        delete q;
        q=p;
    }
}
```

Die Methode **ausgeben** schreibt den **Inhalt** der einzelnen Listen-Elemente auf den Bildschirm; dabei wird die Methode **ausgeben** der Klasse **ListEl** verwendet.

```
//********************************
template <class ELEM>          // *
void Liste<ELEM>::ausgeben()   // *
//********************************
{   ListEl<ELEM> *p;
    p=kopf;
```

```
    while (p)
    {   p->ausgeben();
        p=p->next;
    }
    cout << " ... Ende der Liste\n";
}
```

Die Methode **anfuegen** fügt ein neues Listen-Elemente vorn an die Liste an.

```
//****************************************
template <class ELEM>                   // *
void Liste<ELEM>::anfuegen(ELEM e)      // *
//****************************************
{   ListEl<ELEM> *n=new ListEl<ELEM>(e);
    n->next = kopf;
    kopf = n;
}
```

Das Löschen eines Listen-Elementes mit einem vorgegebenen Inhalt ist vergleichsweise schwierig. In der folgenden Methode behandelt die erste **if**-Anweisung den Fall, daß das zu löschende Element das erste Listen-Element ist. Ansonsten wird solange in der Liste gesucht, bis
• das zu löschende Element gefunden oder
• das Listen-Ende erreicht wurde.

Bevor das Listen-Element gelöscht wird, wird der Zeiger **next** des Elements vor dem zu löschenden Element auf das darauf folgende Element umgesetzt; dazu braucht man den Schleppzeiger **q**, der immer um ein Element hinter dem Zeiger **p** herhinkt. Die Methode liefert die Nummer des gelöschten Elements zurück bzw. -1, wenn nichts gelöscht wurde.

```
//****************************************
template <class ELEM>                   // *
int Liste<ELEM>::loeschen(ELEM e)       // *
//****************************************
{   ListEl<ELEM> *p, *q;
    p=q=kopf;
    int i=0;
    if (p->Inhalt==e)
    {   kopf=kopf->next;
        delete p;
        return 0;
    }
    while (p && (p->Inhalt!=e) )
```

```
{   i++;
    q=p;
    p = p->next;
}
if (p==NULL)   // nicht gefunden
    return -1;
else
{    q->next = p->next;
     delete p;
     return i;
}
}
```

Die Methode **suchen** liefert die Stelle zurück, an der das erste Auftreten des Such-Elements in der Liste gefunden wurde, beginnend mit 0. Wurde das Element nicht gefunden, erhält man den Wert -1.

```
//**********************************
template <class ELEM>            // *
int Liste<ELEM>::suchen(ELEM e)   // *
//**********************************
{   ListEl<ELEM> *p=kopf;
    int i=0;
    while (p && (p->Inhalt!=e) )
    {   i++;
        p = p->next;
    }
    if (p==NULL)   // nicht gefunden
        return -1;
    else
        return i;
}
```

Im folgenden Hauptpgrogramm werden drei Listen mit jeweils anderen Datentypen für **Inhalt** definiert und bearbeitet.

```
//****************
void main()   // **
//****************
{   Liste<int> li;
    Liste<float> lf;
    Liste<char> lc;

    for (int i=0;i<10;i++)
        li.anfuegen(i);
```

```
li.anfuegen(3);
li.anfuegen(5);

for (float f=0.2;f<5;f+=0.2)
   lf.anfuegen(f);

for (char c='A';c<='Z';c++)
   lc.anfuegen(c);

cout << "\nAusgabe von li:\n";
li.ausgeben();
cout << "\nAusgabe von lf:\n";
lf.ausgeben();
cout << "\nAusgabe von lc:\n";
lc.ausgeben();

Liste<long> ll;

cout << "\nWelches Element in li suchen? ";
cin >> i;
int found = li.suchen(i);
cout << "Element " << i << " an Stelle "
     << found << " gefunden\n";

cout << "\nWelches Element in lc loeschen ?   ";
cin >> c;
lc.loeschen(c);
cout << "Ausgabe von lc nach Loeschen von " << c
     << ":\n";
lc.ausgeben();
}
```

14.2.2 Binärer Baum

Zum effizienten Suchen und Sortieren von Elementen verwendet man häufig *binäre Bäume*. Dem Aufbau eines binären Baums liegt folgende Idee zugrunde: Aus einer Menge von Daten wählt man sich ein beliebiges Element heraus; alle Elemente, die *kleiner* sind, legt man *links* von diesem Element ab; nach *rechts* kommen alle Elemente, die *größer* sind. Mit den beiden Mengen links und rechts verfährt man genauso, bis man schließlich lauter einzelne Elemente hat.

Abbildung 14.2.2 zeigt einen binären Baum, den man aus der Menge 1,2, 3,4,5,7,9,11 aufbauen kann.

In einem solchen Baum kann man sehr schnell nach einem Element suchen: Man beginnt an dem obersten Knoten, den man die *Wurzel* des Baumes nennt. Falls das Such-Element kleiner ist, sucht man links weiter, sonst rechts. Dies wird

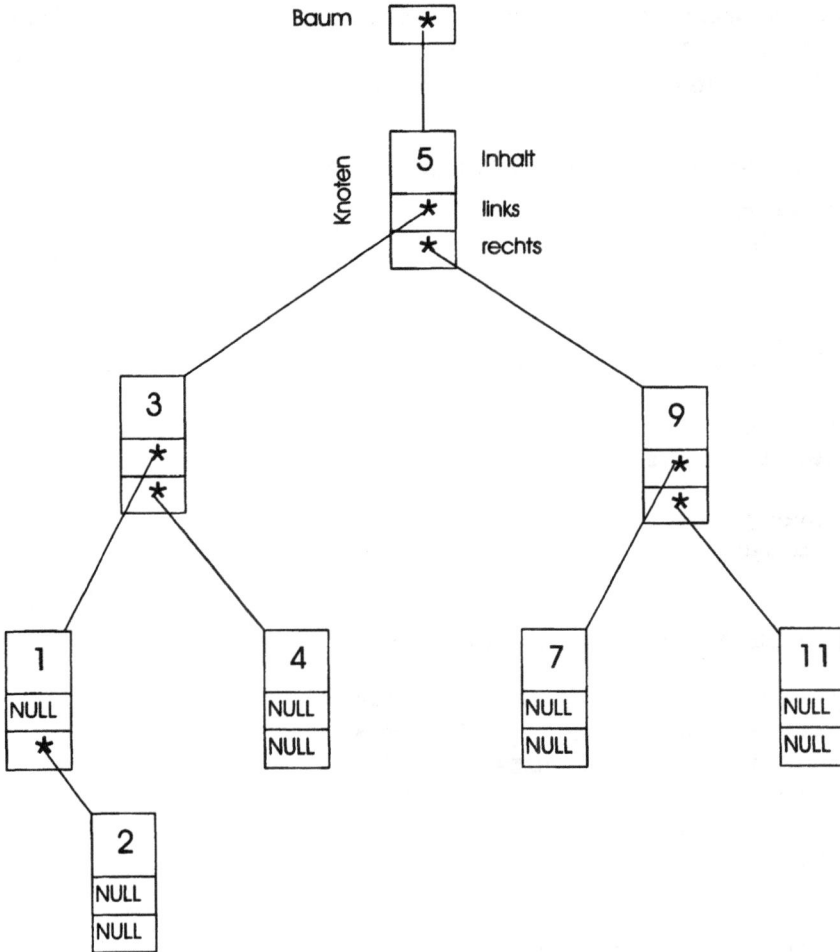

Abbildung 14.2.2

wiederholt, bis man das Element gefunden hat. Ist das Element nicht im Baum enthalten, so hat man mit diesem Verfahren gleich die Stelle gefunden, an der das Element einzufügen ist. Sucht man z.B. den Wert 8 im Baum aus Abbildung 14.2.2, so betrachtet man der Reihe nach die Knoten 5, 9 und 7. Jetzt müßte man nach rechts weitergehen, wo es aber noch kein Element gibt. Will man es einfügen, hängt man es genau an dieser Stelle ein.

Im folgenden Beispiel definieren wir den Datentyp eines Baum-Elements, das man *Knoten* nennt. Ein binärer Baum erscheint im Programm wieder lediglich als Zeiger auf die Wurzel. Diese Datenstruktur zusammen mit den notwendigen Methoden werden in den daran anschließenden Beispielen behandelt.

❏ *Beispiel 14.2.3 Baumkonten (Knoten.cpp)*

```
#include <iostream.h>
#include <conio.h>

/////////////////////////
template <class ELEM>  //
struct Knoten          //
/////////////////////////
{  ELEM Inhalt;
   Knoten *links, *rechts;

   Knoten(ELEM);
   void ausgeben();
};

// **** Methoden fuer Knoten *****

//*******************************
template <class ELEM>         // *
Knoten<ELEM>::Knoten(ELEM e)  // *
//*******************************
{  links=rechts=NULL;
   Inhalt=e;
}

//*******************************
template <class ELEM>         // *
void Knoten<ELEM>::ausgeben() // *
//*******************************
{   cout << Inhalt << ", ";  }
```

❏ *Beispiel 14.2.4 binärer Baum (Baum.cpp)*

Die folgende Klasse definiert die Datenstruktur für einen Baum und zwei öffentliche Methoden: **einfuegen** fügt einen neuen Knoten sortiert in den Baum ein, **ausgeben** gibt den Baum auf dem Bildschirm aus. Hierzu stehen drei verschiedene Ausgabe-Formen zur Verfügung, unter denen man beim Aufruf auswählen kann:

- **AUFWAERTS** listet die Elemente in aufsteigender Reihenfolge auf,
- **ABWAERTS** gibt die Elemente absteigend geordnet aus,
- **BAUM** stellt das Objekt in einer Baumstruktur auf dem Bildschirm dar.

Die Implementierung von Konstruktor, Destruktor und den beiden öffentlichen Methoden stützt sich auf diverse private Methoden ab.

```
enum art { AUFWAERTS, ABWAERTS, BAUM };

//////////////////////////
template <class ELEM>   //
class Baum               //
//////////////////////////
{   Knoten<ELEM> *root;

    void insert(Knoten<ELEM>*&,ELEM);
    void aufwaerts(Knoten<ELEM>*);
    void abwaerts(Knoten<ELEM>*);
    void baum(Knoten<ELEM>*,int);
    void freigaeben(Knoten<ELEM>*);
public:
    Baum();
    ~Baum();
    void einfuegen(ELEM);
    void ausgeben(art);
};

//*************************
template <class ELEM>   // *
Baum<ELEM>::Baum()       // *
//*************************
{   root=NULL;   }

//*************************
template <class ELEM>   // *
Baum<ELEM>::~Baum()      // *
//*************************
{   freigeben(root);   }                          ■
```

Ein binärer Baum ist eine *rekursive Datenstruktur*. Dies wird deutlich, wenn man die folgende Definition betrachtet:
Ein binärer Baum ist
entweder
- ein leerer Baum, d.h. ein Baum ohne Knoten,

oder
*   ein Knoten, an dem links und rechts ein Baum hängt.

Dieser rekursive Aufbau spiegelt sich in allen Methoden der Klasse **Baum** wieder, die wir im folgenden Beispiel besprechen.

❑ *Beispiel 14.2.5* *Methoden für binären Baum (Baum-HP.cpp)*

Der Destruktor **~Baum()** soll den Speicherplatz aller Knoten freigeben. Dazu werden zuerst der linke und rechte Unterbaum und dann der Knoten selbst freigegeben.

```
//***********************************************
template <class ELEM>                            // *
void Baum<ELEM>::freigeben(Knoten<ELEM>* p)   // *
//***********************************************
{  if (p!=NULL)
   {  freigeben(p->links);
      freigeben(p->rechts);
      cout << "Loesche Element " << p->Inhalt << '\n';
      delete p;
   }
}
```

Um einen Knoten mit Inhalt **k** in einen Baum einzufügen, auf den der Zeiger **p** zeigt, geht man folgendermaßen vor:
*   Ist der Baum leer, erzeugt man den Knoten mit Inhalt **k**.
*   Andernfalls vergleicht man den Inhalt der Wurzel mit dem einzufügenden Element; ist das Element kleiner als der Wurzel-Inhalt, fügt man links ein, sonst rechts.

```
//***************************************************
template <class ELEM>                                // *
void Baum<ELEM>::insert(Knoten<ELEM>* &p,ELEM k)  // *
//***************************************************
{  if (p==NULL)
   {   p = new Knoten<ELEM>(k);
       return;
   }
   if (k < p->Inhalt)   insert(p->links,k);
   else                 insert(p->rechts,k);
}
```

```
//*****************************************
template <class ELEM>              // *
void Baum<ELEM>::einfuegen(ELEM k) // *
//*****************************************
{ insert(root,k);  }
```

Jetzt müssen wir den Baum noch ausgeben. Dafür gibt es mehrere Möglichkeiten:
- Ausgabe der Knoten-Inhalte in aufsteigender Reihenfolge;
- Ausgabe der Knoten-Inhalte in absteigender Reihefolge;
- Ausgabe der Knoten-Inhalte in einer Baum-Struktur.

Soll aufwärts sortiert ausgegeben werden, muß vor dem Inhalt der Wurzel erst der linke Unterbaum aufsteigend sortiert ausgegeben werden. Nach dem Wurzel-Inhalt wird dann der rechte Unterbaum aufsteigend sortiert ausgegeben.
Bei der Abwärts-Sortierung muß man nur *rechts* und *links* vertauschen.
Die Ausgabe als Baum-Struktur verwendet die sogenannte Baum-Tiefe, die als eine Folge von Zwischenräumen ausgegeben wird.

```
//*************************************************
template <class ELEM>                        // *
void Baum<ELEM>::aufwaerts(Knoten<ELEM>* p)  // *
//*************************************************
// erst links, dann Knoten, dann rechts
// ----------------------------------
{ if (p!=NULL)
   { aufwaerts(p->links);
     p->ausgeben();
     aufwaerts(p->rechts);
   }
}
```

```
//*************************************************
template <class ELEM>                        // *
void Baum<ELEM>::abwaerts(Knoten<ELEM>* p)   // *
//*************************************************
// erst rechts, dann Knoten, dann links
// ----------------------------------
{ if (p!=NULL)
   { abwaerts(p->rechts);
     p->ausgeben();
     abwaerts(p->links);
   }
}
```

```
//*********************************************************
template <class ELEM>                                    // *
void Baum<ELEM>::baum(Knoten<ELEM>* p,int tiefe)  // *
//*********************************************************
// Baum-Ausgabe mit einruecken
// --------------------------
{   if (p!=NULL)
    {   baum(p->rechts,tiefe+1);
        for (int i=0;i<tiefe;i++)
        cout << "     ";
        cout << p->Inhalt << '\n';
        baum(p->links,tiefe+1);
    }
}


//************************************
template <class ELEM>            // *
void Baum<ELEM>::ausgeben(art a)   // *
//************************************
{   switch (a)
    {   case AUFWAERTS:
            cout << "\nAufsteigend sortiert:\n";
            aufwaerts(root);
            break;
        case ABWAERTS:
            cout << "\nAbsteigend sortiert:\n";
            abwaerts(root);
            break;
        case BAUM:
            cout << "\nBaum\n";
            baum(root,0);
            break;
    }
}
```

Im folgenden Hauptprogramm werden zwei Bäume aufgebaut und ausgegeben.
Der eine hat ganzzahlige Knoten-Inhalte, der andere solche vom Typ **char**. In
der Praxis werden die Inhalte vom Typ einer komplexeren Struktur sein.

```
//****************
void main()  // **
//****************
{   Baum<int> bi;
    int element;
    while (1)
    {   cout <<  "Zahlen in Baum 'bi' eingeben (0=ENDE): ";
```

```
      cin  >> element;
      if (element==0) break;
      bi.einfuegen(element);
   }
   bi.ausgeben(AUFWAERTS);
   bi.ausgeben(ABWAERTS);
   bi.ausgeben(BAUM);
   cout << "\n===================================\n";
   Baum<char> bc;
   char c;
   while (1)
   {  cout << "Buchstaben in Baum 'bc' eingeben "
           << "('#'=ENDE): ";
      cin >> c;
      if (c=='#') break;
      bc.einfuegen(c);
   }
   bc.ausgeben(AUFWAERTS);
   bc.ausgeben(ABWAERTS);
   bc.ausgeben(BAUM);
   getch();   // Warten vor Destruktor-Aufrufen
}
```

■

15 Ströme

Im Standard-Lehrbuch über C [KeRi90] wird die Ein/Ausgabe mit sogenannten Daten-Strömen veranschaulicht, bei denen Daten aus einer Daten-Quelle fließen und in einer Daten-Senke münden. Danach werden dann die beiden Funktionen **printf** und **scanf** für die Ein/Ausgabe erklärt.

C++ betrachtet das Modell der *Daten-Ströme* als Basis für die Implementierung einer Klassen-Hierarchie für *Ströme* (engl. streams), auf der schließlich die Ein/Ausgabe sämtlicher Daten basiert. Dieser Ansatz soll in C++ die alten C-Funktionen aus **stdio.h** wie **printf** und **scanf** verdrängen.

Im vorliegenden Kapitel werden wir die Ströme behandeln. In Abschnitt 15.1 wird gezeigt, wie man die Ein/Ausgabe-Operatoren **<<** und **>>** auf beliebige Klassen ausdehnt. Damit kann man dann z.B. die Ein/Ausgabe von Strukturen ebenso einfach schreiben wie die für Standard-Datentypen. Abschnitt 15.2 behandelt die formatierte Ein/Ausgabe. Direkte Ausgabe auf dem Bildschirm wird in 15.3 besprochen. Im abschließenden Abschnitt 15.4 werden Dateine behandelt.

15.1 Standard-Ein/Ausgabe

Als sehr einfaches Beispiel wollen wir folgendes Programm-Stück betrachten und diskutieren, was bei seiner Ausführung alles geschieht:

```
int i = 123;
// . . .
cout << i;
// . . .
cin  >> i;
```

Bei der Deklaration wird Speicherplatz für eine ganze Zahl angelegt, dessen Adresse mit **i** bezeichnet wird. **i** wird mit dem Wert **123** initialisiert. Im Speicher steht der zugehörige binäre Wert **0000 0000 0111 1011**.

Die Ausgabe-Anweisung soll den Inhalt von **i** auf dem Standard-Ausgabegerät in *lesbarer* Form ausgeben. Dazu muß der binäre Wert ins Dezimalsystem übersetzt und für jede einzelne Ziffer das entsprechende ASCII-Zeichen generiert werden; es entsteht also eine Zeichenreihe. Diese Zeichenreihe wird dann über den Ausgabe-Strom **cout** ausgegeben.

Zur Ausgabe einer ganzen Zahl sind also die beiden Schritte nötig:
- Übersetzen des binären Speicher-Inhalts in eine Zeichenreihe,
- Ausgabe der Zeichenreihe.

Die Eingabe **cin >> i** arbeitet in der umgekehrten Reihenfolge:
- Über die Tastatur wird eine Zeichenreihe eingegeben. Da hier ein **int**-Wert eingelesen werden soll, werden alle führenden Zwischenräume, Tabulatoren und Zeilenwechsel überlesen.
- Die Zeichenreihe wird dann in die zugehörige Binärzahl umgerechnet und das Binärmuster nach **i** abgespeichert.

C++ kennt für die Standard-Geräte vier vordefinierte Klassen-Variablen, die beim Programmstart automatisch mit den zugehörigen Ein/Ausgabe-Geräten verbunden werden:

```
istream cin;  // mit Standard-Eingabe verbunden
ostream cout; // mit Standard-Ausgabe verbunden
ostream cerr; // mit Standard-Gerät für
              //     Fehlermeldungen verbunden
ostream clog; // wie cerr, aber gepuffert
```

Die Standard-Eingabe ist normalerweise die Tastatur, die Standard-Ausgabe der Bildschirm. Fehlermeldungen werden üblicherweise ebenfalls auf dem Bildschirm ausgegeben. Diese Zuordnung kann man mit Kommandos des Betriebssystems auch umdefinieren. Der Unterschied der beiden letzten Ströme **cerr** und **clog** liegt darin, wie die Fehlermeldungen ausgegeben werden: Die über **cerr** ausgegebenen Meldungen erscheinen sofort, auch wenn die Meldung nur ein Zeichen enthält. Über **clog** wird dagegen gepuffert ausgegeben, d.h.: Die Ausgabe-Zeichen werden zunächst in einen Datenbereich, den Puffer, geschrieben; erst wenn der Puffer voll ist, werden die Zeichen auf den Bildschirm ausgegeben. Üblicherweise sind Fehlermeldungen meist so kurz, daß man sie über **cerr** ausgibt. Bei sehr langen und sehr vielen Meldungen, wie man sie z.B. beim Protokollieren von Programm-Abläufen hat, wird man den schnelleren gepufferten Strom **clog** verwenden.

Die Klassen **istream** und **ostream**, die oben verwendet wurden, sind in der Definitionsdatei **iostream.h** definiert. Dort sind auch für jeden Standard-Datentyp die Operatoren **<<** und **>>** vereinbart. Im folgenden sehen wir einen Ausschnitt aus der Definition von **istream**, wie sie in **iostream.h** angegeben ist – lediglich die Kommentare sind ins Deutsche übersetzt worden:

```
class istream : virtual public ios {
public:
    // Konstruktor und Destruktor
    istream(streambuf *);
    virtual ~istream();
// ...
    /*
     * Operationen für typ-ungebundene Eingabe
     */
    // Eingabe von Zeichen in ein Feld
    istream & get(  signed char *, int, char = '\n');
    istream & get(unsigned char *, int, char = '\n');
    istream & read(  signed char *, int);
    istream & read(unsigned char *, int);

    // Eingabe von Zeichen in ein Feld bis
    // zu einem Delimiter-Zeichen
    istream & getline(  signed char*,int,char = '\n');
    istream & getline(unsigned char*,int,char = '\n');

    // Eingabe eines einzelnen Zeichens
    istream & get(unsigned char &);
    istream & get(  signed char &);
    int       get();

    int       peek();   // liefert nächstes Zeichen
                        // bleibt aber im Eingabepuffer stehen
    int       gcount(); // Anzahl der zuletzt unfor-
                        // matiert eingelesenen Zeichen
    istream & putback(char); // Zeichen zurück
                             // in Eingabe

    // überlies Zeichen bis zum Delimiter-Zeichen
    istream & ignore(int = 1, int = EOF);

    /*
     * Typ-gebundene Eingabe-Operationen
     */
    istream & operator>> (  signed char *);
    istream & operator>> (unsigned char *);
    istream & operator>> (unsigned char &);
    istream & operator>> (  signed char &);
    istream & operator>> (short &);
```

```
    istream & operator>> (int &);
    istream & operator>> (long &);
    istream & operator>> (unsigned short &);
    istream & operator>> (unsigned int &);
    istream & operator>> (unsigned long &);
    istream & operator>> (float &);
    istream & operator>> (double &);
    istream & operator>> (long double &);
  //. . .
};
```

Die Klasse `istream` stellt alle notwendigen Methoden für die komfortable Eingabe zur Verfügung. Neben dem überladenen Operator >> gibt es noch einige sehr nützliche Methoden, die in der folgenden Tabelle erklärt werden.

Die wichtigsten Methoden der Klasse `istream`
`int get()`
• Liest das nächste Zeichen und liefert seinen Wert zurück.
`istream& get(unsigned char& c)` `istream& get(  signed char& c)`
• Liest ein einzelnes Zeichen und speichert es nach `c` ab.
`istream& get(unsigned char* s,int n,char del='\n')` `istream& get(  signed char* s,int n,char del='\n')`

• Liest eine Zeichenreihe in den Puffer `s` ein, bis
  - der Delimiter `del`, vorbelegt mit `'\n'`, erreicht ist   oder
  - `n-1` Zeichen eingelesen sind   oder
  - das Dateiende-Zeichen gelesen wird.
• Der Puffer `s` wird mit dem NUL-Byte abgeschlossen.
• Das Delimiter-Zeichen `del` wird nicht eingelesen, d.h. es steht noch im Eingabe-Strom und wird erst mit der nächsten Eingabe gelesen.

`istream& getline(unsigned char* s,`
     `int n,char del='\n')`
`istream& getline(  signed char* s,`
     `int n,char del='\n')`

• Wie `get`, das Delimiter-Zeichen `del` wird aber gelesen. Es wird nicht in den Puffer `s` übernommen.
`istream& read(unsigned char* s,int n)` `istream& read(  signed char* s,int n)`
• Liest eine Zeichenreihe der Länge `n` in den Puffer `s`.

`int gcount()`
• Liefert die Anzahl der zuletzt gelesenen Zeichen.
`int peek()`
• Liefert das nächste Eingabe-Zeichen, das aber im Eingabe-Strom stehen bleibt, d.h. man kann es noch einmal lesen.
`istream& putback(char c)`
• Schreibt das Zeichen `c` in den Eingabe-Strom zurück.
`istream& ignore(int n,int del)`
• Überliest eine Zeichenfolge,   - bis das Delimiter-Zeichen `del` auftritt; dabei wird `del` mit überlesen   oder   - bis `n` Zeichen überlesen sind.

Beim Einlesen in einen Textpuffer besteht immer die Gefahr, daß man mehr Zeichen eingibt als der Textpuffer aufnehmen kann. Man überschreibt dann einige Daten. Die Methoden **get** und **getline** erleichtern die Behandlung dieses Problems.

❑ *Beispiel 15.1.1   durch Satzzeichen getrennten Text einlesen*
(ein-aus.cpp)

Im folgenden Programm sollen zwei Zeichenreihen für **name** und **vorname** eingelesen werden. Der **name** ist 20 Zeichen lang und soll mit einem Komma von **vorname** abgetrennt sein, der bis zu 15 Zeichen lang sein kann und mit einem Punkt abgeschlossen wird.

```
#include <iostream.h>
#include <string.h>    // wegen strlen

//*********************
void main()        // **
//*********************
{  char name[21],vorname[16];
   int count=0;
   cout << "Gib Name, beende mit Komma : ";
   cin.get(name,21,','); // liest bis ausschl. Komma
   count+=cin.gcount();
   if (strlen(name)==20) // name voll
   {  cin.ignore(250,','); // überlies bis
                           // einschließlich Komma
```

```
            count+=cin.gcount();
    }
    else
    {   cin.get();   // überlies Komma
        count++;
    }
    char voraus=cin.peek(); // ein Zeichen vorausschauen
    if (voraus=='\n')
        cin.get();              // neue Zeile überlesen
// Vorname wird mit getline gelesen
    cout << "Gib Vorname, beende mit Punkt : ";
    cin.getline(vorname,16,'.');
    count+=cin.gcount();
    if (strlen(vorname)==15)  // zuviel eingegeben
    {   cin.ignore(250,'.');
        count+=cin.gcount();
    }
// Ausgabe
    cout << name << ", " << vorname << '\n';
    cout << "Es wurden " << count
         << " Zeichen eingelesen.\n";
}
```

Nach dem Eingabe-Dialog

```
Gib Name, beende mit Komma : Mendelssohn-Bartholdy,
Gib Vorname, beende mit Punkt : Felix, Enkel des Moses B.
```

erhält man die folgende Ausgabe:

```
Mendelssohn-Barthold, Felix, Enkel de
Es wurden 47 Zeichen eingelesen.                    ■
```

Analog zu **istream** stellt die Klasse **ostream** alle notwendigen Methoden für die komfortable Ausgabe zur Verfügung. Die folgende Tabelle erläutert die wichtigsten Methoden.

Die wichtigsten Methoden der Klasse `ostream`
`ostream& put(char c)`
• Gibt das Zeichen c aus.
`ostream& write(const unsigned char* s,int n)` `ostream& write(const   signed char* s,int n)`
• Gibt die ersten n Zeichen des Puffers s aus.

In Beispiel 11.4.1 haben wir zum Einlesen einer Kartei-Karte eine Funktion **lies_karteikarte** definiert. Im folgenden Beispiel wollen wir die **karteikarte** als Klasse definieren und dabei die Operatoren **<<** und **>>** überladen. Damit kann man dann die gesamte Struktur einfach mit **>>** einlesen und mit **<<** ausgeben.

❑ *Beispiel 15.1.2 Ein-/Ausgabe für Karteikarte (Kartei.cpp)*

```cpp
#include <iostream.h>
#include <ctype.h>
#include <stdlib.h>

////////////////
union BuZei   //
////////////////
{ struct
      { char Verlag[15];
        unsigned Seiten;
        float Preis;
      } Buch;
  struct
      { char Zeitschrift[15];
        unsigned Heft;
        unsigned AnfSeite;
        unsigned EndSeite;
      } Journal;
};

//////////////////////
class Karteikarte  //
//////////////////////
{ char Autor[15];
  char Titel[21];
  int Jahr;
  char Art;   // Kennung für Varianten
  BuZei bz;
```

```
public:
    Karteikarte() { }
    friend istream& operator>>(istream&,Karteikarte&);
    friend ostream& operator<<(ostream&,Karteikarte);
};

//***************************************************
istream& operator>>(istream& s,Karteikarte &k)   // *
//***************************************************
{   int Art=0;
    cout << "Autor  :  ";
    s.getline(k.Autor,15);
    cout << "Titel  :  ";
    s.getline(k.Titel,21);
    cout << "Jahr   :  ";
    s >> k.Jahr;
    while (!Art)
    { cout << "Art (B[uch],Z[eitschrift]) : ";
      s >> k.Art;
      s.get();  // '\n' ueberlesen
      switch (k.Art)
      {case 'b':
       case 'B': //  Buch
                cout << "Verlag  :  ";
                s.getline(k.bz.Buch.Verlag,15);
                cout << "Seiten  :  ";
                s >> k.bz.Buch.Seiten;
                cout << "Preis   :  ";
                s >> k.bz.Buch.Preis;
                Art=1;
                break;
       case 'z': //  Zeitschriften-Artikel
       case 'Z':
                cout << "Zeitschrift :  ";
                s.getline(k.bz.Journal.Zeitschrift,
                          15);
                cout << "Heft         :  ";
                s >> k.bz.Journal.Heft;
                cout << "Anfangsseite:  ";
                s >> k.bz.Journal.AnfSeite;
                cout << "Endseite   :  ";
                s >> k.bz.Journal.EndSeite;
                Art=1;
                break;
       default: cout << "falsche Art";
                break;
```

```
        }
    }
    s.get();
    return s;
}

//*******************************************************
ostream& operator<<(ostream& s,Karteikarte k)   // *
//*******************************************************
{   if (toupper(k.Art) == 'B')
        s << "\nBuch:\n";
    else
        s << "\nArtikel:\n";
    s << k.Autor << " : " << k.Titel << ". ";
    s << k.Jahr  << ". ";
    if (toupper(k.Art) == 'B')
        s << k.bz.Buch.Verlag << ".   "
          << k.bz.Buch.Seiten << " Seiten, "
          << k.bz.Buch.Preis << " DM\n";
    else
        s << k.bz.Journal.Zeitschrift << ", "
          << k.bz.Journal.Heft << ", Seite "
          << k.bz.Journal.AnfSeite << "-"
          << k.bz.Journal.EndSeite << "\n";
    return s;
}

const int N=2;

//****************
void main()   // **
//****************
{   Karteikarte k[N];
    for (int i=0;i<N;i++)
        cin >> k[i];
    for (i=0;i<N;i++)
        cout << k[i];
}
```

Wir haben gesehen, daß die Operatoren << und >> für alle Standard-Datentypen überladen sind. Eine tückische Fehlerquelle birgt die Auswertungsreihenfolge der Operanden bei diesen Operatoren. Dazu betrachten wir das folgende Beispiel.

❏ *Beispiel 15.1.3 Problem bei Ausgabe (Reihenfo.cpp)*

```cpp
#include <iostream.h>

//****************
void main()  // **
//****************
{  int i=5;
   cout << "Startwert von i = " << i;
   cout << "\ni++ = " << i++ << " , i++ = " << i++;
   cout << "\nnochmal\n";
   i=5;
   cout << "Startwert von i = " << i;
   cout << "\ni++ = " << i++;
   cout << " , i++ = " << i++ << "\n";
}
```

Das Programm liefert folgende Ausgabe:

```
Startwert von i = 5
i++ = 6 , i++ = 5
nochmal
Startwert von i = 5
i++ = 5 , i++ = 6
```

Daraus ersieht man, daß die Operanden *eines* **cout** von rechts nach links ausgewertet werden, obwohl die eigentliche Ausgabe von links nach rechts erfolgt. Die zweite Ausgabe-Sequenz berechnet die einzelnen Ausdrücke **i++** in eigenen **cout**-Anweisungen, die natürlich in der aufgeschriebenen Reihenfolge ausgewertet werden. ∎

15.2 Formatierung

Bisher waren alle Ausgaben unformatiert, d.h. die Ausgabe erfolgte nach einem intern festgelegten Standard-Format. In diesem Abschnitt werden wir zeigen, daß man bei·Strömen alle Formatierungswünsche angeben kann.
Die Klasse **ios**, die Basisklasse von **ostream** und **istream** ist, enthält einige Methoden für die Manipulation der Formatierung. Die Informationen über die Formatierung sind in einer **long**-Variablen mit sogenannten Format-Flags abgespeichert, deren Bedeutung in der Definition von **ios** hinter dem Kommentar "**formatting flags**" und in Abbildung 15.2.1 erklärt ist. Der folgende Ausschnitt aus der Definition der Klasse **ios** ist der Definitionsdatei **iostream.h** entnommen.

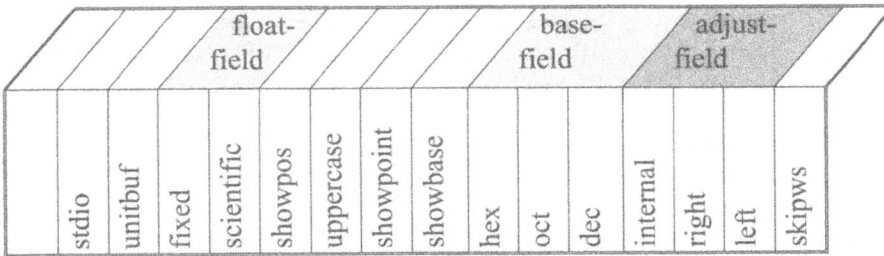

Abbildung 15.2.1: Format-Flags

```
class ios {
public:
    //  . . .
    // formatting flags
    enum    {
        skipws     = 0x0001,// überspringe whitespace
                            // bei der Eingabe
        left       = 0x0002,// Links-Ausrichtung
        right      = 0x0004,// Rechts-Ausrichtung
        internal   = 0x0008,// Auffüllen nach Vorzeichen
                            // oder Basis-Anzeige
        dec     = 0x0010,   // Dezimal-Konvertierung
        oct     = 0x0020,   // Oktal-Konvertierung
        hex     = 0x0040,   // Hexadezimal-Konvertierung
        showbase  = 0x0080,// verwende Basis-Anzeige bei
                            // Ausgabe (z.B. 0X für hex)
        showpoint = 0x0100,// zeige Dezimal-Punkt
                            // bei Ausgabe von float
        uppercase = 0x0200,// Hex-Zeichen groß
        showpos    = 0x0400,// schreibe '+' vor
                            // positive ganze Zahlen
        scientific= 0x0800,// verwende 1.2345E2
                            // Notation für float
        fixed      = 0x1000,// verwende 123.45
                            // Notation für float
        unitbuf    = 0x2000,// leere alle streams
                            // nach Ausgabe
        stdio      = 0x4000 // leere stdout, stderr
                            // nach Ausgabe
    };

    // Konstante für zweiten Parameter von setf()
```

```
static   const long basefield;    // dec | oct | hex
static   const long adjustfield;  // left|right|internal
static   const long floatfield;   // scientific|fixed

    // Konstruktor, Destruktor
ios(streambuf *);
virtual ~ios();

    // lesen/setzen/löschen von Format-Flags
long     flags();
long     flags(long);
long     setf(long _setbits, long _field);
long     setf(long);
long     unsetf(long);

    // lesen/setzen der Ausgabe-Breite
int      width();
int      width(int);

    // lesen/setzen des Füll-Zeichens
char     fill();
char     fill(char);

    // lesen/setzen der Ziffer-Anzahl für
    // Genauigkeit bei float
int      precision(int);
int      precision();

    // . . .
};
```

Weitere Methoden der Klasse **ios** werden wir im Zusammenhang mit Dateien in Abschnitt 15.4 besprechen. Die Wirkung der oben angegebenen Methoden für die Formatierung ist in der folgenden Tabelle zusammengestellt.

Die Methoden der Klasse `ios` für die Formatierung
`long flags()` `long flags(long f)`
• Beide Versionen liefern den aktuellen Wert der Format-Flags zurück.
• Mit der zweiten Version setzt man die Format-Flags auf den Wert **f**, wobei man die in der Definition von **ios** angegebenen Aufzählungswerte hinter dem Kommentar "`formatting flags`" verwendet.

`long setf(long f)`
• Liefert den aktuellen Wert der Format-Flags zurück.
• Die in **f** angegebenen Flags werden gesetzt, die anderen bleiben un- verändert.

`long setf(long _setbits,long _field)`
• Liefert den vorigen Wert der Format-Flags zurück.
• Die Bits, die in **_field** markiert sind, werden gelöscht und durch den in **_setbits** angegebenen Wert ersetzt.

`long unsetf(long f)`
• Liefert den vorigen Wert der Format-Flags zurück.
• Löscht die Bits, die in **f** markiert sind.

`int width()` `int width(int w)`
• Beide Versionen liefern die aktuelle Breite zurück. Die Breite gibt an, wieviel Zeichen mindestens auszugeben sind. Falls der auszugebende Wert mehr Zeichen braucht, werden entsprechend mehr Zeichen ausgegeben.
• Die zweite Version setzt die neue Breite auf den Wert **w**. Diese Breite wird nur bei der nächsten Ausgabe-Operation verwendet, danach wird die Breite intern wieder auf **0** gesetzt. Die Breite **0** gibt an, daß die nächste Ausgabe mit minimaler Stellenzahl erscheint.

`int fill()` `int fill(char c)`
• Das aktuelle Füllzeichen wird zurückgegeben. Mit dem Füllzeichen wird die Ausgabe auf die gewünschte Breite aufgefüllt.
• Die zweite Version definiert **c** als neues Füllzeichen.

`int precision()` `int precision(int p)`
• Die aktuelle Genauigkeit wird zurückgegeben. Die Genauigkeit gibt die Anzahl der Stellen hinter dem Dezimalpunkt an, die bei reellen Zahlen auszugeben sind.
• Die zweite Version setzt die neue Genauigkeit auf den Wert **p**.

❑ *Beispiel 15.2.1 Formatflags ausgeben (FormFlag.cpp, Form-HP.cpp)*

Die folgende Funktion gibt die Werte der Format-Flags in lesbarer Form aus (vgl. Abbildung 15.2.1).

```
//****************************
void zeige_format_flags()  // *
//****************************
{  long f=cout.flags();
   cout.setf(ios::hex|ios::showbase);
   cout << "\nWert der Format-Flags " << hex << f;
   cout << "\nWhitespaces ueberlesen . . . . . . . ";
   if (f & ios::skipws)        cout << "ja";
   else                        cout << "nein";
   cout << "\nAusrichtung  . . . . . . . . . . . ";
   if (f & ios::left)          cout << "links";
   else if (f & ios::right)    cout << "rechts";
   else if (f & ios::internal) cout << "intern";
   else                        cout << "undefiniert";
   cout << "\nZahlenformat . . . . . . . . . . . ";
   if (f & ios::dec)           cout << "dezimal";
   else if (f & ios::oct)      cout << "oktal";
   else if (f & ios::hex)      cout << "hexadezimal";
   else                        cout << "undefiniert";
   cout << "\nBasis zeigen . . . . . . . . . . . ";
   if (f & ios::showbase)      cout << "ja";
   else                        cout << "nein";
   cout << "\nDezimalpunkt zeigen  . . . . . . . ";
   if (f & ios::showpoint)     cout << "ja";
   else                        cout << "nein";
   cout << "\nhexadezimales X gross schreiben  . . ";
   if (f & ios::uppercase)     cout << "ja";
   else                        cout << "nein";
   cout << "\npositives Vorzeichen zeigen . . . . ";
   if (f & ios::showpos)       cout << "ja";
   else                        cout << "nein";
   cout << "\nGleitpunkt-Notation . . . . . . . . ";
   if (f & ios::scientific) cout << "wissenschaftlich";
   else if (f & ios::fixed)    cout << "Festpunkt";
   else                        cout << "undefiniert";
   cout << "\nnach Ausgabe Puffer leeren . . . . ";
   if (f & ios::unitbuf)       cout << "ja";
   else                        cout << "nein";
   cout << "\nnach jedem Zeichen Puffer leeren  . ";
   if (f & ios::stdio)         cout << "ja";
   else                        cout << "nein";
   cout << "\n";
   cout.setf(f);  // Flags restaurieren
}
```

Im folgenden Programm werden die Formatier-Methoden aus der Klasse **ios** verwendet. Dabei beachte man, daß die Methode **width** die Ausgabe-Breite nur für die nächste Ausgabe ändert. Danach wird intern sofort wieder auf die Breite 0 umgestellt, so daß die nächste Ausgabe mit der kleinstmöglichen Stellenzahl ausgegeben wird – falls man dies nicht wieder mit **width** ändert.

❑ *Beispiel 15.2.2 Methoden für Formatierung (Format1.cpp)*

```
#include <iostream.h>

//****************
void main()  // **
//****************
{   int i=4321;
    double d=12.345678e2;

    long meine_flags=ios::oct|ios::showbase|ios::left;
    // meine Flags: linksbuendig oktal mit Basis-Anzeige

    cout.setf(ios::hex,ios::basefield);
    // setze basefield auf hexadezimal
    long old = cout.flags();
    cout << "hex : " << i << '\n';
    // setze auf meine Flags,
    cout.flags(meine_flags);
    cout << "oct,showbase,left,Breite 8 : |";
    cout.width(8);
    cout << i << "|\n";
    cout.setf(ios::hex|ios::uppercase);
    // hexadezimal mit Grossbuchstaben
    cout << "hex gross: " << i << '\n';
    cout.flags(old);   // alte Flags restaurieren
    cout << "old : " << i << '\n';
    cout.setf(ios::scientific,ios::floatfield);
    cout.precision(7);
    cout << "scientific,precision=7 : " << d << '\n';
    cout.precision(3);
    // drei Nachkommastellen
    cout << "precision 3 : " << d << '\n';
    cout << "rechtsbuendig,Festpunkt,precision 3,\n"
         << "Breite 15, aufgefuellt mit '_' : ";
    cout.setf(ios::fixed|ios::right);
    cout.precision(3);
    cout.width(15);
    cout.fill('_');
```

```
    cout << '|'<< d << "|\n";
}
```

Das Programm liefert folgende Ausgabe:

```
hex : 10e1
oct,showbase,left,Breite 8 : |010341   |
hex groß : 0X10E1
old : 10e1
scientific,precision=7 : 1.2345678e+03
precision 3 : 1.235e+03
rechtsbündig,Festpunkt,precision 3,
Breite 15, aufgefüllt mit '_' : |_____1234.568|   ■
```

Im obigen Beispiel wurden die Formatier-Angaben in eigenen Anweisungen
formuliert. Es würde die Übersichtlichkeit eines Programmes erhöhen, wenn
man die Formatierung direkt in der Ausgabe-Anweisung angeben könnte. C++
kennt hierzu sogenannte *Manipulatoren*, die die Formatierung beeinflussen und
die man direkt in die Ausgabe-Anweisung einstreuen kann. Die Manipulatoren
sind in der Definitionsdatei **iomanip.h** definiert. Die folgende Tabelle stellt
die C++-Manipulatoren zusammen. Die meisten Manipulatoren können sowohl
bei Eingabe- wie auch bei Ausgabe-Operationen verwendet werden; sie sind
dann mit **e/a** markiert. Manipulatoren, die ausschließlich bei Ausgabe-Operationen bzw. Eingabe-Operationen erlaubt sind, werden mit **a** bzw. **e** markiert.

Die Manipulatoren von C++	
dec	e/a
• Dezimale Zahlen-Konvertierung	
hex	e/a
• Hexadezimale Zahlen-Konvertierung	
oct	e/a
• Oktale Zahlen-Konvertierung	
setbase(int n)	a
• Setzt die Basis für die Zahlen-Konvertierung auf **n** (0,8,10 oder 16). n=0 bedeutet Standard-Konvertierung "dezimal".	
ws	e
• Entfernt bei der Eingabe alle führenden Whitespaces, das sind Zwischen- räume, Tabulatoren und Zeilenwechsel.	
ends	a
• Fügt Textende-Zeichen (NUL-Byte) an eine Zeichenreihe an.	

endl	a
• Fügt Zeilenwechsel an und leert den Ausgabe-Puffer.	
flush	a
• Leert den Ausgabe-Puffer.	
restiosflags(long f)	e/a
• Löscht die Format-Flags, die in **f** markiert sind.	
• Entspricht: **ios s; s.unsetf(f);**	
setiosflags(long f)	e/a
• Setzt die in **f** angegebenen Flags.	
• Entspricht: **ios s; s.setf(f);**	
setfill(int c)	e/a
• Das Füllzeichen wird auf den Wert **c** gesetzt.	
• Entspricht: ios s; s.fill(c);	
setprecision(int p)	e/a
• Setzt die Genauigkeit auf den Wert **p**.	
• Entspricht: **ios s; s.precision(p);**	
setw(int w)	e/a
• Setzt die Breite auf den Wert **w**.	
• Entspricht: **ios s; s.width(w);**	

Das folgende Beispiel leistet dasselbe wie Beispiel 15.2.2, es verwendet aber Manipulatoren.

❑ *Beispiel 15.2.3 Manipulatoren (Format2.cpp)*

```
#include <iostream.h>
#include <iomanip.h>

//**************
void main()// **
//**************
{   int i=4321;
    double d=12.345678e2;

    long meine_flags=ios::oct|ios::showbase|ios::left;
    // meine Flags: linksbuendig oktal mit Basis-Anzeige

    cout.setf(ios::hex,ios::basefield);
    // setze basefield auf hexadezimal
    long old = cout.flags();
```

```
      cout << "hex : " << hex << i << endl;
      // setze auf meine Flags,
      cout << "oct,showbase,left,Breite 8 : |"
              << setiosflags(meine_flags)
              << setw(8) << i << "|\n";
      cout << "hex gross: " << setiosflags(ios::uppercase)
              << hex << i << endl;
      cout.flags(old);  // alte Flags restaurieren
      cout << "old : " << i << endl;

      cout << "scientific,precision=7 : "
              << setiosflags(ios::scientific)
              << setprecision(7) << d << '\n';
      // drei Nachkommastellen
      cout << "precision 3 : " << setprecision(3)
              << d << '\n';
      cout << "rechtsbuendig,Festpunkt,precision 3,\n"
              << "Breite 15, aufgefuellt mit '_' : ";

      cout << setiosflags(ios::fixed|ios::right)
              << setprecision(3) << setw(15) << setfill('_')
              << '|'<< d << "|\n";
}                                                              ■
```

Im folgenden Programm werden auch bei Eingabe-Operationen Formatier-Angaben verwendet: Es werden zwei Zahlen hexadezimal eingelesen und dezimal ausgegeben.

❑ *Beispiel 15.2.4 formatierte Eingabe (FormEin.cpp)*

```
#include <iostream.h>
#include <iomanip.h>

//****************
void main()  // **
//****************
{  int x;
   cout << "Gib ganze Zahl hexadezimal ein : ";
   cin.setf(ios::hex);
   cin  >> x;
   cout << "x = " << x << '\n';
// Jetzt mit Manipulator
   cout << "Gib ganze Zahl hexadezimal ein : ";
   cin  >> hex >> x;
   cout << "x = " << x << '\n';
```

}

Das Programm liefert folgenden Dialog:

```
Gib ganze Zahl hexadezimal ein : 1ff
x = 511
Gib ganze Zahl hexadezimal ein : 1FE
x = 510                                          ■
```

15.3 Bildschirm-Ausgabe

Bei der Ausgabe auf dem Bildschirm im Textmodus unter DOS kann man Farben benutzen. Ferner kann man eine Ausgabe an einer bestimmten Stelle direkt auf dem Bildschirm plazieren. In verschiedenen Programmen haben wir hierfür die Funktion **gotoxy** verwendet, die in der Definitionsdatei **conio.h** definiert ist. In C++ wurde die Klasse **constream** eingeführt, die ein Ausgabe-Strom für die Bildschirm-Ausgabe ist und in der Definitionsdatei **constream.h** definiert ist. Diese Klasse bietet auch die Möglichkeit, mehrere Textfenster auf dem Bildschirm bequem manipulieren zu können.

In den beiden folgenden Tabellen sind die Methoden und Manipulatoren für diese Klasse zusammengestellt.

Methoden der Klasse `constream`
`window(int links,int oben,int rechts,int unten)`
• Legt ein Text-Fenster an, dessen linke obere Ecke die Koordinaten `(links,oben)` und dessen rechte untere Ecke die Koordinaten `(rechts, unten)` hat.
`clrscr()`
• Löscht das Textfenster.
`textmode(int mode)`
• Setzt für das Fenster den durch mode angegebenen Modus. **mode** kann einen der folgenden Werte annehmen: `LASTMODE`   vorheriger Textmodus `BW40`   schwarz-weiß 40 Spalten `C40`   farbig, 40 Spalten `BW80`   schwarz-weiß 80 Spalten `C80`   farbig, 80 Spalten `MONO`   schwarz-weiß 80 Spalten, Hercules-Karte `C4350`   EGA 43 Zeilen bzw. VGA 50 Zeilen

Manipulatoren für die Klasse `constream`
`clreol`
• Löscht im Textfenster von der Cursor-Position bis zum Zeilen-Ende.
`delline`
• Löscht im Textfenster die Zeile, in der sich der Cursor befindet.
`insline`
• Fügt imTextfenster eine Leerzeile an der Cursor-Position ein.
`highvideo`
• Im Textfenster werden die Zeichen hervorgehoben ausgegeben.
`lowvideo`
• Im Textfenster werden die Zeichen dunkel ausgegeben.
`normvideo`
• Im Textfenster werden die Zeichen in normaler Helligkeit ausgegeben.
`setcrsrtype(int form)`

• Legt für das Textfenster die Form des Cursors fest. **form** kann einen der folgenden Werte haben:
 	
  _NOCURSOR   kein Cursor
  _SOLIDCURSOR   Kästchen
  _NORMALCURSOR Unterstrich

`setbk(int HintergrundFarbe)`
• Legt die Hintergrund-Farbe für ein Textfenster fest. **HintergrundFarbe** kann einen der folgenden Werte annehmen: **BLACK, BLUE, GREEN, CYAN, RED, MAGENTA, BROWN, LIGHTGRAY.**
`setclr(int TextFarbe)`
• Legt die Text-Farbe für ein Textfenster fest. **TextFarbe** kann einen der folgenden Werte annehmen: wie bei Hintergrund-Farbe sowie **DARKGRAY, LIGHTBLUE, LIGHTGREEN, LIGHTCYAN, LIGHT-RED, LIGHTMAGENTA, YELLOW, WHITE.** Zusätzlich kann der Wert **BLINK** addiert werden, die Zeichen blinken dann.
`setattr(int Farbe)`
• Legt Hintergrund- und Text-Farbe für ein Textfenster fest, wobei `Farbe = HintergrundFarbe<<4	TextFarbe`.

setxy(int spalte,int zeile)

• Im Textfenster wird der Cursor an die Position (spalte,zeile) gesetzt.

Das folgende Beispiel demonstriert die Verwendung der Klasse **constream**.

❑ *Beispiel 15.3.1 Bildschirm-Ausgabe (Fenster.cpp)*

Das Programm gibt in zwei separaten Textfenstern – einem grünen und einem grauen – Buchstabenfolgen aus. Darunter liegt der blaue Gesamt-Bildschirm, auf dem die Meldungen ausgegeben werden. Im ersten Fenster wird eine Zeile mit dem Manipulator **insline** eingefügt und im zweiten Fenster eine Zeile mit dem Manipulator **delline** gelöscht.

```
#include <iostream.h>
#include <constrea.h>

//***************
void main() // **
//***************
{ constream screen,fnst1,fnst2;
  char puffer[4];
  screen.window(1,1,80,25);   // Gesamter Bildschirm
  screen << setattr((BLUE<<4) | YELLOW);
  screen.clrscr();
  fnst1.window(5,5,40,10);    // Grünes Fenster
  fnst1 << setbk(GREEN) << setclr(BLACK);
  fnst1.clrscr();
  fnst2.window(16,15,44,20); // Graues Fenster
  fnst2 << setattr((LIGHTGRAY<<4) | BLUE);
  fnst2.clrscr();
  // Es werden in beiden Fenstern Buchstaben ausgegeben
  // In Fenster 2 mal hell, mal dunkel
  for (int i=0;i<5;i++)
  {  if ((i % 2)==0)
        fnst2 << lowvideo;
     else
        fnst2 << highvideo;
     for (char c=' ';c<='z';c++)
     {  fnst1 << c;
        fnst2 << c;
     }
  }
  screen << setxy(1,24)
```

```
                    << "In Fenster 1 wird 2. Zeile eingefügt"
                    << "weiter mit <RETURN>";
    cin.getline(puffer,4,'\n');
    fnst1 << setxy(1,2) << insline
            << "NEUE ZEILE";
    screen << setxy(1,24) << clreol
            << "In Fenster 2 wird Zeile 3 gelöscht"
            << "  weiter mit <RETURN>";
    cin.getline(puffer,4,'\n');
    fnst2 << setxy(1,3) << delline;
    screen << setxy(1,24) << clreol
            << "Fenster 2 wird gelöscht"
            << "  weiter mit <RETURN>";
    cin.getline(puffer,4,'\n');
    fnst2.clrscr();
    screen << setxy(1,24) << clreol
            << "Fenster 1 wird gelöscht"
            << "  weiter mit <RETURN>";
    cin.getline(puffer,4,'\n');
    fnst1.clrscr();
    screen << setxy(1,24) << clreol;
    cin.getline(puffer,4,'\n');
    screen << setattr((BLACK<<4) | WHITE);
    screen.clrscr();
}
```

15.4 Dateien

Daten können auch in Dateien abgespeichert und aus Dateien gelesen werden. In C++ werden hierfür zwei Klassen eingeführt: Die Klasse **ofstream** (output file stream) für Dateien, auf die geschrieben wird und die von **ostream** abgeleitet ist, sowie die Klasse **ifstream** (input file stream) für Dateien, aus denen gelesen wird und die von **istream** abgeleitet ist. Damit erben die beiden Klassen sämtliche Methoden sowie die Operatoren << und >>, die wir in den Abschnitten 15.1 und 15.2 besprochen haben. Ebenso können die in Abschnitt 15.2 behandelten Manipulatoren verwendet werden. Für Dateien, auf die sowohl Schreib- als auch Lesezugriffe erfolgen sollen, verwendet man die Klasse **fstream**. Der Konstruktor aller drei Klassen erwartet als erstes Argument den Dateinamen. Damit wird der Strom mit der angegebenen Datei verbunden. Standardmäßig wird eine Datei der Klasse **istream** zum Lesen, eine Datei der Klasse **ostream** zum Schreiben geöffnet. In einem optionalen zweiten Argument können verschiedene Arten für das Öffnen der Datei spezifiziert werden. Die zugehörigen Werte sind als Aufzählung in der Klasse **ios** definiert:

```
class ios {
public:
    // . . .
    // stream operation mode
    enum open_mode   {
            in   = 0x01,      // oeffne zum Lesen
            out  = 0x02,      // oeffne zum Schreiben
            ate  = 0x04,      // Positioniere auf
                              // Datei-Ende nach open
            app  = 0x08,      // anhaengen: Ausgaben
                              // ans Datei-Ende
            trunc    = 0x10,  // falls Datei existiert,
                              // wird alter Inhalt geloescht
            nocreate = 0x20,  // Fehler, falls Datei
                              // nicht existiert
            noreplace= 0x40,  // Fehler, falls Datei
                              // schon existiert
            binary   = 0x80   // binaer (nicht Text-Datei)
            };
    // . . .
};
```

Falls die Datei nicht wie gewünscht geöffnet werden konnte, erhält die zugehörige Variable den Wert 0 zugewiesen.

Die Verbindung einer Datei an eine **stream**-Variable muß nicht bereits an der Deklarationsstelle erfolgen; man deklariert die Variable dann ohne Argumente. Die eigentliche Verbindung geschieht dann mit der Methode

```
void open(char* DateiName,int open_mode)
```

die dieselben Parameter wie der Konstruktor hat. Eine Verbindung wird mit der Methode

```
void close ()
```

gelöst; diese Methode wird automatisch beim Destruktor einer Datei-Variablen aufgerufen.

Beim Lesen aus einer Datei ist es wichtig, daß man höchstens bis zum Datei-Ende liest. Die Methode

```
int eof()
```

die in der Klasse **ios** definiert ist, liefert einen von 0 verschiedenen Wert, wenn das Datei-Ende erreicht ist.

❏ *Beispiel 15.4.1 Dateien kopieren (Datei1.cpp)*

Im folgenden Programm soll eine Datei **FILE1.CPP** in die Datei **XXX.CPP** kopiert werden. Falls die Eingabe-Datei **FILE1.CPP** nicht exisitiert, wird das Programm abgebrochen. Exisiert die Ausgabe-Datei **XXX.CPP**, kann man sich entscheiden, ob man die Datei überschreiben will oder die Eingabe an die Ausgabe-Datei anhängen will. Die Methode **get** liefert den Wert 0, falls kein weiteres Eingabe-Zeichen gelesen werden kann. Ist in diesem Fall nicht das Datei-Ende erreicht, ist irgendetwas schiefgegangen.

```
#include <fstream.h>    // iostream.h wird automatisch
                        // eingelesen
#include <stdlib.h>     // wegen exit(int)

//****************
void main()  // **
//****************
{  ifstream eingabe("FILE1.CPP",ios::nocreate);
   // nur oeffnen, falls existiert
   if (!eingabe)
      cerr << "Eingabe-Datei existiert nicht\n";
   ofstream ausgabe("XXX.CPP",ios::noreplace);
   char c;
   if (!ausgabe)
   {  cout << "Datei existiert."
           << "Ueberschreiben=U,Anhaengen=A\n";
      cin >> c;
      switch (c)
      {  case 'u':
         case 'U': ausgabe.close();
                   ausgabe.open("XXX.CPP",ios::trunc);
                   break;
         case 'a':
         case 'A': ausgabe.open("XXX.CPP",ios::app);
                   break;
         default:  cout << "Falsche Eingabe\n";
                   exit(0);
      }
   }
   // Kopieren
   while (eingabe.get(c))
      ausgabe.put(c);
```

```
    if (eingabe.eof())
        cout << "Kopie sauber beendet\n";
    else
        cout << "Da ging was schief\n";
}
```                                                                    ■

Standardmäßig werden Dateien im Text-Modus geöffnet, in dem bei der Eingabe die Sequenz carriage return/line feed (**0Dh 0Ah**) in das Zeichen '**\n**' und
bei der Ausgabe umgekehrt '**\n**' in die Sequenz **0Dh 0Ah** umgewandelt wird.
Wird eine Datei mit dem open-Modus **ios::binary** geöffnet, wird diese Umwandlung nicht ausgeführt.

Manchmal möchte man Daten in der internen Darstellung in eine Datei schreiben; eine ganze Zahl soll also nicht als Zeichenreihe, sondern als Dual-Zahl im
int-Format abgespeichert werden. Man spricht dann von einer *Binär-Datei*.

❏ *Beispiel 15.4.2   Binär- und Text-Datei (Datei2.cpp)*

Im folgenden Programm werden ganze Zahlen in eine Binär-Datei **XXX.BIN**
und in eine Text-Datei **XXX.TXT** geschrieben. Beide Dateien werden anschliessend wieder gelesen und die gelesenen Werte auf den Bildschirm ausgegeben.

```
#include <fstream.h>
#include <iomanip.h>

//****************
void main()  // **
//****************
{   int zahl=12288;
    fstream binaer("XXX.BIN",
            ios::in|ios::out|ios::binary|ios::trunc);
    // ohne binary wird nach 0Ah noch 0Dh
    // rausgeschrieben !!!!.  Beim Lesen umgekehrt
    fstream ascii("XXX.TXT",
            ios::in|ios::out|ios::trunc);
    // zum Lesen und Schreiben oeffnen
    cout << "\nIn Dateien schreiben\n";
    for (int i=0;i<100;i++)
    {   binaer.write((char *)(&zahl),2);
        ascii << zahl << ' ';
        cout << hex << zahl << ',';
        zahl++;
    }
    cout << "\nZahlen wurden binaer und "
         << "ASCII rausgeschrieben\n";
```

301

```
cout << "Jetzt wird wieder binaer eingelesen\n";
binaer.seekg(0);
// Datei zuruecksetzen, siehe unten
while (1)
{  binaer.read((char *)&zahl,2);
   if (binaer.eof()) break;
     cout << zahl << ',';
}
cout << "\nJetzt wird wieder aus ascii"
     << " eingelesen\n";
ascii.seekg(0);  // ASCII-Datei zuruecksetzen
zahl=0;  // nur zur Sicherheit
while (1)
{  ascii >> zahl;
   if (ascii.eof()) break;
     cout << zahl << ',';
}
}
```

Wenn Sie die Größen der beiden Dateien vergleichen, sehen Sie, daß die Binär-Datei 100*2 Byte = 200 Byte belegt, während die Text-Datei 600 Byte groß ist, da jede Zahl 5 Buchstaben = 5 Byte belegt, der trennende Zwischenraum belegt ein weiteres Byte, insgesamt also 6*100 Byte.

Text-Dateien verwendet man dann, wenn man die Datei außerhalb des C++-Programms weiterverarbeiten will, etwa auf einen Drucker ausgeben oder in einem Editor bearbeiten. Binär-Dateien benötigen weniger Speicherplatz und sollten immer dann verwendet werden, wenn die Datei von einem C++-Programm auf demselben Betriebssystem gelesen *und* geschrieben wird, wie es etwa bei einer in C++ geschriebenen Datenbank meist der Fall ist. ∎

Im obigen Beispiel wurde mit der Methode **seekg** der Lese-Zeiger der Dateien auf den Datei-Anfang zurückgesetzt. Eingabe- und Ausgabe-Ströme haben eigene Methoden zur Behandlung der Datei-Zeiger. Die folgende Tabelle erläutert die entsprechenden Methoden, die in **istream** bzw. **ostream** definiert sind.

Methoden zur Positionierung des Datei-Zeigers	
`long tellg()` `long tellp()`	bzw.
• Liefert den aktuellen Zeiger des Eingabe- bzw. Ausgabe-Stroms.	

istream& seekg(long streampos)	bzw.
ostream& seekp(long streampos)	

- Positioniert auf die absolute Byte-Position des Eingabe- bzw. Ausgabe-Stroms.

istream& seekg(long streamoff,seek_dir dir)	bzw.
ostream& seekp(long streamoff,seek_dir dir)	

- Positioniert auf eine Position relativ zu der über **seek_dir** angegebenen Byte-Position im Eingabe- bzw. Ausgabestrom. **seek_dir** kann folgende Werte annehmen:

      enum seek_dir{ beg, cur, end};

  für den Anfang, die aktuelle Position bzw. das Ende des entsprechenden Streams.

Das folgende Beispiel demonstriert die Verwendung der obigen Methoden.

❑ *Beispiel 15.4.3   Palindrom (Datei3.cpp)*

Es wird ein Text in eine Datei geschrieben. Dieser Text ist die erste Hälfte eines Palindroms; das ist ein Text, den man vorwärts und rückwärts lesen kann. Die zweite Hälfte des Textes wird folgendermaßen in die Datei geschrieben:
Der Lese-Zeiger wandert vom momentan letzten Zeichen in Richtung Datei-Anfang, der Schreib-Zeiger wird auf das momentane Datei-Ende gesetzt.

```
#include <fstream.h>

//***************
void main() // **
//***************
{  fstream datei("XXX.XXX",ios::in|ios::out);
   char* text="EIN  NEGER  MI T GAZ EL";
   char c;
   datei << text;

   long int e_pos=datei.tellp()-1,j=0;
   datei.seekg(0,ios::end);
   // es gibt nur einen Dateizeiger
   // Eingabe- und Ausgabezeiger muessen also selbst
   // verwaltet werden
   for (long int i=e_pos;i>=0;i--)
   {  datei.seekg(i);
      datei.get(c);
      datei.seekp(e_pos+(j++));
      datei.put(c);
```

```
    }
    datei.put('\n');
    datei.seekg(0);
    char puffer[128];
    datei.getline(puffer,128,'\n');
    cout << puffer << "\n\n";
}
```

Das Programm liefert die folgende Ausgabe:

EIN   NEGER   MI T GAZ ELLE ZAG T IM   REGEN   NIE   ∎

Die Peripherie-Geräte werden als Text-Dateien mit speziellen Namen behandelt:
Der Drucker an der Standard-Schnittstelle LPT1 kann alternativ über den "Datei-Namen" **PRN** oder **LPT1** angesprochen werden. Wird der Drucker an der
Schnittstelle LPT2 angeschlossen, so lautet der Datei-Name **LPT2**. Die paralle-
len Schnittstellen COM1 bzw. COM2 entsprechen den Datei-Namen **COM1** bzw.
COM2. Im folgenden Beispiel wird eine Datei, die als Kommandozeilen-Parameter angegeben ist, auf dem an LPT1 angeschlossenen Drucker ausgegeben. Sollte Ihr Drucker an einer anderen Schnittstelle hängen, müssen Sie lediglich **LPT1**
durch den entsprechenden Datei-Namen ersetzen.

❑ *Beispiel 15.4.4   Datei drucken (Datei4.cpp)*

```
#include <fstream.h>
#include <iomanip.h>
#include <stdlib.h>

//***********************
void fehler(char* s)   // *
//***********************
{   cout << s << '\n';
    exit(0);
}

//*********************************
void main(int argc,char* argv[])   // **
//*********************************
{   if (argc!=2)
        fehler("Falsche Anzahl von Argumenten\n"
               "druck <Datei>\n");
    ifstream eingabe(argv[1]);
    if (!eingabe)
        fehler("Kann Eingabe-Datei nicht öffnen");
```

```
ofstream drucker("LPT1");
if (!drucker)
    fehler("Drucker LPT1 nicht bereit");
cout << "Jetzt wird Datei " << argv[1]
    << " gedruckt\n";
drucker << "Drucke die Datei " << argv[1]
        << endl << endl;
char puffer[128];
int line=1;
cout << setw(4) << line;
drucker << setw(4) << line++ << ": ";
char c;
while (eingabe.get(c))
{   drucker.put(c);
    if (c=='\n')
    {   cout << setw(4) << line;
        drucker << setw(4) << line++ << ": ";
    }
}
drucker.put('\n');
drucker.put('\f');   // Seitenvorschub
cout << endl;
}
```

16 Der Präprozessor

In Abschnitt 8.6 haben wir besprochen, wie man in C und C++ Konstanten und Makros mit Hilfe des Präprozessors formulieren kann. Der Präprozessor ist ein Programm, das dem eigentlichen Compiler vorgeschaltet ist und mit dem man nach recht komfortablen Verfahren den C-Quelltext verändern kann (siehe auch Abbildung 2.2.1).

In diesem Kapitel werden wir weitere Leistungsmerkmale des Präprozessors besprechen. In Abschnitt 16.1 werden die Feinheiten der **#include**-Direktive behandelt. In Abschnitt 16.2 werden Möglichkeiten besprochen, wie der Präprozessor – abhängig von bestimmten Bedingungen – unterschiedliche C++-Programme erzeugen kann. Diese *bedingte Compilierung* ist besonders wichtig, wenn Programme an bestimmte Umgebungsbedingungen angepaßt werden müssen, z.B. zur Berücksichtigung bestimmter Hardware-Eigenschaften oder zur Erstellung von Programmversionen für bestimmte Betriebssysteme oder verschiedene Kunden. Im letzten Abschnitt 16.3 werden weitere nützliche Direktiven des Präprozessors behandelt.

Es sei noch einmal erwähnt, daß *alle* Zeilen, die mit **#** beginnen, vom Präprozessor bearbeitet werden. Dem Zeichen **#** dürfen in der Zeile lediglich Einrückungen mit Tabulatorzeichen oder Zwischenräumen vorausgehen.

Ein C++-Compiler erzeugt keine Quelldatei mit dem modifizierten C++-Programm; dieses liegt während des Übersetzungsprozesses nur temporär vor. Will man sich trotzdem die Wirkung des Präprozessors anschauen, kann man den separat vorliegenden C++-Präprozessor **CPP** starten, der nur die veränderte Quelle erzeugt und in eine Datei mit der Erweiterung **.I** abspeichert.

16.1 Einlesen von Dateien

Die Signaturen von Bibliotheksfunktionen sowie wichtige Konstanten stehen dem Compiler über Definitionsdateien zur Verfügung, die über die **#include**-Direktive eingelesen werden. Aber auch die Signaturen eigener Funktionen sowie häufig vorkommende Konstanten schreibt man zweckmäßigerweise in eine Datei, auf die man über **#include** zugreift. Dies haben wir bereits an vielen

Stellen in diesem Buch getan – insbesondere in den Kapiteln 9, 12 und 13. Dabei wurden unterschiedliche Schreibweisen verwendet, die im folgenden erklärt werden.

```
#include <Dateiname>
#include "Dateiname"
```

- Der Präprozessor ersetzt die #include-Direktive durch den Inhalt der angegebenen Datei.

- Wird die Form <Dateiname> ohne Pfadangabe verwendet, so wird die angegebene Datei in den Include-Verzeichnissen des Compilers in der dort angegebenen Reihenfolge gesucht. Die erste Datei, die gefunden wird, wird eingelesen.

- Wird die Form "Dateiname" ohne Pfadangaben verwendet, beginnt die Suche nach der Datei im aktuellen Verzeichnis, anschliessend wird gegebenenfalls in den Include-Verzeichnissen weitergesucht.

Die Include-Verzeichnisse werden bei der Installation des Compilers eingestellt. Bei der Pfadangabe eines Dateinamens darf ein einfaches Backslash \ verwendet werden, man kann aber auch – wie man es bei C++-Zeichenreihen tun müßte – doppelte Backslashes hinschreiben. Im Betriebssystem UNIX werden Pfadangaben mit dem Slash (/) geschrieben. Wegen der engen Verwandtschaft von C und UNIX (UNIX wurde in C programmiert) ist bei den Pfadangaben in der #include-Direktive sogar das Slash-Zeichen erlaubt. Man könnte also schreiben

```
#include "d:\sprachen/bc.30\\include/limits.h"
```

was unter DOS und Windows gleichbedeutend ist mit

```
#include "d:\sprachen\bc.30\include\limits.h"
```

❑ *Beispiel 16.1.1 Definitionsdateien lesen (include.cpp)*

In der Definitionsdatei limits.h werden compiler-spezifische Konstanten definiert, u.a. die Konstante **SHRT_MAX**, die den maximalen Wert eines **short int**-Wertes mit **32767** festlegt. Im folgenden Programm wird dieser Wert auf dem Bildschirm ausgegeben. In einer eigenenen Definitionsdatei limits.h, die im aktuellen Verzeichnis abgespeichert ist, wird der Wert dieser Konstanten auf **127** festgelegt und mit der letzten **cout**-Anweisung ausgegeben.

```
#include <iostream.h>
```

```
//*****************
void main()  // **
//*****************
{  cout << "Werte aus  limits.h\n";
   #include <limits.h>
// -------------------
   cout << "Nach:  #include <limits.h>: ";
   cout << "SHRT_MAX = " << SHRT_MAX << '\n';

   cout << "Nach:  #include \"limits.h\": ";
   #include "limits.h"
// -------------------
   cout << "SHRT_MAX = " << SHRT_MAX << '\n';
}
```

Das Programm liefert die folgende Ausgabe

```
Werte aus  limits.h
Nach:  #include <limits.h>: SHRT_MAX = 32767
Nach:  #include "limits.h": SHRT_MAX = 127                    ■
```

16.2 Bedingte Compilierung

Mit den folgenden Präprozessor-Direktiven können abhängig von bestimmten
Bedingungen unterschiedliche Quellprogramme erzeugt und übersetzt werden.
Der allgemeine Aufbau solcher Direktiven hat folgendes Aussehen:

```
#if Bedingung_1
        Anweisungsgruppe_1
#elif Bedingung_2              // optional
        Anweisungsgruppe_2     //    "
....                           //    "
#else                          //    "
        Anweisungsgruppe_sonst // optional
#endif
```

Eine solche Konstruktion bedeutet folgendes:
- Bedingung_1 wird ausgewertet; liefert dies einen von Null verschiedenen
  Wert, also wahr, wird Anweisungsgruppe_1 übersetzt und dann hinter
  #endif weiterübersetzt.
- Sonst wird Bedingung_2 ausgewertet; liefert dies wahr, wird Anweisungs-
  gruppe_2 übersetzt und danach hinter **#endif** weiterübersetzt.

309

- Für die eventuell weiteren Fälle wird entsprechend verfahren.
- Liefert keine der angegebenen Bedingungen einen von Null verschiedenen Wert, wird die Anweisungsgruppe_sonst hinter **#else** übersetzt.
- Fehlt der **#else**-Teil und trifft keine der angegebenen Bedingungen zu, so wird vom obigen Konstrukt überhaupt nichts übersetzt.

Die hier angegebenen Bedingungen sind syntaktisch genauso aufgebaut wie die logischen Ausdrücke, die wir in Abschnitt 5.5 besprochen haben. Es besteht jedoch ein wesentlicher Unterschied zwischen den logischen Ausdrücken und der hier angegebenen Direktive:

- Die logischen Ausdrücke aus Abschnitt 5.5 operieren auf Variablen und werden *zur Laufzeit* des Programms ausgewertet.
- Die Bedingungen der hier angegebenen Direktiven müssen *zur Übersetzungszeit* des Programms ausgewertet werden; die Operanden müssen also Konstanten oder konstante Ausdrücke sein!

Ein möglicher Operand in einer solchen konstanten Bedingung ist

defined Bezeichner

Er liefert den Wert 1, falls der Bezeichner vorher im Text mit **#define** definiert wurde und die Definition nicht mit **#undef** wieder aufgehoben wurde (siehe unten).

Da Abfragen nach definierten Größen in der bedingten Compilierung häufig vorkommen, gibt es hierfür Abkürzungen:

#ifdef Bezeichner
> ist gleichbedeutend mit

#if defined Bezeichner

#ifndef Bezeichner
> ist gleichbedeutend mit

#if !defined Bezeichner

Mit der Direktive

#undef Bezeichner

wird die Definition von Bezeichner annulliert, d.h. der Bezeichner ist danach undefiniert, bis man ihn eventuell wieder definiert.

❑ *Beispiel 16.2.1 bedingte Compilierung (Bed-Comp.cpp)*

Das folgende Programm zeigt die Titelzeile eines Programms mit dem Kunden-
namen sowie am Ende eine Meldung mit dem Namen des kundenspezifischen
Betreuers. Dazwischen gehört das eigentliche Programm hin.

Falls der Bezeichner **oldb** bzw. **fhu** definiert wurde und **bezahlt** auf J gesetzt ist, wird für den jeweiligen Betrieb eine spezielle Programmversion erstellt.

```cpp
#include <iostream.h>

#define oldb
#define bezahlt 'J'

#if bezahlt=='J'
  #ifdef fhu
    const char* LOGO="Fachhochschule Ulm";
    const char* BETREUER="Herrn Mueller";
  #elif defined oldb
    const char* LOGO="Oldenbourg-Verlag";
    const char* BETREUER="Herrn Schmid";
  #endif
#else
  const char* LOGO="!! Raubkopie !!";
  const char* BETREUER="niemand";
#endif

//***************
void main() // **
//***************
{ cout << "Lizenz fuer Firma \""
       << LOGO << "\"\n";
  //.. Rest des Programms
  cout <<"\n\thier folgt das eigentliche Programm\n\n";
  cout << "Im Falle eines Fehlers wendet sich "
       << "Firma\n\"" << LOGO
       << "\" an den Betreuer "
       << BETREUER << '\n';
}
```

Im Beispiel ist der Bezeichner **oldb** definiert, also liefert das Programm folgende Ausgabe:

```
Lizenz für Firma "Oldenbourg-Verlag"

        hier folgt das Programm
```

```
Im Falle eines Fehlers wendet sich Firma
"Oldenbourg-Verlag" an den Betreuer, Herrn Schmid          ■
```

Im obigen Beispiel müssen für jeden Kunden die **#define**-Direktiven geändert werden. Löscht man diese Direktiven aus dem Programmtext, so kann man beim Compilerstart über einen Parameter die **define**-Ausdrücke definieren. In der Kommandozeilen-Version des Borland-Compilers Version 3.1 macht man dies folgendermaßen:

```
BCC -Dfhu;bezahlt='J'
```

So wird das Programm für die Fachhochschule Ulm erzeugt.
Die **#include**-Direktiven können geschachtelt werden: In einer Datei, die vom Hauptprogramm über **#include** eingelesen wird, können weitere **#include**-Direktiven stehen. Solche Schachtelungen verwendet man häufig bei Definitionsdateien. Dabei kann es leicht passieren, daß eine Definitionsdatei in einem Programm versehentlich zweimal eingelesen wird; dies hat dann zur Folge, daß die enthaltenen Signaturen und Konstanten doppelt definiert sind, was vom Compiler mit einer Fehlermeldung quittiert wird. Folgende einfache Konstruktion verhindert diese doppelten Definitionen:

```
// Definitionsdatei klasse.hpp
#ifndef _KLASSE_HPP
#define _KLASSE_HPP
// der eigentliche Text der Defintionsdatei
#endif
```

Wenn die Datei **klasse.hpp** von einem Programm zum ersten Mal eingelesen wird, ist der datei-spezifische Bezeichner **_KLASSE_HPP** noch nicht definiert und die gesamte Datei wird übersetzt. Dabei wird am Anfang der Bezeichner **_KLASSE_HPP** definiert. Wird die Datei **klasse.hpp** in einer Übersetzung ein weiteres Mal eingelesen, ist der Bezeichner **_KLASSE_HPP** definiert und der Programmtext wird von der erste Zeile bis zum **#endif** der letzten Zeile übersprungen.

16.3 Weitere Direktiven

Verschiedene Compiler enthalten weitere nützliche Direktiven und vordefinierte Konstanten, mit denen die Übersetzung beeinflußt werden kann. Im folgenden wird eine Auswahl der im Borland-C++-Compiler bereitgestellten Direktiven zusammengestellt.

```
#line const "Dateiname"
#line const
```

- Die auf die Direktive folgende Quellzeile erhält die in **const** angegebene Zeilennummer, ab der dann weitergezählt wird. Diese Zeilennummern werden dann bei einer Fehlermeldung verwendet. Ist **Dateiname** angegeben, wird dieser verwendet. Ansonsten wird der Dateiname der Quelldatei oder ein vorher eingestellter Dateiname benutzt.

```
#error Text
```

- Es wird eine Fehlermeldung der folgenden Form ausgegeben:
  ```
  Fatal: Dateiname Zeilenummer: Error directive:
  Text
  ```

```
#pragma startup Funktionsname
#pragma startup Funktionsname Prioritaet
#pragma exit Funktionsname
#pragma exit Funktionsname Prioritaet
```

- Die hinter **startup** angegebene Funktion wird vor **main**, die hinter **exit** angegebene Funktion wird hinter der schließenden Klammer von **main** aufgerufen. Gibt es mehrere solche Direktiven, entscheidet die optionale **Prioritaet**, die zwischen 64 und 255 liegt, über die Aufrufreihenfolge: Funktionen mit niederer Priorität werden zu Programmbeginn früher, beim Programmende später aufgerufen.
  Die Prioritäten 0 bis 63 sind für die C-Bibliotheksfunktionen reserviert.

❏ *Beispiel 16.3.1   weitere Direktiven (Direct-1.cpp)*

```
#include <iostream.h>

void f1()
{  cout << "f1 war da\n";  }

void f2()
{  cout << "f2 war da\n";  }

void f3()
```

```
{ cout << "f3 war da\n";  }

#pragma startup f1 68
#pragma startup f2 65
#pragma exit f1
#pragma exit f2
#pragma exit f3

void main()
{ cout << "\n\tHauptprogramm\n\n";
}
```

Die folgende Ausgabe des Programms zeigt die Aufrufreihenfolge der Funktionen **f1**, **f2** und **f3**:

```
f2 war da
f1 war da

        Hauptprogramm

f3 war da
f2 war da
f1 war da
```

vordefinierte Konstanten und Makros	
__LINE__	• liefert die Nummer der aktuellen Quelltextzeile.
__FILE__	• liefert den Namen der aktuellen Quelldatei.
__DATE__	• liefert das aktuelle Datum zurück.
__TIME__	• liefert die Zeit, zu der der Präprozessor die Bearbeitung der aktuellen Datei begonnen hat.
__STDC__	• liefert 1, wenn die Quelle gemäß ANSI-C übersetzt wurde; sonst ist __STDC__ undefiniert.
__cplusplus	• Für C++-Programme hat __cplusplus den Wert 1; sonst ist der Bezeichner undefiniert.

❑ *Beispiel 16.3.2   Trace eines Programms (Direct-2.cpp)*

Im folgenden Programm werden die **#line**-Direktive sowie die vier ersten oben vordefinierten Konstanten verwendet.

```
#include <iostream.h>
```

```
//------------------------------------
#define trace()\
cout << "Ich bin jetzt in Zeile " \
     << __LINE__ << " von Datei " \
     << __FILE__ << '\n';          \
cout << "und zwar am " << __DATE__\
     << " um " << __TIME__ << " Uhr\n\n"
//------------------------------------

//****************
void main()   // **
//****************
{  trace();
   #line 111 "xyzuvw.cpp"
   trace();
   #line 55
   trace();
}
```

Wird **trace()** als Funktion und nicht als Präprozessor-Makro definiert, wird
immer die gleiche Zeilennummer ausgegeben, nämlich die Quellzeilennummer
innerhalb der Funktion, in der das Makro **__LINE__** steht.
Das Programm liefert z.B. folgende Ausgabe:

```
Ich bin jetzt in Zeile 21 von Datei DIRECT-2.CPP
und zwar am Dec 08 1999 um 17:12:18 Uhr

Ich bin jetzt in Zeile 111 von Datei xyzuvw.cpp
und zwar am Dec 08 1999 um 17:12:18 Uhr

Ich bin jetzt in Zeile 55 von Datei xyzuvw.cpp
und zwar am Dec 08 1999 um 17:12:18 Uhr
```

Im obigen Beispiel werden unterschiedliche Zeilennummern und Dateinamen
ausgegeben, da die Makros an die Aufrufstellen hinkopiert werden. Der Präprozessor liefert die folgende Datei **direct-2.i**, die hier gekürzt wiedergegeben
wird:

```
direct-2.cpp 1:
direct-2.cpp 18:
direct-2.cpp 19: void main()
direct-2.cpp 20:
direct-2.cpp 21: {  cout << "Ich bin jetzt in Zeile "
        << 21 << " von Datei " << "direct-2.cpp" << '\n';
```

315

```
          cout << "und zwar am " << "Dec  8 1999"
          << " um " << "17:17:12" << " Uhr\n\n";
direct-2.cpp 22:
xyzuvw.cpp 111: cout << "Ich bin jetzt in Zeile "
          << 111 << " von Datei " << "xyzuvw.cpp" << '\n';
          cout << "und zwar am " << "Dec  8 1999"
          << " um " << "17:17:12" << " Uhr\n\n";
xyzuvw.cpp 112:
xyzuvw.cpp 55: cout << "Ich bin jetzt in Zeile " << 55
          << " von Datei " << "xyzuvw.cpp" << '\n';
          cout << "und zwar am " << "Dec  8 1999"
          << " um " << "17:17:12" << " Uhr\n\n";
xyzuvw.cpp 56: }
```

Das Makro **trace()** wird auf *eine* Zeile expandiert. Die eingerückten Zeilen sind daher als Fortsetzung der vorherigen Zeilen zu lesen. ∎

17 Ausnahmebehandlung

In Kapitel 12 wurde eine Klasse **String** für Zeichenreihen entwickelt. Bei der Implementierung einiger Methoden wurden Fehlersituationen erkannt: In Beispiel 12.4.1 wurde beim **operator[]** ein illegaler Index gemeldet. Das Problem dabei war, daß der Programmierer dieser Methode nicht wissen kann, wie er auf einen solchen Fehler reagieren soll. Wir haben damals lediglich eine Fehlermeldung auf den Bildschirm ausgegeben und das 0. Element zurückgeliefert. Andererseits kann der Benutzer einer Klasse auf manche Fehler gezielt reagieren – er kennt etwa nach der Eingabe eines falschen Index über die Tastatur eine neue Eingabe anfordern. Der Benutzer hat dagegen keine Möglichkeit, die Fehlersituation festzustellen, da er ja den Code der Methode nicht kennt.

C++ stellt zur Behandlung solcher Fehler oder Ausnahmen (engl. exceptions) einen speziellen Mechanismus, die Ausnahmebehandlung (engl. exception handling), zur Verfügung.

17.1 Einfache Ausnahmebehandlung

Die Ausnahmebehandlung ist in zwei Teile geteilt:
① Bei der Methoden-Definition in einer Klasse kann eine Ausnahme erkannt werden, was das *Auswerfen* einer Ausnahme zur Folge hat; dies wird durch das neue Schlüsselwort **throw** eingeleitet. Zur Referenzierung der Ausnahme, die man in der Anwendung zur Bennenung benötigt, verwendet man oft eine Ausnahmeklasse, die lokal in der Anwendungsklasse definiert ist.
② Der Anwender einer Klasse kann auf eine ausgeworfene Ausnahme reagieren, indem er sie auffängt (siehe Beispiel 17.1.2).

Das folgende Beispiel zeigt für die Klasse **String** aus Beispiel 12.4.1, wie man eine Ausnahme *illegaler Index* auswerfen kann.

❑ *Beispiel 17.1.1   Ausnahme auswerfen (Einf-Ab.hpp, Einf-Ab.cpp)*

```
////////////////
class string  //
////////////////
{  char s[81];    // Zeichenreihe
   int akt_lg;    // aktuelle Laenge
public:
   string();      // Konstruktor
 // Ausnahmeklasse
   class Index    { /* leer */ };
   int lesen();     // Text einlesen
   int schreiben();// Text schreiben
   char& operator[](int);
// indizierter Zugriff (mit Ausnahme)
};

// restliche Methoden siehe Abschnitt 12.1
//*****************************************
char& string::operator [] (int index)  // *
//*****************************************
{  if ((index<0) || (index>=akt_lg))
      throw Index();  // Ausnahme Index auswerfen
   return s[index];
}
```

Die Ausnahme *illegaler Index* wird mit der Konstruktion **throw Index();**
ausgeworfen.   ∎

Allgemein wird eine Ausnahme gemäß dem folgenden Syntax-Diagramm ausgeworfen:

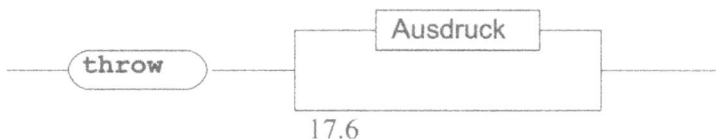

(17-1)

Wenn die Methode eine Ausnahme ausgeworfen hat, kann der Anwender darauf
reagieren. Dies erfolgt nach der folgenden Syntax:

tryBlock :   (17-4)

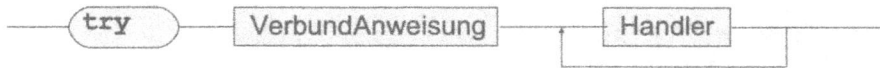

Handler :   (17-2)

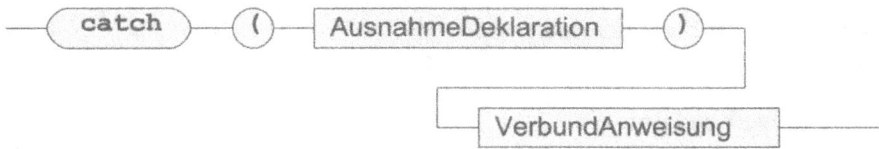

AusnahmeDeklaration :   (17-3)

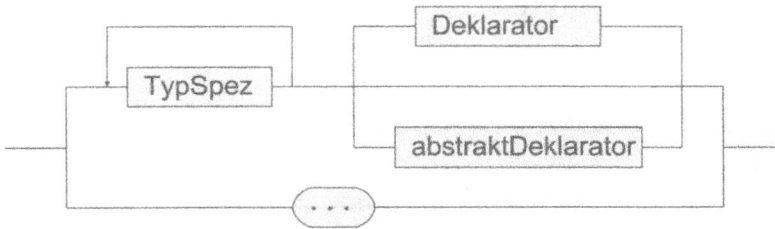

Der Programmteil, in dem auf eventuelle Ausnahmen reagiert werden soll, wird mit dem Schlüsselwort **try** eingeleitet. Werden in der darauffolgenden Verbundanweisung irgendwelche Ausnahmen ausgeworfen, kann er jede einzelne mit einem geeigneten Handler bearbeiten. Ein Handler beginnt mit dem Schlüsselwort **catch** (auffangen). In der darauffolgenden Verbundanweisung wird programmiert, wie auf die Ausnahme reagiert werden soll.

❑ *Beispiel 17.1.2   Auffangen von Ausnahmen (Einf-HP.cpp)*

Im folgenden Beispiel wird ein Index eingelesen, und es soll das Zeichen mit diesem Index ausgegeben werden. Liegt der Index außerhalb des zulässigen Bereichs, wird lediglich eine Fehlermeldung angezeigt.

```
//*****************
void main()   //   **
//*****************
{  string zeile;
   int index;
   cout << "Lies Text ein : ";
   zeile.lesen();
   cout << "Gib Index ein : ";
   cin >> index;
   try
   {   cout << zeile[index] << endl;
   }
   catch (string::Index)
   {   cout << "falscher Index!\n";
   }
   zeile.schreiben();
}
```

Eine Ausnahme muß nicht an der Stelle behandelt werden, an der sie verursacht wird. So können wir z.B. an einer zentralen Stelle alle in unserer Anwendung vorkommenden Indexfehler behandeln. Dazu betrachten wir zunächst das folgende Beispiel.

❑ *Beispiel 17.1.3   Ausnahme weiterreichen (Einf-stk.cpp)*

```
char index_gegeben(string s,int i)
{  return s[i];  // <<==== Fehlermöglichkeit
}

char index_lesen(string s)
{  int index;
   cout << "Gib Index ein : ";
   cin >> index;
   return index_gegeben(s,index);
}

char fehler_provoziert(string s)
{  return s[100];  // <<==== Fehlermöglichkeit
}

char auswahl(string s,char w)
{ switch (w)
  { case 'l' : // Index einlesen
               return index_lesen(s);
    case 'p' : // Fehler provoziert
```

320

```
                  return fehler_provoziert(s);
   default   : return '#';
  }
}

//*****************
void main()  //  **
//*****************
{  string zeile;char w;
   cout << "Lies Text ein : ";
   zeile.lesen();
   cout << "\n\nAuswahl-Menue:\n\n";
   cout << "l  : Index einlesen\n\n";
   cout << "p  : Fehler provozieren\n\n\n";
   cout << "Waehle: ";cin >> w;
   try
   {  cout << auswahl(zeile,w) << endl;  }
   catch (string::Index)
   {  cout << "falscher Index!\n";  }
   zeile.schreiben();
}                                                         ■
```

Im obigen Beispiel können Ausnahmen nur an den beiden markierten Stellen in
den Funktionen **index_gegeben** und **fehler_provozieren** ausgeworfen werden. Aufgefangen werden sie aber im Hauptprogramm. Damit dies funktioniert, müssen alle aktiven Funktionen in der Aufrufhierarchie bis zu der Stelle, an der der Handler aufgerufen wird, beendet werden. Wird z.B. in der Funktion **index_gegeben** eine Ausnahme ausgeworfen, müssen die Funktionen
index_gegeben, **index_lesen** und **auswahl** beendet werden, damit in
einem sicheren Zustand weitergearbeitet werden kann (der Keller enthält dann
die richtigen Parameter und Rückkehradressen). Die in C++ realisierte Ausnahmebehandlung erledigt dies automatisch.

17.2 Unterscheidung von Ausnahmen

Die im vorigen Abschnitt vorgestellte Klasse wirft nur eine Ausnahme aus.
Beim Entwurf von Klassen-Bibliotheken kann eine Fülle von Ausnahmen auftreten. In diesem Kapitel wird besprochen, wie man in C++ die verschiedenen
Ausnahmen unterscheiden kann.

17.2.1 Mehrere Ausnahmeklassen

Die naheliegenste Idee ist, für jede in einer Klasse mögliche Ausnahme eine eigene Ausnahmeklasse zu definieren. Da diese Ausnahmeklassen lokal zu der übergeordneten Klasse sind, können Ausnahmeklassen in verschiedenen Klassen gleich benannt werden. Innerhalb einer Klasse darf natürlich ein Bezeichner nur einmal definiert werden.

❏ *Beispiel 17.2.1 mehrere Ausnahmeklassen (Mehrf-Ab.*,Mehrf-hp1.cpp)*

Im folgenden Beispiel wird die Klasse **string** für eine variabel lange Zeichenreihe definiert (vgl. Abschnitt 12.2), deren reservierte Länge nicht größer als 200 Byte sein darf. Es werden folgende Ausnahmen unterschieden: Der Index ist zu klein bzw. zu groß, die reservierte Länge ist zu groß und es wurde mehr eingelesen, als in die **string**-Variable paßt. Die Klassendefinition hat folgenden Aufbau:

```
///////////////
class string  //
///////////////
{  char *s;        // Zeiger auf Zeichenreihe
   int groesse;   // reservierter Platz
   int akt_lg;    // aktuelle Laenge
   enum { max=200 }; // maximale Groesse
public:
   string(int);   // Konstruktor
   ~string();     // Destruktor
// Ausnahmeklassen
   class IndexZuGross   { /* leer */ };
   class IndexZuKlein   { /* leer */ };
   class StringZuLang   { /* leer */ };
   class ZuVielGelesen  { /* leer */ };
// ----------------------------------
   int gib_max()
   {  return max;  }
   int lesen();    // Text einlesen
   int schreiben();// Text schreiben
   char& operator[](int);
// indizierter Zugriff (mit Ausnahme)
};
```

Die Ausnahme werden in den folgenden Methoden ausgeworfen:

```
// restliche Methoden siehe Abschnitt 12.2
// und 12.5 für Kopierkonstruktor
```

```
//**************************
string::string(int n)   //  *
//**************************
{ if (n>max)
     throw StringZuLang();  // Ausnahme auswerfen
  s = new char[n+1]; groesse=n; akt_lg=-1;
}

//***********************
int string::lesen()   //  *
//***********************
{ char h[255];
  cin.getline(h,255);
  if (strlen(h) > groesse)
     throw ZuVielGelesen();   // Ausnahme auswerfen
  strcpy(s,h); akt_lg=strlen(s);
  return akt_lg;
}

//*******************************************
char& string::operator [] (int index)   // *
//*******************************************
{ if (index<0)
     throw IndexZuKlein();   // Ausnahme auswerfen
  if (index>=akt_lg)
     throw IndexZuGross();   // Ausnahme auswerfen
  return s[index];
}
```

Die ausgeworfenen Ausnahmen werden im Anwendungsprogramm aufgefangen, indem im Handler der entsprechende Klassentyp angegeben wird.

```
//*****************
void main()   //  **
//*****************
{ int index,laenge;
  cout << "\nGib Länge des neuen Strings : ";
  cin >> laenge;
  try  // hier koennen Ausnahmen auftreten
  { string zeile(laenge);
    cout << "Eingabe: "; zeile.lesen();
    cout << "Gib Index ein : "; cin >> index;
    cout << zeile[index] << endl;
  }
// hier werden alle moeglichen Ausnahmen behandelt
  catch (string::StringZuLang)
```

```
  { cout << "angegebene Länge " << laenge
         << " ist zu groß!\n";
  }
  catch (string::IndexZuGross)
  { cout << "Index zu gross!\n"; }
  catch (string::IndexZuKlein)
  { cout << "Index zu klein!\n"; }
  catch (string::ZuVielGelesen)
  { cout << "Zu viel eingelesen!\n";   }
  cout << "Ende des Programms nach Fehlermeldung\n";
}
```

Die Fehlerbehandlung besteht im obigen Beispiel lediglich aus der Meldung des Fehlers. Die letzte Ausgabe

Ende des Programms nach Fehlermeldung

wird in jedem Fall angeziegt. ■

Es müssen nicht immer alle möglichen Ausnahmen behandelt werden. Nach Syntax-Diagramm (17-2) muß in einem **try**-Block jedoch mindestens ein Handler vorkommen.

❑ *Beispiel 17.2.2   Ausnahmen nur teilweise auffangen (Mehrfhp2.cpp)*

Wir modifizieren das vorige Beispiel, indem wir nur die Ausnahmen für die Index-Behandlung auffangen. Das Hauptprogramm sieht dann wie folgt aus:

```
//*****************
void main()  //  **
//*****************
{  // siehe voriges Beispiel
  try
  {  // siehe voriges Beispiel
  }
  // hier werden nur Index-Ausnahmen behandelt
  // die beiden anderen bleiben unbehandelt
  catch (string::IndexZuGross)
  { cout << "Index zu gross!\n2; }
  catch (string::IndexZuKlein)
  { cout << "Index zu klein!\n"; }
//------------------------------
  cout << "Ende des Programms nach Fehlermeldung\n";
}
```

Wenn Sie jetzt ein **string**-Objekt definieren, das länger als 200 Byte ist, oder mit der Methode **lesen()** mehr Zeichen einlesen, als in das **string**-Objekt passen, wird aus den jeweiligen Methoden eine Ausnahme ausgeworfen, die nicht aufgefangen werden. Der Programmlauf wird in einem solchen Fall hinter dem **try**-Block abgebrochen (siehe Abschnitt 17.8). ■

Manchmal können oder sollen verschiedene Ausnahmen nicht getrennt aufgefangen werden, weil etwa die Reaktion jeweils dieselbe ist. Mit dem Ausdruck

```
catch (...)
```

kann man alle nicht explizit benannten Ausnahmen auffangen.

❏ *Beispiel 17.2.3 nicht angegebene Ausnahme auffangen (Mehrfhp3.cpp)*

```
//*****************
void main()   //  **
//*****************
{ // wie Beispiel 17.2.2
  try  // hier koennen Ausnahmen auftreten
  { // wie Beispiel 17.2.2
  }
  // hier werden nur Index-Ausnahmen behandelt
  // restliche mit catch (...)
  catch (string::IndexZuGross)
  { cout << "Index zu gross!\n"; }
  catch (string::IndexZuKlein)
  { cout << "Index zu klein!\n"; }
  catch (...)
  { cout << "sonstiger Fehler!\n";   }
//----------------------------------
  cout << "Ende des Programms nach Fehlermeldung\n";
}
```

Wenn jetzt eine Ausnahme aus dem Konstruktor oder der Methode **lesen()** ausgeworfen wird, wird diese vom letzten **catch**-Ausdruck aufgefangen. Beachten Sie, daß die **catch**-Ausdrücke in der aufgeschriebenen Reihenfolge ausgewertet werden. Die Ausnahme-Deklaration (...) muß also die letzte Alternative sein. ■

17.2.2 Aufzählungen und Ausnahmen

Bisher waren Ausnahme-Deklarationen immer Klassentypen. In C++ kann man die Ausnahmen auch durch Konstante identifizieren, die in einem Aufzählungstyp definiert sind. Dieser Ansatz ist jedoch nicht klassenorientiert und sollte daher in einem objektorientierten C++-Programm vermieden werden.

❑ *Beispiel 17.2.4 Ausnahmen als Konstante (enum-Ab.*, enum-hp1.cpp)*

Vor der Klassendefinition wird folgender Aufzählungstyp definiert:

```
enum Fehler { IndexZuGross, IndexZuKlein,
              StringZuLang, ZuVielGelesen };
```

Die Methoden werfen dann als Ausnahmen Konstanten des Typs **Fehler** aus:

```
/////////////////
class string  //
/////////////////
{  char *s;       // Zeiger auf Zeichenreihe
   int groesse;   // reservierter Platz
   int akt_lg;    // aktuelle Laenge
   enum { max=200 }; // maximale Groesse
public:
   string(int);    // Konstruktor
   ~string();      // Destruktor
   int lesen();    // Text einlesen
   int schreiben();// Text schreiben
   char& operator[](int);
// indizierter Zugriff (mit Ausnahme)
};
```

Die ausgeworfenen Ausnahmen kann man in einer Variablen vom Typ **Fehler** auffangen, die den ausgeworfenen Wert aufnimmt. In einer Fallunterscheidung kann man dann gezielt auf die verschiedenen Ausnahmen reagieren.

```
//*****************
void main()  //  **
//*****************
{  int index,laenge;
   char dummy[5];
   cout << "\nGib Laenge des neuen Strings : ";
   cin >> laenge;
   cin.getline(dummy,5);  // Zeilenwechsel ueberlesen
   try  // hier koennen Ausnahmen auftreten
```

326

```
{   string zeile(laenge);
    cout << "Eingabe: ";
    zeile.lesen();
    cout << "Gib Index ein : ";
    cin >> index;
    cout << zeile[index] << endl;
}
// hier werden alle moeglichen Ausnahmen behandelt
catch (Fehler f)
{ switch (f)
  { case StringZuLang:
        cout << "angegebene Länge " << laenge
             << " ist zu groß!\n"; break;
    case IndexZuGross:
        cout << "Index zu gross!\n"; break;
    case IndexZuKlein:
        cout << "Index zu klein!\n"; break;
    case ZuVielGelesen:
        cout << "Zu viel eingelesen!\n"; break;
  }
}
    cout << "Ende des Programms nach Fehlermeldung!\n";
}
```

Wenn hier eine Ausnahme nicht in einem **case**-Fall aufgefangen wird, erfolgt –
anders als in Beispiel 17.2.3 – kein Programm-Abbruch, da die Ausnahme ja
über die Variable **f** bereits aufgefangen wurde.
Mehrere nicht explizit benannte Ausnahmewerte kann man in gewohnter Weise
mit einem **default**-Fall auffangen.   ■

17.3 Ausnahmen mit Informationsübertragung

Um auf eine Ausnahme gezielt reagieren zu können, ist es wünschenswert, wenn
der Aufrufer Informationen darüber erhält, warum eine Ausnahme ausgeworfen
wurde. Dazu kann man die Ausnahmeklassen zu Klassen mit Attributen erweitern. Damit dann auf die Klassenkomponenten zugegriffen werden kann, müssen die Handler die Ausnahmeklassen benennen.
Im folgenden Beispiel wird diese Technik an der Ausnahme *illegaler Index-Zugriff* erläutert. Dabei wird an die Ausnahmeklasse sowohl der gewünschte feh-
lerverursachende wie auch der maximal zulässige Index übergeben.

❏ *Beispiel 17.3.1 Informationen in Ausnahmen (info-Ab.*, info-hp.cpp)*

Die Klassen-Definition aus Beispiel 17.1.1 wird wie folgt erweitert:

```
///////////////
class string  //
///////////////
{  char s[81];    // Zeiger auf Zeichenreihe
   int akt_lg;    // aktuelle Laenge
public:
   string();      // Konstruktor
 // Ausnahmeklasse
   class Index
   { public:
      int falscher_index;
      int maximaler_index;
      Index(int i,int max)
       : falscher_index(i), maximaler_index(max)
      {}
   };
   int lesen();     // Text einlesen
   int schreiben();// Text schreiben
   char& operator[](int);
// indizierter Zugriff (mit Ausnahme)
};
```

Die Operator-Definition **operator[]** kennt sowohl den gewünschten wie auch den für das Objekt maximal zulässigen Index und überträgt beide als aktuelle Parameter an den Konstruktor der Ausnahmeklasse. Es wird also ein Objekt mit Informationen ausgeworfen.

```
//*****************************************
char& string::operator [] (int index)  // *
//*****************************************
{  if ((index<0) || (index>=akt_lg))
            throw Index(index,akt_lg);
        // Ausnahme Index auswerfen,
        // dabei akt. und max. Index speichern
        return s[index];
}
```

Beim Auffangen der Ausnahme kann man nun auf die entsprechenden Werte zugreifen; im Beispiel werden sie am Bildschirm angezeigt.

```
//******************
```

```
void main()  //  **
//*****************
{  // ...
   try
   {   cout << zeile[index] << endl;  }
   catch (string::Index ind)
   {   cout << "falscher Index: " << ind.falscher_index
           << ", erlaubtes Maximum: "
           << ind.maximaler_index << endl;
   }
   // ...
}
```
■

17.4   Abgeleitete Ausnahmen

Da eine Ausnahme als Objekt vom Typ einer Ausnahmeklasse ausgeworfen wird, kann man die Vererbung dazu verwenden, für jede Fehlersituation eine eigene Ausnahmeklasse zu definieren und diese dann auszuwerfen. Im folgenden Beispiel werden wir die Fehlerbehandlung der Klasse **string** über eine Hierarchie von Ausnahmeklassen realisieren.

❏ *Beispiel 17.4.1   Hierarchie von Ausnahmeklassen (Erbe-Ab.*)*

Bei den folgenden Klassendefinitionen werden aus einer allgemeinen Ausnahmeklasse **Str_Fehler** zwei spezielle Ausnahmeklassen abgeleitet: die Klasse **Index_Fehler** und die Klasse **Laengen_Fehler**.

```
///////////////////////
class Str_Fehler  //
///////////////////////
{ protected:
   char* FehlerText;
public:
   Str_Fehler()
   {   FehlerText="Allgemeiner String-Fehler\n";  }
   virtual void Fehlermeldung()
   {   cout << FehlerText;   }
};

///////////////////////////////////////////////
class Index_Fehler : public Str_Fehler  //
///////////////////////////////////////////////
{  int falscher_index;
```

```
    int max_index;
public:
    Index_Fehler(int f_ind,int m_ind)
      : falscher_index(f_ind),max_index(m_ind)
    {   FehlerText="INDEXFEHLER. ";  }
    virtual void Fehlermeldung()
    { cout << FehlerText << "Gewuenschter Index : "
           << falscher_index
           << ", maximaler Index : "
           << max_index << endl;
    }
};


//////////////////////////////////////////////
class Laengen_Fehler : public Str_Fehler //
//////////////////////////////////////////////
{   int falsche_laenge;
    int max_laenge;
public:
    Laengen_Fehler(int f_lg,int m_lg)
    : falsche_laenge(f_lg), max_laenge(m_lg)
    {   FehlerText="LAENGENFEHLER. ";   }
    virtual void Fehlermeldung()
    { cout << FehlerText << "Gewünschte Länge : "
           << falsche_laenge << ", maximale Länge : "
           << max_laenge << endl;
    }
};
```

Der Konstruktor und der Operator **operator[]** der Klasse **string** sehen dann folgendermaßen aus:

```
//**************************
string::string(int n)   //   *
//**************************
{   if (n>max)
        throw Laengen_Fehler(n,max);
    s = new char[n+1];
    groesse=n;
    akt_lg=-1;
}


//*****************************************
char& string::operator [] (int index)   //  *
//*****************************************
{   if ((index<0)||(index>=akt_lg))
```

```
        throw Index_Fehler(index,akt_lg);
    // Ausnahme auswerfen
    return s[index];
}
```
■

Im Anwendungsprogramm können die Ausnahmen in gewohnter Weise unterschieden werden, indem man alle möglichen Ausnahmen explizit auffängt. Man
kann sich das Leben aber auch einfacher machen: An den Stellen, an denen ir-
gendeine der Ausnahmen aufgefangen weden soll, kann man die Ausnahme
Str_Fehler auffangen. Wenn das zugehörigen Objekt als Referenzobjekt definiert wird, wird automatisch die aktuell ausgeworfene Ausnahme aufgefangen.

❑ *Beispiel 17.4.2   Ausnahme einer Hierarchie per Referenz auffangen*
(erbe-hp.cpp)

```
//*****************
void main()  //  **
//*****************
{   int index,laenge;
    char dummy[5];
    cout << "\nGib Laenge des neuen Strings : ";
    cin >> laenge;
    cin.getline(dummy,5);   // Zeilenwechsel ueberlesen
    try  // hier koennen Ausnahmen auftreten
    {   string zeile(laenge);
        cout << "Eingabe: ";
        zeile.lesen();
        cout << "Gib Index ein : ";
        cin >> index;
        cout << zeile[index] << endl;
    }
    // hier werden alle moeglichen Ausnahmen behandelt
    catch (Str_Fehler &str_f)
    {   str_f.Fehlermeldung(); }
}
```

Läßt man den Referenz-Operator weg, so wird bei *jeder* ausgeworfenen Ausnahme die nichtssagende Fehlermeldung der Klasse **Str_Fehler** ausgegeben. ■

17.5 Ausnahmen bei **template**-Klassen

Wenn in **template**-Klassen Ausnahmen ausgeworfen werden, müssen wir unterscheiden, ob die Ausnahmeklasse eine globale oder eine lokale Ausnahmeklasse ist. Eine globale Ausnahme wird im **catch**-Ausdruck einfach über den Namen der Klasse aufgefangen. Bei lokalen Ausnahmeklassen muß für jeden aktuellen Typ-Parameter die Ausnahme gesondert aufgefangen werden.

❑ *Beispiel 17.5.1   globale und lokale Ausnahmen bei templates*
(templ-Ab.*, templ-hp.cpp)

Im folgenden Beispiel definieren wir eine Klasse **Vektor**, deren Element-Typ parametrisiert ist. Für den legalen Zugriff auf ein Element wird eine Methode **gib-Elem** definiert, die die globale Ausnahme **allgIndexFehler** auswirft. Bei der Definition von **operator[]** wird die lokale Ausnahme **Index** ausgeworfen.

```
/////////////////////////////
// globale Ausnahmeklasse  //
class allgIndexFehler { }; //
/////////////////////////////
/////////////////////////
template <class T> //
class Vektor        //
/////////////////////////
{   T *s;           // Zeiger auf Zeichenreihe
    int akt_lg;     // aktuelle Laenge
public:
    Vektor(int n,T anf=1,T incr=1);    // Konstruktor
    ~Vektor();
    // Ausnahmeklasse
    class Index {};
    int schreiben();
    T& operator[](int);
    T& gibElem(int);
};
```

Die beiden Methoden **gibElem** und **operator[]** haben folgendes Aussehen:

```
//**********************************
template <class T>                // *
T& Vektor<T>::gibElem(int index)  // *
//**********************************
```

```
{  if ((index<0) || (index>=akt_lg))
      throw allgIndexFehler(); // allg. Ausnahme auswerfen
   return s[index];
}


//*****************************************
template <class T>                      // *
T& Vektor<T>::operator [](int index)    // *
//*****************************************
{  if ((index<0) || (index>=akt_lg))
      throw Index();  // Ausnahme Index auswerfen
   return s[index];
}
```

Im Hauptprogramm wird ein **int**- und ein **float**-Vektor definiert. Beim Zugriff auf ein Element wird zuerst über den Operator **operator[]** zugegriffen; wird hier eine Ausnahme ausgeworfen, wird gezielt gemeldet, welcher Vektortyp dies verursacht hat. Im zweiten Fall über die Methode **gibElem** kann eine Ausnahme lediglich allgemein behandelt werden.

```
//*****************
void main()  //  **
//*****************
{  Vektor<int> vi(15,4,2);
   Vektor<float> vf(10,-1.2,0.1);
   int index;
   vi.schreiben();
   vf.schreiben();
   cout << "Gib Index : ";cin >> index;
   try
   {  cout << vi[index] << endl;
      cout << vf[index] << endl;
   }
   catch (Vektor<int>::Index)
   {  cout << "Index bei int-Vektor falsch\n";  }
   catch (Vektor<float>::Index)
   {  cout << "index bei float-Vektor falsch\n"; }
   cout << "Gib Index : ";cin >> index;
   try
   {  cout << vi.gibElem(index) << endl;
      cout << vf.gibElem(index) << endl;
   }
   catch (allgIndexFehler)
   {  cout << "Index falsch\n";  }
}
```

Der Vektor **vi** hat die Länge 15, **vf** nur die Länge 10. Gibt man einen Wert grö-ßer 14 ein, wird bereits bei **vi** eine Ausnahme ausgeworfen und der Zugriff auf **vf** nicht mehr ausgeführt. Bei einem Index zwischen 10 und 14 wird für **vf** eine Ausnahme ausgeworfen. ∎

17.6 Erneutes Auswerfen von Ausnahmen

Bei der Behandlung von Fehlern kann es vorkommen, daß eine Methode oder Funktion nicht weiß, wie sie mit einer bestimmten Ausnahme umgehen soll. In der Hoffnung, daß eine aufrufende Routine besser damit zurecht kommt, kann sie die Ausnahme erneut auswerfen, indem sie die Anweisung

       throw;

angibt (siehe Syntax-Diagramm (17-1), untere Alternative).

❑ *Beispiel 17.6.1 Ausnahme erneut auswerfen (throw1.cpp)*

Im folgenden Hauptprogamm wird der Zugriff auf ein **string**-Element aus der Funktion **Textverarb** über die Aufrufe von **nochmal** und **zeigen** reali-siert. Die Funktion **zeigen** bemerkt einen illegalen Index, reicht aber die Be-handlung an die übergeordnete Funktion **nochmal** weiter. Ist der gewünschte Index zu klein – also negativ -, wird das 0. Element zurückgegeben. Bei einem zu großen Index wird die Behandlung der Ausnahme an die Funktion **Text-verarb** weitergereicht, die eine entsprechende Meldung ausgibt.

```
//*****************************
char zeigen(string s,int i) // *
//*****************************
{  try
   {  return s[i];   }
   catch (...)
   {  cout << "Fehler in zeigen(..), "
         << "Anwender soll Fehler behandeln\n";
      throw;
   }
}

//*****************************
char nochmal(string s,int i) // *
//*****************************
```

```
{  try
   {  return zeigen(s,i);  }
   catch (string::IndexZuGross)
   {  cout << "Der gewuenschte Index ist zu gross; "
           << "Anwenderreaktion?\n";
      throw;
   }
   catch(string::IndexZuKlein)
   {  cout << "Der gewuenschte Index ist zu klein; "
           << "gebe 0. Element zurueck\n";
      return s[0];
   }
}

//*********************
void Textverarb()  // *
//*********************
{  int laenge,index;
   char dummy[5];
   cout << "Wie lange kann der Text werden ? ";
   cin >> laenge; cin.getline(dummy,5);
   try
   {  string zeile(laenge);
      cout << " : ";
      zeile.lesen();
      cout << "Index : "; cin >> index;
      cin.getline(dummy,5);
      cout << nochmal(zeile,index);
   }
   catch (string::IndexZuGross)
   {  cout << "Index war zu gross - schade\n";  }
   catch (...)
   {  cout << "Weiss nicht, was tun!\n";  }
}

//*****************
void main()  //  **
//*****************
{  Textverarb();
   cout << "\nEnde\n";
}
```

■

335

Manchmal kann es auch vorkommen, daß eine Metode oder Funktion versucht, eine Ausnahme zu behandeln und, falls dies mißlingt, eine andere Ausnahme auswirft; diese soll dann von einer der aufrufenden Routine aufgefangen werden.

□ *Beispiel 17.6.2 teilweises Behandeln einer Ausnahme (throw2.cpp)*

In diesem Beispiel nehmen wir an, daß die Klasse **string** eine weitere lokale Ausnahmeklasse **allgFehler** besitzt. In der Funktion **nochmal** wird wieder der Fehler **IndexZuGross** aufgefangen, dessen Behandlung im Auswerfen der Ausnahme **allgFehler** mündet. Diese Ausnahme wird in der aufrufenden Funktion **Textverarb** aufgefangen.

```
//*****************************
char nochmal(string s,int i) // *
//*****************************
{   try
    {   return zeigen(s,i);   }
    catch (string::IndexZuGross)
    {   cout << "Der gewuenschte Index ist zu gross; "
            << "Anwenderreaktion?\n";
        throw string::allgFehler();   // <<===
    }
    // ...
}


//*********************
void Textverarb()  // *
//*********************
{   // ... (siehe Beispiel 17.6.1)
    try
    {   // ...
    }
    catch (string::IndexZuGross)
    {   cout << "Kann leider nichts machen\n";   }
    catch (string::allgFehler)
    {   cout << "allg. Fehler! "
            << "In string ging was schief\n"; }
    catch (...)
    {   cout << "Weiss nicht, was tun!\n";   }
}


//******************
void main()  // **
//******************
```

```
{   Textverarb();
    cout << "\nEnde\n";
}
```
■

17.7 Auswerfen von Ausnahmen in Methoden und Funktionen

Funktionen und Methoden können Ausnahmen auswerfen, die der Aufrufer auffangen und behandeln sollte. Andernfalls wird das Programm abgebrochen (siehe folgenden Abschnitt). Der Aufrufer einer Methode oder Funktion sollte also wissen, welche Ausnahmen ausgeworfen werden. Dazu kann man an den Methoden- bzw. Funktionskopf eine AusnahmeSpezifikation gemäß der folgenden Syntax anhängen:

AusnahmeSpezifikation :   (17-5)

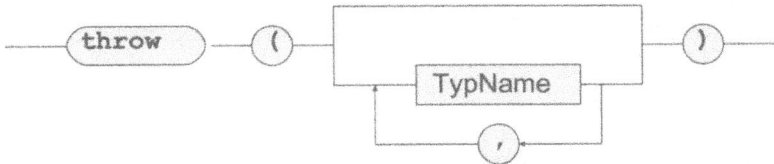

Der Funktionskopf

```
void fkt(int index) throw (ausn1,ausn2,ausn3);
```

besagt, daß **fkt** nur die Ausnahmen **ausn1**, **ausn2** und **ausn3** sowie davon abgeleitete Ausnahmen auswirft. Wird in der Funktion eine andere Ausnahme ausgeworfen und dort nicht behandelt, wird automatisch die Systemfunktion **unexpected()** aufgerufen und dann das Programm beendet.
Wird eine Funktion durch

```
void fkt(int index) throw();
```

vereinbart, heißt dies, daß sie *keine* Ausnahme auswirft. Fehlt die Ausnahme-Spezifikation ganz, kann die Funktion jede beliebige Ausnahme auswerfen; diese Festlegung ist wegen der Aufwärtskompatibilität von C notwendig, damit C-Funktionen, die ja keine Ausnahmebehandlung kennen, Ausnahmen an C++-Funktionen durchreichen können.

❑ *Beispiel 17.7.1 Angabe ausgeworfener Ausnahmen (throw3.cpp)*

Die folgende Funktion **nochmal** gibt an, daß sie nur die Ausnahme **allgFehler** auswirft, die Ausnahme **IndexZuGross** wird von ihr vollständig behandelt.

```
//*********************************
char nochmal(string s,int i)    // *
     throw (string::allgFehler) // *
//*********************************
{  try
   {  return zeige(s,i);  }
   catch (string::IndexZuGross)
   {  cout << "Der gewuenschte Index ist zu gross!\n";
      throw string::allgFehler();
   }
}
```

Wird die Funktion mit negativen **i** aufgerufen, wirft dies die Ausnahme **IndexZuKlein** aus. Da diese Ausnahme nicht aus der Funktion heraus ausgeworfen werden darf, wird die Funktion **unexpected()** aufgerufen, was zu einem Programmabbruch führt. ∎

17.8 Nicht berücksichtigte Ausnahmen

In C++ gibt es zwei Situationen, in denen ausgeworfene Ausnahmen nicht berücksichtigt werden:
- Wird aus einer Funktion eine Ausnahme ausgeworfen, die nicht in der zugehörigen Ausnahme-Spezifikation enthalten ist, heißt die Ausnahme *unerwartet* und es wird automatisch die Funktion **unexpected()** aufgerufen.
- Wird eine Ausnahme ausgeworfen, aber nicht aufgefangen, mündet dies im automatischen Aufruf der Funktion **terminate()**.

In beiden Fällen kann man die standardmäßige Definition der Systemfunktionen überschreiben. Dazu stellt C++ zwei Funktionen zur Verfügung, mit denen man – ähnlich wie bei der Umdefinition des Operators **new** (vgl. Abschnitt 11.2) – die eigenen Funktionen aktivieren kann.

```
typedef void(*my_unex)();                          except.h
my_unex set_unexpected(my_unex unex_fkt);

typedef void(*my_term)();                          except.h
my_term set_terminate(my_term term_fkt);
```

- Der frei wählbare Datentyp **my_unex** bzw. **my_term** ist ein Zeiger auf eine parameterlose **void**-Funktion; auch die benutzerdefinierte **unexpected**- bzw. **terminate**-Funktion müssen parameterlose **void**-Funktionen sein.

- Die Funktion **set_unexpected** bzw. **set_terminate** erhält als Parameter die benutzerdefinierte Funktion **unex_fkt** bzw. **term_fkt**; als Ergebnis liefert sie die bisher definierte **unexpected**- bzw. **terminate**-Funktion zurück.

- Die benutzerdefinierte Funktion **unex_fkt** bzw. **term_fkt** darf nicht zur aufrufenden Funktion zurückkehren; sie muß das Programm verlassen.

❑ *Beispiel 17.8.1 Abbruch-Funktionen selbst definieren (unexpexted.cpp)*

Im folgenden Beispiel werden die beiden Funktionen **unexpected()** und **terminate()** derart umdefiniert, daß sie vor Verlassen des Programms noch eine Meldung ausgeben. In realistischen Beispielen werden hier komplexere Aufgaben erledigt wie etwa das sichere Finalisieren noch aktiver Tasks.

```
typedef void(*unex)();
void unerwartet()
{ cout << "mein unexpected()\n"; abort(); }

typedef void(*not_handled)();
void nicht_behandelt()
{ cout << "mein terminate()\n"; abort(); }

unex alt = set_unexpected(unerwartet);
not_handled old = set_terminate(nicht_behandelt);

//********************************
char zeigen(string s,int i)      // *
     throw (string::allgFehler) // *
//********************************
{ try
   { return s[i]; }
   catch (string::IndexZuGross)
   { cout << "Der gewuenschte Index ist zu gross!\n";
```

339

```
        throw string::allgFehler();
    }
}

//***************
void main()   // *
//***************
{   int index;
    string zeile(89);
    cout << " : ";
    zeile.lesen();
    cout << "Index : "; cin >> index;
    // zu grossen und dann negativen Wert eingeben
    cout << zeigen(zeile,index);
    try
    { cout << zeile[index] << endl; }
    catch (string::IndexZuGross)
    {   cout << "Kann leider nichts machen\n";   }

    cout << "\nEnde\n";
}
```

Wird ein zu großer Index eingegeben, wirft die Funktion **zeigen** die Ausnahme **IndexZuGross** aus, die in ihrer Ausnahme-Spezifikation aufgeführt ist und, nach einer Fehlermeldung, die Ausnahme **allgFehler** auswirft. Für diese Ausnahme gibt es im Hauptprogramm keinen Handler, was zum Aufruf von **nicht_behandelt()** führt; danach wird das Programm beendet.

Wird ein zu kleiner – also ein negativer – Index eingegeben, wirft die Funktion **zeigen** die Ausnahme **IndexZuKlein** aus, die in ihrer Ausnahme-Spezifikation nicht aufgeführt ist; es wird die Funktion **unerwartet()** aufgerufen und danach das Programm abgebrochen. ■

18 Maschinennahes Programmieren

In diesem Kapitel behandeln wir, wie man in C++ maschinennahe Systemprogramme erstellt. Dabei kann man gezielt auf die Register des Rechners zugreifen und Assemblerbefehle in den C++-Code einstreuen. Dieses Thema ist naturgemäß total abhängig vom Rechner, dem Betriebssystem und dem verwendeten Compiler. Wir werden hier das prinzipielle Vorgehen am Betriebssystem DOS unter Benutzung des Borland C++-Compilers besprechen. Sollten Sie einen anderen Compiler oder ein anderes Betriebssystem verwenden, ziehen Sie für dortige Details das entsprechende Handbuch zu Rate.

Im folgenden wird vorausgesetzt, daß Sie mit den Hardware-Eigenschaften und der Assembler-Programmierung des PCs vertraut sind. Sie sollten die Eigenschaften der Register sowie die Bedeutung der Assembler-Befehle kennen. Zur Vertiefung in diesen Themenbereich wird auf Spezialliteratur verwiesen (z.B. [Die2000]). Dort lernt der interessierte Leser auch Möglichkeiten kennen, Module, die in Assembler oder Pascal geschrieben sind, mit C++-Programmen zusammenzubinden.

Im Abschnitt 18.1 werden wir die verschiedenen Möglichkeiten besprechen, mit denen der Speicher des PCs adressiert werden kann. Abschnitt 18.2 stellt die Möglichkeiten vor, in C++-Programme Assembler-Befehle einzustreuen. Im abschließenden Abschnitt 18.3 wird gezeigt, wie man in Borland-C++ auf die unterschiedlichen Sprachkonventionen bei der Bezeichnung von Variablen und beim Funktionsaufruf Einfluß nehmen kann.

18.1 Speichermodelle

Der Borland-C++-Compiler übersetzt C++-Programme für DOS in ausführbare Programme, die auf dem Prozessor Intel 8086 sowie dessen Nachfolgern ablaufen können. Dabei wird jedoch nur die Speicherstruktur verwendet, die der 8086 zur Verfügung stellt, da DOS ein 16 Bit-Betriebssystem ist.

Allzweck-Register	allgemeine Register	_AH	_AL	_AX	Akkumulator
		_BH	_BL	_BX	Basisregister
		_CH	_CL	_CX	Zählregister
		_DH	_DL	_DX	Datenregister
	Index-Register	_SI			source index
		_DI			destination index
	Zeiger-Register	_BP			base pointer
		_SP			stack pointer
	Segment-Register	_CS			Codesegment
		_DS			Datensegment
		_ES			Extra-Segment
		_SS			Stacksegment
		ip			Befehlszeiger
		_FLAGS			Status-Register (Flag-Register)

Abbildung 18.1.1

Eine wichtige Rolle spielen die Register des Prozessors. So werden etwa die Operanden und Ergebnisse von arithmetischen Operationen in Registern zwischengespeichert. Andere Register sind für die Berechnung von Speicher-Adressen zuständig. Der 8086-Prozessor verfügt über 14 Register, die in Abbildung 18.1.1 zusammengestellt sind. Aus einem C++-Programm kann man auf ein solches Register direkt über den in der Abbildung angegebenen Namen zugreifen. Diese Namen sind Pseudo-Variablen, welche der Borland-C++-Compiler zur Verfügung stellt.

Die Segment-Register werden für die Berechnung der physikalischen Speicher-Adresse herangezogen. Der maximal adressierbare Speicher des 8086 beträgt 1 MByte $= 2^{20}$ Byte. Mit einem 16 Bit-Wort kann man aber nur 2^{16} Byte $= 64$ KByte adressieren.

Die vollständige physikalische Adresse eines Speicherwortes des 8086 setzt sich aus zwei 16 Byte-Werten zusammen, der Segment-Adresse und der Offset-Adresse, die nach folgendem Verfahren in eine 20 Bit-Adresse zusammengesetzt werden:

- Der Wert der Segment-Adresse wird um 4 Bit nach links verschoben, also mit 16 multipliziert.
- Auf diesen verschobenen Wert wird die Offset-Adresse addiert.

342

Offset-Adresse																		+
Segment-Adresse																		+
physikalische Adresse																		

Zur Speicherung der Segment-Adressen besitzt der 8086 vier Segment-Register. Die Speicherstellen innerhalb eines Segments werden über ein 16 Bit-Offset adressiert. Damit ist die Größe eines Segments auf 64 KByte begrenzt. Standardmäßig sind die Segment-Register für folgende Speicher-Bereiche zuständig:

- das Code-Segment-Register _CS für den Code-Bereich;
- das Daten-Segment-Register _DS für den Daten-Bereich, in dem die globalen und statischen Daten abgespeichert werden;
- das Stack-Segment-Register _SS für den Keller, in dem u.a. die lokalen Daten abgespeichert werden;
- das Extra-Segment-Register _ES für einen Extra-Bereich, der z.B. bei String-Operationen verwendet wird.

An einem Beispiel soll die Bildung der physikalischen Adresse veranschaulicht werden.

❏ *Beispiel 18.1.1 physikalische Adresse*

Mit den Werten _DS=0X1735 und _SI=0X0123 ergibt sich die daraus gebildete physikalische Adresse _DS:_SI wie folgt:

```
  0X17350
+ 0X 0123
  0X17473
```

Mit den Werten _DS=0X1302 und _DI=0X4453 ergibt sich die physikalische Adresse _DS:_DI wie folgt:

```
  0X13020
+ 0X 4453
  0X17473
```

■

Dieses Beispiel zeigt, daß man ein und dieselbe physikalische Adresse auf unterschiedliche Weise darstellen kann. Diese Tatsache sollte man beachten, wenn man zwei Adressen auf Gleichheit überprüfen will.

In Kapitel 7 haben wir Zeiger-Variablen behandelt, deren Werte Adressen sind. Wegen der oben geschilderten Form der Adressierung kennt der Borland-C++-Compiler unterschiedliche Typen von Zeiger-Variablen, die man bei der Deklaration durch Modifizierer festlegen kann (siehe auch Syntax-Diagramm (4-9)).

| Modifizierer | : (18-1)

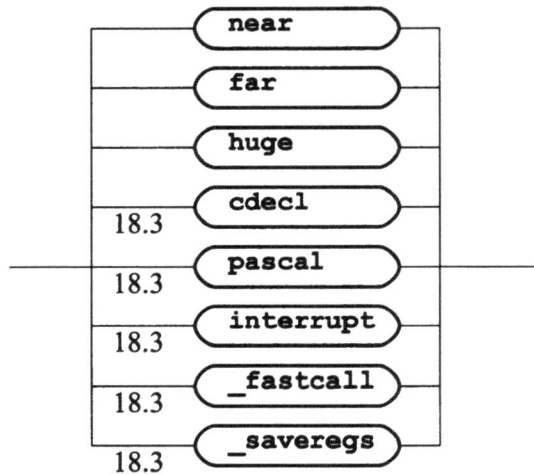

```
                    ┌──────────────┐
               ┌────│    near       │────┐
               │    └──────────────┘     │
               │    ┌──────────────┐     │
               ├────│    far        │────┤
               │    └──────────────┘     │
               │    ┌──────────────┐     │
               ├────│    huge       │────┤
               │    └──────────────┘     │
               │    ┌──────────────┐     │
        18.3   ├────│    cdecl      │────┤
               │    └──────────────┘     │
        18.3   ├────│    pascal     │────┤
  ─────────────│    └──────────────┘     │──────────▶
        18.3   ├────│    interrupt  │────┤
               │    └──────────────┘     │
        18.3   ├────│    _fastcall  │────┤
               │    └──────────────┘     │
        18.3   └────│    _saveregs  │────┘
        18.3       └──────────────┘
```

Ein **near**-Zeiger enthält die Offset-Adresse einer Speicherzelle, ist also 16 Bit breit. Zur Berechnung der physikalischen Adresse wird ein bestimmtes Segment-Register herangezogen, und zwar für Daten-Adressen das Daten-Segment-Register _DS und für Code-Adressen – z.B. bei den Adressen von Funktionen – das Code-Segment-Register _CS.

Ein **far**-Zeiger ist 32 Bit breit und enthält sowohl die Segment-Adresse wie auch die Offset-Adresse. In Beispiel 18.1.1 haben wir gesehen, daß es für eine physikalische Adresse verschiedene Darstellungen gibt. Aus diesem Grund kann die Verwendung von **far**-Zeigern zu Problemen führen, z.B. beim Vergleich zweier **far**-Adressen.

Eine Möglichkeit, diese Probleme in den Griff zu bekommen, bieten die **huge**-Zeiger: Sie sind ebenfalls 32 Bit breit, die Adressen werden aber in einer *normalisierten* Form dargestellt. Da die Segment-Adressen um 4 Stellen nach links verschoben werden, kann ein Segment an jeder durch 16 teilbaren Adresse beginnen; die Adressen dazwischen können über den Offset adressiert werden, der dann einen Wert zwischen 0 und 15 hat. Ein normalisierter Zeiger ist von folgender Form: Der Segment-Anteil ist so groß wie möglich, der Rest zwischen 0 und 15 wird im Offset-Anteil abgespeichert. Somit hat eine physikalische Adresse genau eine normalisierte Darstellung.

❑ *Beispiel 18.1.2   Zeiger und Adressen (Zeiger.cpp)*

Im folgenden Programm werden die Adressen von Variablen unterschiedlichen Zeiger-Variablen zugewiesen. Der Compiler muß dabei auf das Speichermodell *huge* eingestellt werden.

```
#include <iostream.h>

//****************
void main()  // **
//****************
{  int x1=1,x3,x2=2;
   int near *near_zeiger = (int near*) &x3;
   int far  *far_zeiger  = &x1;
   int huge *huge_zeiger = &x2;

   cout << "near_zeiger = " << hex << near_zeiger<<endl;
   cout << "far_zeiger  = " << hex << far_zeiger<<endl;
   cout << "huge_zeiger = " << hex << huge_zeiger<<endl;
   cout << "Abstand zwischen x1 und x2 = "
        << (far_zeiger-huge_zeiger) << endl;
}
```

Das Programm liefert z.B. die folgende Ausgabe:

```
near_zeiger = 0x8e6a0ffc
far_zeiger  = 0x8eb90ffe
huge_zeiger = 0x8eb90ffa
Abstand zwischen x1 und x2 = 2
```
■

Um die Handhabung der Adreß-Berechnung mit Segment- und Offset-Register zu vereinfachen, wurden für die Programmierung des 8086 Standard-Verfahren, sogenannte Speichermodelle, definiert, die auch vom Borland-C++-Compiler unterstützt werden. Diese Speichermodelle legen maximale Größen für den Code, die Daten und den Keller fest. Die folgende Übersicht stellt die wichtigsten Eigenschaften der sechs Speichermodelle zusammen:

- Im Speichermodell *tiny* zeigen alle vier Segment-Register auf dieselbe Adresse. Programm-Code, Daten und Keller können also zusammen maximal 64 KByte belegen; sie werden mit **near**-Zeigern adressiert.

- Beim Speichermodell *small* stehen für Code und Daten jeweils 64 KByte zur Verfügung. Für Daten und Funktionsaufrufe verwendet man **near**-Zeiger.
- Hat ein Programm sehr viel Code und kommt mit 64 KByte Daten aus, so verwendet man das *medium*-Modell. Hier werden die Funktionen mit **far**-Zeigern adressiert; der Code kann somit bis zu 1 MByte groß werden. Für Daten verwendet man **near**-Zeiger; das Programm kann also einen Daten-Bereich von maximal 64 KByte haben.
- Das Gegenstück zu *medium* ist das Speichermodell *compact*, in dem die Daten über **far**-Zeiger in einem 1 MByte-Bereich adressiert werden. Der Programm-Code ist auf 64 KByte begrenzt; er wird mit **near**-Zeigern adressiert.
- Die Speichermodelle *large* und *huge* verwenden beide sowohl für Funktionen wie für Daten **far**-Zeiger. Im Speichermodell **large** sind die statischen Daten allerdings auf 64 KByte beschränkt.

C++-Compiler für DOS können auf ein bestimmtes Speochermodell eingestellt werden. Muß man bei der Übersetzung das Speichermodell berücksichtigen, so kann man dies mit Hilfe der bedingten Compilierung und den folgenden vordefinierten Konstanten tun:

```
__TINY__ , __SMALL__ , __MEDIUM__ ,
__COMPACT__ , __LARGE__ , __HUGE__ .
```

❑ *Beispiel 18.1.3 Bestimmung des Speichermodells (Modell.cpp)*

Das folgende Beispiel gibt auf dem Bildschirm das Speichermodell aus, in dem es übersetzt wurde.

```
#include <iostream.h>

//***************
void main() // **
//***************
{ cout << "Dieses Programm wurde im ";
      #if defined __TINY__
         cout << "Speichermodell 'tiny'";
      #elif defined __SMALL__
         cout << "Speichermodell 'small'";
      #elif defined __COMPACT__
         cout << "Speichermodell 'compact'";
      #elif defined __MEDIUM__
         cout << "Speichermodell 'medium'";
      #elif defined __LARGE__
         cout << "Speichermodell 'large'";
```

```
    #elif defined __HUGE__
        cout << "Speichermodell 'huge'";
    #else
        cout << "unbekannten Speichermodell";
    #endif
  cout << " compiliert\n";
}
```
■

18.2 Der Inline-Assembler

Zum maschinennahen Programmieren verfügt der Borland-C++-Compiler über einen integrierten Inline-Assembler, der mit dem Schlüsselwort **asm** aktiviert wird.

| asmAnweisung | : | (18-2) |

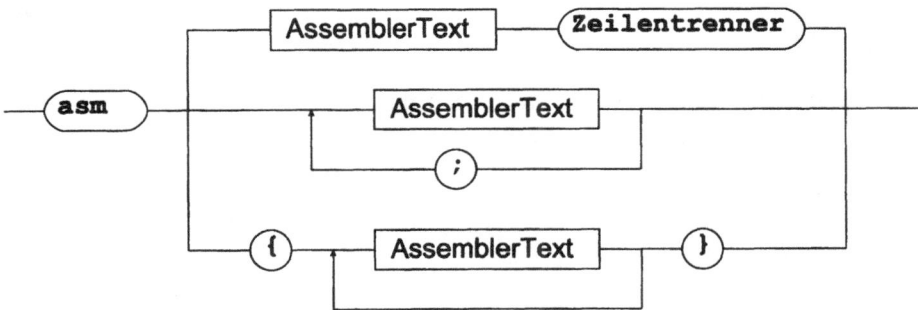

Ein AssemblerText ist ein Assemblerbefehl, wie man ihn im Assembler für den Intel-Prozessor schreiben kann. Einige Unterschiede sind zu beachten:
- Anders als im Assembler können mehrere Assembler-Befehle in einer Zeile geschrieben werden, wenn man sie jeweils durch ein Semikolon trennt.
- Ein Semikolon leitet also keinen Kommentar ein. Kommentare müssen wie in C bzw. C++ mit /* ... */ oder // ... geschrieben werden.
- Mit Assembler-Direktiven können im Assembler Variable, Konstante, Makros und Unterprogramme vereinbart und die bedingte Assemblierung gesteuert werden. All diese Möglichkeiten stehen bereits in C bzw. C++ zur Verfügung.

❏ *Beispiel 18.2.1 arithmetischer Rechtsshift (arshift-1.cpp)*

Die Division einer ganzen Zahl durch 16 erfolgt am schnellsten durch Rechts-schieben um 4. Im folgenden Programm wird die arithmetische Schiebeoperation **sar** verwendet.

```
//***************
void main() // **
//***************
{  int zahl,erg;
   cout << "Gib eine Zahl ein : ";
   cin  >> zahl;
   asm  {
        mov  ax,zahl
        mov  cl,4        ; sar     ax,cl
        mov  erg,ax
        }
   cout << zahl << " div 16 = " << erg <<'\n';
}
```

Im Beispiel sieht man, daß man in einer **asm**-Anweisung auf C++-Variablen einfach über deren Namen zugreifen kann.

Der Assembler-Befehl **sar** rundet immer ab; so liefert das obige Programm nach der Eingabe von -17 den Wert -2 als Ergebnis. Das folgende Beispiel behebt diesen Mangel.

❏ *Beispiel 18.2.2 korrekte Division durch Zweierpotenzen (arshift-2.cpp)*

```
#include <iostream.h>

//***************
void main() // **
//***************
{  int zahl,erg;
   cout << "Gib eine Zahl ein : ";
   cin  >> zahl;
   asm  {
        mov  ax,zahl
        cmp  ax,0
        jge  weiter      // falls negativ,
        add  ax,15       // Korrektur für Rundung
        }
weiter:    // C-Marke
   asm  {
        mov  cl,4        ; sar     ax,cl
```

```
        mov   erg,ax
        }
   cout << zahl << " div 16 = " << erg <<'\n';
}
```

Ist der Inhalt der eingelesenen Zahl nicht negativ, so wird die Addition für die Rundung übersprungen; sonst wird auf die Marke **weiter** gesprungen. Die Marken-Definition beim Sprungziel muß gemäß der C++-Syntax definiert werden; sie steht deshalb außerhalb der **asm**-Anweisung.   ∎

Viele Standard-Aufgaben zur Ein/Ausgabe und zur Bildschirm-Steuerung stellt das Betriebssystem in Form von Software-Interrupts zur Verfügung. Diese lassen sich nach entsprechender Initialisierung der Register direkt vom Assembler aus aufrufen. Im nächsten Beispiel wird eine Funktion **readkey** vorgestellt, die eine Tastatur-Eingabe ohne Echo realisiert.

❑ *Beispiel 18.2.3   Tastatur-Eingabe ohne Echo mit interrupt-Aufruf in Assembler (readkey1.cpp)*

```
#include <iostream.h>

//******************
char readkey()  // *
//******************
{  char erg;
   asm  {
        mov   ah,07h // Tastatureingabe ohne Echo
        int   21h    // Interrupt-Aufruf
        mov   erg,al // Ergebnis
        }
   return erg;
}

//***************
void main() // **
//***************
{  cout << "Das ist ein Text\n"
        << "Weiter mit einer Taste\n";
   readkey();
   char c = readkey();
   cout << "Wert von c = " << c << '\n';
   readkey();
}
```

Vor dem Aufruf des Interrupts **21h** muß im Register **ah** die Funktionsnummer stehen, im Beispiel der Wert 7 für "Eingabe ohne Echo". Das eingelesene Zeichen wird im Register **al** zurückgegeben, das oben in die Ergebnis-Variable **erg** gespeichert wird (siehe [Hog88]). ▪

In Borland-C++ kann man auf die Register direkt über vordefinierte Pseudo-Variablen zugreifen (siehe Abbildung 18.1.1). Ferner gibt es mehrere Bibliotheksfunktionen für den Aufruf verschiedener Software-Interrupts. Die allgemeinste ist die Funktion **geninterrupt**, die als Parameter die Nummer des Software-Interrupts erwartet. Damit kann man die Funktion **readkey** aus dem vorigen Beispiel wie folgt umschreiben.

❑ *Beispiel 18.2.4   Tastatur-Eingabe ohne Echo mit interrupt-Aufruf in C*
(readkey2.cpp)

```
//******************
char readkey()  // *
//******************
{  _AH = 7;      // Funktionsnummer
   geninterrupt(0x21); // Interrupt-Aufruf
   return _AL; // Ergebnis
}
```
▪

18.3   Konventionen beim Funktionsaufruf

Will man Module aus verschiedenen Programmiersprachen – etwa Pascal, Assembler und C++ – mischen, so muß man sehr genau die speziellen Eigenschaften der Sprachen beachten.

• In C und C++ wird bei Namen zwischen Groß- und Kleinschreibung unterschieden, in Pascal ist dies nicht der Fall. Werden Funktionen aus verschiedenen Moduln gegenseitig aufgerufen, müssen die Namen aber übereinstimmen.

• Ein weiterer wichtiger Punkt ist die Parameter-Übergabe bei Funktionen. Am Ende einer Funktion müssen die Parameter wieder vom Keller entfernt werden; wie dies geschieht, ist ebenfalls sprachabhängig.

• Innerhalb einer Funktion werden verschiedene Register verändert, da sie zu Berechnungen herangezogen werden. Die veränderbaren Register müssen zu Beginn einer Funktion gesichert und beim Verlassen der Funktion wiederhergestellt werden. Welche Register in einer Funktion verändert werden dürfen, hängt ebenfalls von der Sprachdefinition ab.

In Borland C++ gibt es zur Steuerung dieser Unterschiede verschiedene Modifizierer (siehe Syntax-Diagramm 18-1). Will man einen Modul komplett in einer speziellen Weise übersetzen, kann man dies einstellen (Im Borland C++-Compier Version 3.1 etwa über das Menü *Option/Compiler/Entry-Exit-Code)*:

- Mit der Aufrufkonvention *C* wird gemäß der C-Konvention übersetzt, d.h. globale und externe Bezeichner erhalten einen führenden Unterstrich und die Schreibweise wird beibehalten. Bei Funktionen erfolgt die Parameter-Übergabe in der umgekehrten Reihenfolge wie bei der Funktionsdefinition. Nach Rückkehr aus der Funktion entfernt der *Aufrufer* die Parameter wieder vom Keller.
- Mit der Aufrufkonvention *Pascal* werden globale und externe Bezeichner in Großbuchstaben ohne führenden Unterstrich gespeichert. Die Parameter-Übergabe von Funktionen erfolgt in der bei der Definition aufgeschriebenen Reihenfolge. Vor der Rückkehr räumt die *Funktion* die Parameter vom Keller.
- Wird die Aufrufkonvention *Register* gewählt, werden die Parameter nicht auf dem Keller, sondern in Registern übergeben. Dieses Verfahren wird beim Modifizierer **_fastcall** genauer besprochen.

Diese globalen Einstellungen können für einzelne Bezeichner durch Verwendung der folgenden Modifizierer abgeändert werden:
- Der Modifizierer **cdecl** stellt sicher, daß der globale Bezeichner sowie die Parameter-Übergabe gemäß der in C üblichen Festlegung verwendet werden. Dieser Modifizierer muß nur dann benutzt werden, wenn der Compiler auf die Aufruf-Konvention *Pascal* eingestellt ist.
- Wird der Modifizierer **pascal** in einer Definition angegeben, so wird der Bezeichner gemäß den oben angegebenen Pascal-Konventionen bearbeitet.
- Eine Funktion, die mit dem Modifizierer **_fastcall** definiert wird, erwartet ihre Parameter in Registern. Dabei können maximal drei Parameter in Registern übergeben werden. In der Tabelle ist angegeben, welche Register für die unterschiedlichen Parameter-Typen verwendet werden.

Parametertyp	Register
`char (signed und unsigned)`	AL, DL,BL
`int (signed und unsigned)`	AX, DX, BX
`long (signed und unsigned)`	DX:AX
`near-Zeiger`	AX, DX, BX

Im folgenden Beispiel werden Funktionen mit verschiedenen Modifzierern definiert und aufgerufen.

❑ *Beispiel 18.3.1 Modifizierer für Funktionen (Fct-call.cpp)*

```
//***************************
int std_fct(int a,int b)   // *
//***************************
// Konvention gemäß Voreinstellung
{   int x;
    x=a+b;
    return x;
}
//*******************************
int cdecl c_fct(int a,int b)   // *
//*******************************
// C-Konvention unabh. von Voreinstellung
{   int x;
    x=a+b;
    return x;
}
//*********************************
int pascal p_fct(int a,int b)   // *
//*********************************
// Pascal-Konvention unabh. von Voreinstellung
{   int x;
    x=a+b;
    return x;
}
//************************************
int _fastcall f_fct(int a,int b)  // *
//************************************
// Parameterübergabe in Registern
// a in ax, b in dx
{   int x;
    x=a+b;
    return x;
}

//****************
void main()  // **
//****************
{   int e =std_fct(2,4);
        e =+ c_fct(2,4);
        e =+ p_fct(2,4);
        e =+ f_fct(2,4);
    // ..
}
```

Im Assembler-Code, den man sich vom Compiler BCC mit der Option -S generieren lassen kann, kann man sich die verschiedenen Arten der Parameter-Übergabe anschauen. ■

Innerhalb einer Funktion können die Register **_AX, _BX, _CX, _DX, _ES** sowie
das Flagregister **_FLAGS** beliebig modifziert werden. Der Compiler sichert diese Register vor dem Funktionsaufruf und stellt ihre alten Werte bei der Rückkehr
wieder her. Wenn man allerdings weitere Register innerhalb einer Funktion verwenden will, ist Vorsicht geboten. Am besten vereinbart man eine solche Funktion mit dem Modifizierer **_saveregs**, der dafür sorgt, daß *alle* Registerwerte
gesichert und vor der Rückkehr wiederhergestellt werden. Davon sind nur die
Register ausgenommen, in denen explizit ein Ergebnis zurückgegeben wird.
Schließlich kennt Borland-C++ den Modifizierer **interrupt**. Eine **interrupt**-Routine wird über den Interrupt-Vektor des 8086 aufgerufen. Beim Aufruf einer **interrupt**-Funktion werden sämtliche Register zwischengespeichert; sie wird über den Assembler-Befehl **iret** verlassen, der das Flag-Regi-
ster, das Code-Segment-Register sowie den Befehlszähler **ip** auf den gesicher-
ten Wert zurücksetzt und den Programm-Ablauf an der durch **cs:ip** bestimmten Programmstelle wieder aufnimmt.

A Die Syntax von C++

A.1 Erklärung zu den Syntax-Diagrammen

Die Syntax von C++ wurde in diesem Buch durch Syntax-Diagramme angegeben. Syntax-Diagramme sind graphische Darstellungen von Regeln der Grammatik, wie sie von N.Wirth bei seiner Definition von Pascal verwendet wurde. Bei Syntax-Diagrammen wird zwischen zwei Arten von Symbolen unterschieden:

syntaktischer Begriff	enthält einen syntaktischen Begriff, der in einem Syntax-Diagramm definiert wird.
`Terminal`	enthält Zeichenreihen bzw. Zeichen, die in der angegebenen Form im C++-Quelltext vorkommen.
`;`	

Da wir in diesem Buch mehrere Sprach-Definitionen gleichzeitig beschreiben, wurden weitere Kennzeichnungen eingeführt:
Syntax-Diagramme, die in ANSI-C gelten, werden durch normal eingerahmte Kästchen gekennzeichnet, wie sie oben angegeben sind. Begriffe, die nur in C++ gelten, werden in den Syntax-Diagrammen grau unterlegt.

syntaktischer Begriff	In dieser Form werden syntaktische Begriffe angegeben, die speziell für C++ gelten.
`Terminal`	In dieser Form sind Zeichenreihen und Zeichen angegeben, die nur in C++ verwendet werden können.
`;`	

Borland-C++ enthält weitere Sprachkonstruktionen, die die speziellen Belange der PC's berücksichtigen. Die entsprechenden Begriffe sind durch fette Rahmen gekennzeichnet.

syntaktischer Begriff	In dieser Form werden syntaktische Begriffe angegeben, die nur in Borland-C++ definiert sind.
Terminal	In dieser Form sind Zeichenreihen und Zeichen angegeben, die nur in Borland-C++ verwendet werden können.
;	

A.2   Die Syntax-Diagramme von C++

In diesem Abschnitt ist ein alphabetisch sortiertes Verzeichnis der Syntax-Diagamme zusammengestellt. Für jeden in einem Syntax-Diagramm definierten Begriff ist die im Buch verwendete Nummer sowie die Seite angegeben, auf der sich das zugehörige Syntax-Diagramm befindet.

B Der ASCII-Zeichensatz

In den folgenden beiden Tabellen ist der ASCII-Zeichensatz (ASCII = American Standard Code for Information Interchange) zusammengestellt. Die erste Hälfte ist international normiert, die zweite Hälfte gilt nur unter DOS. Andere Rechner und Betriebssysteme – wie z.B. die VAX, UNIX oder Windows – haben in diesem Bereich von 128 bis 255 andere Zeichen-Verschlüsselungen.

Dez	Hex	Strg	Zei.	Dez	Hex	Zei	Dez	Hex	Zei	Dez	Hex	Zei
0	00	^@	NUL	32	20	Spc	64	40	@	96	60	`
1	01	^A	SOH	33	21	!	65	41	A	97	61	a
2	02	^B	STX	34	22	"	66	42	B	98	62	b
3	03	^C	ETX	35	23	#	67	43	C	99	63	c
4	04	^D	EOT	36	24	$	68	44	D	100	64	d
5	05	^E	ENQ	37	25	%	69	45	E	101	65	e
6	06	^F	ACK	38	26	&	70	46	F	102	66	f
7	07	^G	BEL	39	27	'	71	47	G	103	67	g
8	08	^H	BS	40	28	(	72	48	H	104	68	h
9	09	^I	HT	41	29	)	73	49	I	105	69	i
10	0A	^J	LF	42	2A	*	74	4A	J	106	6A	j
11	0B	^K	VT	43	2B	+	75	4B	K	107	6B	k
12	0C	^L	FF	44	2C	,	76	4C	L	108	6C	l
13	0D	^M	CR	45	2D	-	77	4D	M	109	6D	m
14	0E	^N	SO	46	2E	.	78	4E	N	110	6E	n
15	0F	^O	SI	47	2F	/	79	4F	O	111	6F	o
16	10	^P	DLE	48	30	0	80	50	P	112	70	p
17	11	^Q	DC1	49	31	1	81	51	Q	113	71	q
18	12	^R	DC2	50	32	2	82	52	R	114	72	r
19	13	^S	DC3	51	33	3	83	53	S	115	73	s
20	14	^T	DC4	52	34	4	84	54	T	116	74	t
21	15	^U	NAK	53	35	5	85	55	U	117	75	u
22	16	^V	SYN	54	36	6	86	56	V	118	76	v
23	17	^W	ETB	55	37	7	87	57	W	119	77	w
24	18	^X	CAN	56	38	8	88	58	X	120	78	x
25	19	^Y	EM	57	39	9	89	59	Y	121	79	y
26	1A	^Z	SUB	58	3A	:	90	5A	Z	122	7A	z
27	1B	^[	ESC	59	3B	;	91	5B	[	123	7B	{
28	1C	^\	FS	60	3C	<	92	5C	\	124	7C		
29	1D	^]	GS	61	3D	=	93	5D	]	125	7D	}
30	1E	^^	RS	62	3E	>	94	5E	^	126	7E	~
31	1F	^_	US	63	3F	?	95	5F	_	127	7F	DEL

Dez	Hex	Zei	Dez	Hex	Zei	Dez	Hex	Zei	Dez	Hex	Zei
128	80	Ç	160	A0	á	192	C0	└	224	E0	α
129	81	ü	161	A1	í	193	C1	⊥	225	E1	β
130	82	é	162	A2	ó	194	C2	┬	226	E2	Γ
131	83	â	163	A3	ú	195	C3	├	227	E3	π
132	84	ä	164	A4	ñ	196	C4	─	228	E4	Σ
133	85	à	165	A5	Ñ	197	C5	┼	229	E5	σ
134	86	å	166	A6	ª	198	C6	╞	230	E6	μ
135	87	ç	167	A7	º	199	C7	╟	231	E7	τ
136	88	ê	168	A8	¿	200	C8	╚	232	E8	Φ
137	89	ë	169	A9	⌐	201	C9	╔	233	E9	Θ
138	8A	è	170	AA	¬	202	CA	╩	234	EA	Ω
139	8B	ï	171	AB	½	203	CB	╦	235	EB	δ
140	8C	î	172	AC	¼	204	CC	╠	236	EC	∞
141	8D	ì	173	AD	¡	205	CD	=	237	ED	ø
142	8E	Ä	174	AE	«	206	CE	╬	238	EE	∈
143	8F	Å	175	AF	»	207	CF	╧	239	EF	∩
144	90	É	176	B0		208	D0	╨	240	F0	≡
145	91	æ	177	B1		209	D1	╤	241	F1	±
146	92	Æ	178	B2		210	D2	╥	242	F2	≥
147	93	ô	179	B3	│	211	D3	╙	243	F3	≤
148	94	ö	180	B4	┤	212	D4	╘	244	F4	⌠
149	95	ò	181	B5	╡	213	D5	╒	245	F5	⌡
150	96	û	182	B6	╢	214	D6	╓	246	F6	÷
151	97	ù	183	B7	╖	215	D7	╫	247	F7	≈
152	98	ÿ	184	B8	╕	216	D8	╪	248	F8	°
153	99	Ö	185	B9	╣	217	D9	┘	249	F9	•
154	9A	Ü	186	BA	║	218	DA	┌	250	FA	·
155	9B	¢	187	BB	╗	219	DB	█	251	FB	√
156	9C	£	188	BC	╝	220	DC	▄	252	FC	ⁿ
157	9D	¥	189	BD	╜	221	DD	▌	253	FD	²
158	9E	₧	190	BE	╛	222	DE	▐	254	FE	■
159	9F	ƒ	191	BF	┐	223	DF	▀	255	FF	

C Zusammenstellung der Definitionsdateien von C++

In sämtlichen Programmen dieses Buches haben wir Definitionsdateien über **#include** eingelesen, die die Signaturen von Bibliotheksfunktionen und Defintionen von Konstanten enthalten. In der folgenden Übersicht sind alle Definitionsdateien, die in einem C++-Compiler-System verfügbar sind, mit einer kurzen Erläuterung ihres Inhalts aufgeführt.

Name der Datei	Inhalt der Definitionsdatei
alloc.h	Funktionen und Variablen zur dynamischen Speicherverwaltung.
assert.h	Makro **assert** zum Einfügen von Testpunkten ins Programm.
bcd.h	Funktionen zur Behandlung von BCD-Zahlen (BCD=Binary-Coded-Decimal).
bios.h	Schnittstelle zum Aufruf von BIOS-Funktionen.
complex.h	Klassendefinition für komplexe Zahlen.
conio.h	Schnittstelle für MS-DOS-Funktionen zur Steuerung von Tastatur und Bildschirm.
ctype.h	Makros zur Klassifizierung von Zeichen, Funktionen zur Umwandlung einzelner Zeichen.
constrea.h	Methoden und Manuipulatoren für Klasse **constream**.
dir.h	Datentypen, Makros und Funktionen zum Bearbeiten von Dateinamen, Verzeichnissen und Pfadnamen.
direct.h	Funktionen zum Bearbeiten von Verzeichnis-Strömen.
dos.h	Datentypen, Makros und Funktionen von MS-DOS-Funktionen.
errno.h	Konstante für Fehlernummern und Fehlermeldungen.
except.h	Funktionen für die Ausnahmebehandlung.
fcntl.h	Konstante für Zusatz-Parameter beim Öffnen von Dateien.
float.h	Konstante für die float-Routinen.
fstream.h	Klasse für Datei-Ströme.

generic.h	Makros zur Behandlung generischer Datentypen. Diese Makros sind überflüssig, wenn man **templates** verwenden kann.
io.h	Definition für Ein/Ausgabe-Routinen auf niedriger Ebene.
iomanip.h	Manipulatoren für Ein/Ausgabe-Ströme.
iostream.h	Klassen-Definition für Ein/Ausgabe-Ströme.
limits.h	Parameter für die Umgebung, Informationen über Compiler-spezifische Grenzen und Grenzen der ganzzahligen Datentypen.
malloc.h	Variable und Funktionen für die Speicher-Verwaltung.
math.h	Prototypen der mathematischen Funktionen, Definition der Datenstrukturen für die Fehler-Behandlung bei der **float**-Verarbeitung.
mem.h	Deklaration von Funktionen zur Speichermanipulation.
new.h	Signatur von **set_new_handler**
process.h	Datenstrukturen und Funktionen zur Prozeß-Verwaltung.
setjmp.h	Typen und Funktionen für nicht-lokale Sprünge.
share.h	Definition von Parametern zum Datei-Sharing (Öffnen von Dateien aus verschiedenen Programmen).
signal.h	Definitionen für die Signale zur Behandlung von Ausnahme-Situationen.
stdarg.h	Definition von Makros zur Bearbeitung von variabel vielen Parametern bei Funktionen.
stddef.h	Definition von einigen allgemeinen Datentypen und Makros.
stdio.h	Definition von Datentypen, Makros und Funktionen für die Standard-Ein/Ausgabe (z.B. **printf** und **scanf**).
stdlib.h	Definition von allgemeinen Funktionen für Konvertierung, Suchen, Sortieren usw.
string.h	Funktionen zur Manipulation von Zeichenreihen und Speicherbereichen.
strstrea.h	Klasse für Zeichenreihen-Ströme.
sys\stat.h	Definitionen zur Behandlung des Datei-Status.
time.h	Datentypen und Funktionen zur Behandlung der Systemzeit.
typeinfo	Definitionen für Laufzeit-Typ-Identifikationen (RTTI).
values.h	Definition der Grenzen und Maschinenabhängigkeiten.

D Beispielverzeichnis

E Literaturverzeichnis

[Die2000] Dieterich, Ernst-Wolfgang: *Assembler – Grundlagen der PC-Programmierung*, Oldenbourg-Verlag, 420 Seiten, 2000

[DMN70] Dahl, O.-J. et al.: *SIMULA Common Base Language*, Norwegian Computing Center S-22, Oslo, Norway, 1970

[Hog88] Hogan, T.: *Die PC-Referenz für Programmierer*, Systhema-Verlag, 536 Seiten, 1988

[JeWi85] Jensen, K. und N.Wirth: *PASCAL. User manual and report*, Springer-Verlag. 3. Auflage 1985

[KeRi78] Kernighan, B. und D. Ritchie: *The C Programming Language*, Prentice Hall, 1978

[KeRi83] Kernighan, B. und D. Ritchie: *Programmieren in C*, Carl Hanser Verlag, 262 Seiten, 1983

[KeRi90] Kernighan, B. und D. Ritchie: *Programmieren in C mit ANSI C, 2. Ausgabe* , Carl Hanser Verlag, 279 Seiten, 1990

[Knu75] Knuth, Donald E.: *The Art of Computer Programming. Vol. 3: Sorting and Searching* , Addison Wesley Publishing, 723 Seiten, 1975

[RiWh80] Richards, M. und C. Whitby-Strevens: *BCPL – The Language and its Compiler* , Cambridge Unisversity Press, 1980

[Ro87] Roberts, Eric: *Rekursiv programmieren*, Oldenbourg-Verlag, 219 Seiten, 1987

[Str86] Stroustrup, Bjarne: *The C++-Programming Language*, Addison-Wesley Publishing Company, 1986

[Str90] Stroustrup, Bjarne: *Die C++-Programmiersprache*, Addison-Wesley Verlag, 377 Seiten, 1990 (2. unveränderter Nachdruck der 1987 erschienenen Erstauflage, deutsche Übersetzung von [Str86])

[Str92] Stroustrup, Bjarne: *Die C++-Programmiersprache*, Addison-Wesley Verlag, 699 Seiten, 1992 (2. überarbeitete Auflage)

[WoBo74] Woodward, P.M. und S.G. Bond: *Algol 68-R Users Guide*, Her Majesty's Stationery Office, London, 1974

F Sachwortverzeichnis

www.ingramcontent.com/pod-product-compliance
Lightning Source LLC
Chambersburg PA
CBHW081526190326
41458CB00015B/5469